物流人工智能
WULIU RENGONG ZHINENG
大数据应用管理
DASHUJU YINGYONG GUANLI

马玉杰 李蕾 / 主编

天津出版传媒集团

天津科学技术出版社

图书在版编目（CIP）数据

物流人工智能大数据应用管理 / 马玉杰, 李蕾主编. -- 天津：天津科学技术出版社, 2023.6
ISBN 978-7-5742-1382-1

Ⅰ.①物… Ⅱ.①马… ②李… Ⅲ.①人工智能 – 应用 – 物流管理 – 数据管理 Ⅳ.①F252-39

中国国家版本馆CIP数据核字(2023)第121286号

物流人工智能大数据应用管理
WULIU RENGONG ZHINENG DASHUJU YINGYONG GUANLI

责任编辑：曹　阳
责任印制：兰　毅

出　　版：	天津出版传媒集团 天津科学技术出版社
地　　址：	天津市西康路35号
邮　　编：	300051
电　　话：	（022）23332377
网　　址：	www.tjkjcbs.com.cn
发　　行：	新华书店经销
印　　刷：	河北万卷印刷有限公司

开本 787×1092　1/16　印张 16.5　字数 300 000
2023年6月第1版第1次印刷
定价：98.00元

前　言

大数据催化了一次重大的时代转型。大数据渗透到各行业和各业务领域，成为重要的生产要素。创意设计研发是"智能物流之源"，产品终端是"智能物流之本"，顶层策划是"智能物流之魂"，"协同"和"跨界"是"智能物流之核"，大数据则是"智能物流之根"。大数据思维正在引领智能物流的发展。

智能物流的突破之处在于走向平台、走向社会，包括时间、空间、管理、服务等的整合，通过连接升级、数据升级、智能升级、绿色升级全面提升消费者的消费体验，深刻影响社会生产和流通方式。物流产业已从传统的劳动密集型产业转向与大数据、人工智能等技术融合发展的产业。智能物流已经成为物流企业寻求转型升级突破的共识。大数据在物流产业中的应用，打破了物流产业低层次、低效率、高成本的运输局面，使之逐渐演化为对数字化要求极高的产业。

本书实用性强、内容丰富，理论与实训相结合，便于读者理解与应用。本书共三个模块，分别为"物流人工智能应用""物流大数据分析""物流大数据应用与实训"，每个模块分多个项目进行介绍，每个项目以案例导入，通过案例引出学习任务，实用性与系统性较强。本书主要读者为物流大数据研究人员与教学人员，以及对智能物流的发展感兴趣的群体。

物流产业对大数据的需求极高，大数据物流系统具有超大规模、虚拟化、可靠安全等独特功能。未来，智能物流系统必然会发展为以高度集成化和智能化为特征的智能化系统，实现现代物流产业与供应链流程的最优化、自动化、智能化。

目 录

模块一 物流人工智能应用 ... 1

项目一 人工智能与智慧物流 ... 3
任务一 人工智能的理论与发展 ... 4
任务二 人工智能在物流领域的应用场景 ... 7
任务三 人工智能对物流行业发展的推动 ... 16
任务四 物流管理者应对 AI 时代挑战的措施 ... 19

项目二 智能仓储，推动物流效率的飞跃 ... 22
任务一 智慧仓储概述 ... 23
任务二 智慧仓储管理 ... 29
任务三 智慧仓储管理系统 ... 31
任务四 无人仓 ... 32
任务五 智慧云仓 ... 35

项目三 智能运输，开启智慧物流新征程 ... 39
任务一 智能运输系统概述 ... 41
任务二 无人驾驶物流专用车辆 ... 42
任务三 自动驾驶算法 ... 59

项目四 智能配送，完善物流末端智慧化建设 ... 63
任务一 智能配送概述 ... 65

任务二　智能调度 ·· 68
　　任务三　无人车配送 ·· 74
　　任务四　无人机配送 ·· 78

模块二　物流大数据分析 ·· 87

项目一　走进物流大数据 ··· 89
　　任务一　大数据的内涵与发展现状 ··· 89
　　任务二　智能物流迈入大数据时代 ··· 98
　　任务三　物流大数据的特质 ·· 103
　　任务四　大数据应用于物流领域的准备 ·· 108
　　任务五　高端物流和智慧物流的探索 ··· 113

项目二　物流大数据技术支撑 ·· 124
　　任务一　智能物流的现代先进技术依托 ·· 125
　　任务二　物流大数据的应用技术 ··· 132

项目三　物流大数据分析之术 ·· 137
　　任务一　物流大数据的数据源与技术 ··· 138
　　任务二　智能物流的基础控制技术 ··· 142
　　任务三　智能物流的基础信息技术 ··· 154

模块三　物流大数据应用与实训 ·· 165

项目一　物流企业的"数据觉醒" ·· 167
　　任务一　物流行业大数据 ·· 168
　　任务二　物流企业构建大数据策略 ··· 174
　　任务三　企业应用智能物流大数据的障碍与策略 ······································· 179

项目二　物流大数据之道 ·· 182
　　任务一　大数据应用于智能物流交通运输系统 ··· 182
　　任务二　大数据应用于智能物流营销 ··· 185
　　任务三　大数据应用于电子商务物流智能化 ·· 193

项目三　玩转物流大数据 ... 198

实训一　智慧供应链创新与应用——以京东为例 ... 198
实训二　基于大数据的物流企业成本控制 ... 210
实训三　基于大数据的车货匹配推荐系统的设计与实现 ... 233

项目四　未来智能物流系统的展望 ... 245

任务一　未来智能物流系统的目标 ... 245
任务二　未来智能物流系统的特点 ... 248
任务三　未来智能物流系统的实现路径 ... 251

参考文献 ... 253

模块一

物流人工智能应用

项目一　人工智能与智慧物流

【案例导入】

人工智能在亚马逊的应用

人工智能在物流行业已经被丰富应用，人工智能赋能物流行业，带来了更多的效率提升和更高的经济性，物流行业也为人工智能提供了真实的应用场景，可以促进人工智能技术更好的发展。

亚马逊作为一个覆盖全球的电商行业，人工智能技术已经渗透到其业务的方方面面，从采购到存储，从运输到配送，从信息世界到现实设备，同时也反向促进了人工智能在机器人领域、信息处理领域、智能控制领域的飞速发展。

国内的众多电商企业，如京东、淘宝、"四通一达"、顺丰等，都在不断探索人工智能技术的落地应用，大量设备制造厂商如极智嘉、旷视、快仓等企业，更是将人工智能与物流设备如机器人、货架、搬运车辆等结合，从智能设备入手，为整个行业带来改变。

一、人工智能在仓储领域的应用

目前智能机器人在仓储作业中已经应用得非常普遍，自动化立体仓库、无人叉车、AMR（自主移动机器人）等设备的应用，显著提高了仓库分拣、搬运的效率。

亚马逊在2012年耗资7.75亿美元收购Kiva systems公司（专注于如何利用机器人在仓库里完成网上大量的订单派发工作）后，在其仓库中大规模应用Kiva机器人，将货架从仓库搬运至员工处理区，实现货到人的拣选，Kiva机器人的应用使得拣选效率提高了3倍，准确率更是达到了99.99%。

二、人工智能在配送领域的应用

无人机配送作为一种不受地形、交通、人员限制的配送方式，成为未来快递配送的主要趋势。早在2013年12月，亚马逊就开辟Prime Air无人快递业务，顾客在网上下单，如果重量在5磅以下，可以选择无人机配送，在30分钟内把快递送到家。整个过程无人化，无人机在物流中心流水线末端自动取件，直接飞向顾客。

2020年4月，亚马逊获得了美国联邦航空管理局（Federal Aviation Administration, FAA）的批准，可以在美国地区运营Prime Air快递无人机，亚马逊的配送体系正式进入"海陆空"时代。亚马逊最新版本的Prime Air快递无人机，是一种混合动力飞机，能够垂直起飞和着陆。

机器采用了热成像、深度摄像头等设备来探测情况，在人工智能（Artificial Intelligence, AI）模型的帮助下，Prime Air可以自动识别飞鸟等障碍物，实现安全飞行。

三、人工智能在数据分析领域的应用

大数据应用是贯穿电商行业的关键技术，更高效、更有价值地利用数据，就能更多地节省成本、更快地提升效益。

亚马逊依靠其强大的技术能力，将大数据分析推向电商行业的各个环节；亚马逊有一套基于大数据分析的技术精准分析客户的需求，提升客户购物体验；大数据驱动的仓储订单运营非常高效。在中国，亚马逊运营中心最快可以在30分钟之内完成整个订单处理；数据驱动的亚马逊客户服务在中国提供的是7×24小时不间断的客户服务，首次创建了技术系统识别和预测客户需求，根据用户的浏览记录、订单信息、来电问题，定制化地向用户推送不同的自助服务工具，大数据保证客户可以随时随地电话联系对应的客户服务团队。

亚马逊利用大数据分析技术对整个物流链条进行了全面提升，实现了更高效的仓库入库、商品测量、货物拣选、智能分仓和调拨、可视化订单作业、包裹追踪等功能。

任务一 人工智能的理论与发展

一、人工智能的含义

人工智能（Artificial Intelligence）简称AI，是研究、开发用于模拟、延伸和扩展人的智能的理论、方法、技术及应用系统的一门新的技术科学。

人工智能一直都是备受关注的热门领域，随着技术不断开发和优化，人工智能正在被运用到越来越多的行业领域中，也越来越受到各行业的重视。

人工智能技术通常由四个部分组成，即认知、预测、决策和集成解决方案。

（1）认知，指通过收集及解释信息来感知并描述世界，包括识别图像、语音转换等。

（2）预测，指通过推理来预测行为和结果，如根据用户行为推荐广告，根据观影记录推荐电影等。

（3）决策，主要关心如何实现目标，如线路规划、新药研发、动态定价等。

（4）集成解决方案，指将人工智能与其他互补性技术（如机器人）结合，可生成多种集成解决方案，如自动驾驶、机器人手术，以及能够对刺激做出响应的家用机器人等。

智力是指生物一般性的精神能力。这个能力包括理解、计划、解决问题、抽象思维、表达意念以及语言和学习的能力。

智力三因素理论认为智力分为成分性智力、经验智力、情境智力。成分性智力指思维和问题解决所依赖的心理过程；经验智力指人们在两种极端情况下处理问题的能力，即新异的或常规的问题；情境智力是对日常事务的处理上对新的和不同环境的适应，选择合适的环境以及有效地改变环境以适应需要的能力。

人工智能是计算机科学的一个分支，是研究机器智能和智能机器的高新技术学科，是模拟、延伸和扩展人的智能，实现某些脑力劳动自动化的技术基础，是开拓计算机应用技术的前沿阵地，是探索人脑思维奥秘和应用计算机的广阔领域。该领域的研究包括机器人、语言识别、图像识别、自然语言处理和专家系统等。人工智能与原子能技术、空间技术，并称20世纪的三大尖端技术。

人工智能有四个要素：算法、算力、数据、应用场景。随着以上四个要素的进步与丰富，人工智能应用领域也不断扩大，如机器视觉、自动规划、智能控制、语言和图像理解等。与此同时，人工智能会取代人类工作的声音也屡见不鲜。

作为一门学科，人工智能于1956年问世，由"人工智能之父"约翰·麦卡锡及一批数学家、信息学家、心理学家、神经生理学家、计算机科学家在达特茅斯学院召开的会议上首次提出。

人工智能有三大发展要素：基础理论引入（控制论数学、神经科学、统计学、认知科学等）、学科交叉（机器学习数据挖掘、人工智能）和应用（安防、个人助理、医疗健康、自驾、金融、教育等）。

人工智能的近期主要目标是研究用机器来模仿和执行人脑的某些智力功能，而远期目标是用机器模仿人类的思维活动和智力功能。对人工智能的研究目前已形成了一个庞大的学科群，其主要的子学科有专家系统、知识工程、知识库、模式识别、机器人等。与企业管理智能化关系密切的主要有专家系统、决策支持系统和知识库系统等。

目前，人工智能的基础性研究和在很多领域的应用性研究仍在如火如荼地进行，人工智能在交通管控、家庭服务、医疗、教育、公共安全与防护、娱乐等领域逐渐得以运用，许多大型企业为了提高企业的核心竞争力，也竞相把人工智能引入企业管理，实现企业管理的智能化。

二、人工智能与新一代物流的融合

（一）人工智能在物流中的应用方向

以 AI 技术赋能的如无人卡车、自主移动机器人（Autonomous Mobile Robot，AMR）、无人配送车、无人机、客服机器人等智能设备代替部分人工。通过计算机视觉、机器学习、运筹优化等技术或算法驱动的车队管理系统、仓储现场管理、设备调度系统、订单分配系统等软件系统提高人工效率。

（二）人工智能在物流行业中应用的优势分析

人工智能是一门通过普通计算机程序来呈现并模仿人类行为、语言或者思维的学科，最终目的是使机器实现人工智能化，从而大大提升人的工作效率。人工智能技术的建立、发展与计算机技术等多个学科都有非常重要的联系，是多种关键技术的融合，这些关键技术使得人工智能具有许多显著优势，并被广泛应用到新一代智慧物流行业中。

（三）基于人工智能的智慧物流体系

人工智能是一种前沿的交叉技术，主要目的是模拟人类思维建构出一些智能化的系统，它们像人类一样在社会中发挥着相应的作用。近年来，人工智能能够迅猛发展，主要动力来源于信息技术和智能设备，信息技术主要是计算机技术和通信技术，如高等复杂的运算系统、能够处理数据量巨大的云计算平台和各种高效的通信网络系统。随着大数据、云计算技术日趋成熟，新时代的人工智能技术将主要以"AI+某一具体行业或产业"的形式呈现，物流就是其中重要的产业之一。下一代物流体系的一个主要特性将会是"AI+物流"。

（四）人工智能与物流的契合

AI 是物流降本增效的良药，物流是 AI 展示能力的舞台。

物流业的核心痛点决定了该行业最迫切的需求即"降本增效"，物流企业的自动化、信息化转型升级都是为实现降本增效目的而做出的努力。人工智能技术产品的加入能够进一步推动物流业向"智慧物流"发展，更大限度地降低人工成本、提升经营效率。对于人工智能行业而言，随着技术的不断迭代，人工智能不再是空中楼阁，"商业落地"已成为人工智能企业发展到当前阶段鲜明的主题词。从落地难度及发展前景来看，业务流程清晰、应用场景独立、市场空间巨大的物流业无疑是人工智能落地的绝佳选择。

作为新一轮产业变革的核心驱动力，人工智能将进一步释放历次科技革命和产业变革积蓄的巨大能量，并创造新的强大引擎，重构生产、分配、交换、消费等经济活动各环节，形成从宏观到微观各领域的智能化新需求，催生新技术、新产品、新产业、新业态、新模式，引发经济结构重大变革，从而改变人类生产生活方式。

而物流这一融合了运输业、仓储业、货代业和信息业的复合型服务产业，作为国民经济的重要组成部分，必将受到人工智能技术的深刻影响。同时，物流行业的人工智能应用也为人工智能技术的发展提供成长的土壤。

任务二 人工智能在物流领域的应用场景

随着物流产业的不断发展，物流活动中正在产生越来越多的图像、音频、视频等非结构化数据，针对上述非结构化数据的识别技术是使其得以有效利用的关键，深度学习技术的蓬勃发展使得上述非结构化数据变成可视化、可分析的信息和信号变得简单高效。此外，在新一代物流中，许多场景是无法人工操控的，人类肉眼的观察速度无法跟上流水速度，此时计算机视觉就可代替人类视觉，从而推动物流自动化。计算机视觉技术无疑成为推动物流业智慧化进程的关键。

新一代物流的体系架构，物联网、大数据、人工智能将构成智慧物流数据的底盘技术。事实上，物联网和大数据技术是人工智能技术实现的一个基础，人工智能技术在物流领域为物流自动化提供智慧支撑，最终实现物流的智慧作业和物流跨越式发展。基于人工智能的物流的智慧作业将表现出操作无人化、运营智能化和决策智慧化的特点。数据底盘技术和智慧作业共同支撑了新一代物流，实现物流服务商与商家和消费者的无缝对接，总而言之，未来基于人工智能的新一代物流将以高效、精准、敏捷的服务以及无人化的操作方式，智能化的运营方式、智慧化的决策方式，实现高效运转。

从行业作业性质看，人工智能在物流行业应用前景可观，有丰富的场景，有大量重复的劳动，物流作业的高效离不开数据规划与决策，而这些因素正是和人工智能应用相匹配的。而今，我们也不断看到领先企业在人工智能方面的研发与应用。随着国家发力推进新基建，人工智能前景可期。那么，具体到物流领域，人工智能究竟有哪些应用场景？

一、物流供应链预测

物流供应链的各个环节互相配合，使得资源在供应链上最优分布，在此过程中，信息的透明和准确对供应链成本至关重要，如何提供有效的预测，避免"牛鞭效应"，避免资源浪费是管理者和人工智能需要一同面对的问题。在这个过程中，管理人员的经验更多应该体现在模型和影响因素的设计上，具体的预测和计算工作应该交给人工智能完成。

人工智能技术基于海量历史消费数据，通过深度学习、宽度学习等算法建立库存需求量预测模型，对以往的数据进行解释并预测未来的数据，形成一个智能仓储需求预测系统，以便系统基于事实数据自主生成最优的订货方案，实现对库存水平的动态调整。同时，随着订单数据的不断增多，预测结果的灵敏性与准确性能够得到进一步提高，使企业在保持较高物流服务水平的同时，还能持续降低企业的库存成本。

二、无人驾驶领域的应用

作为人工智能等技术在汽车行业、交通领域的延伸与应用，无人驾驶近几年在世界范围内受到了产界、学界甚至国家层面的密切关注。无人驾驶重复着"感知—认知—行为"的过程。

感知：人类驾驶员感知依靠眼睛和耳朵，无人驾驶汽车感知依靠传感器。目前传感器性能越来越高、体积越来越小、功耗越来越低，其飞速发展是无人驾驶热潮的重要推手。反过来，无人驾驶又对传感器提出了更高的要求，促进了其发展。用于无人驾驶的传感器可以分为四类：雷达传感器、视觉传感器、定位及位姿传感器、车身传感器。

认知：驾驶员认知靠大脑，无人驾驶汽车的"大脑"则是计算机。无人车里的计算机与常用的台式机、笔记本电脑略有不同，因为车辆在行驶的时候会遇到颠簸、震动、粉尘甚至高温的情况，一般计算机无法长时间运行在这些环境中。所以无人车一般选用工业环境下的计算机——工控机。工控机上运行着操作系统，操作系统中运行着无人驾驶软件。

操控：由于当前车辆是面向人类驾驶设计的，方向盘、油门、刹车、挡位都是由人工操控。无人驾驶则要求这些构件能够由程序控制，这就需要对传统汽车加以线控改造甚至重新设计，包括对方向盘线控的改造、油门与制动线控的改造、挡位线控的改造。

中国物流业面临着干线运输司机短缺问题，无人驾驶技术可以提高物流效率，减少交通运输过程中的安全事故，克服"人为因素"所带来的诸多痛点。商用车无人驾驶技术将在港口等特殊场景率先使用，在高速公路干线得到普及，并与车联网车路协同等技术结合，推动整个公路运输体系智能化。

三、供应商管理

供应商是生产加工型企业或电商企业的供货者，科学采购、高效收货与质检、智慧财务管理系统等，都能够提高供应环节的效率，降低运行成本。

（一）智慧采购系统

结合图像识别技术、大数据分析与深度学习技术，分析历史采购信息并挖掘其中的深层逻辑，形成科学的采购决策，做到适量采购、适时采购，减少过多库存对资金成本的占用，避免过少库存面临的机会损失。

（二）智慧质检系统

图像识别技术的应用，可以迅速清点货物的种类和数量，配合无人机的应用，能够更快速；专家系统的使用可以高效判断货物质量。人工智能技术的应用可以减少质检人员的数量，降低成本，而且可以对货物质量全面检查，避免抽查模式潜在的问题。

（三）智慧财务系统

图像识别与深度学习的结合，可以显著提升报表的处理效率，减少出错；大数据分析能够进行风险评估，避免一些潜在的财务风险。

四、智慧物流园区管理

（一）表单处理

物流行业有许多表单、文档数据，人工智能技术中的计算机视觉和深度学习就可以在这一场景中应用。

例如，腾讯云的光学字符识别（Optical Character Recognition，OCR）技术通过计算机视觉结构化识别表单内容，能够快速便捷地实现纸质报表单据的电子化，大幅避免人工输单；对文档扫描件或者图片中的印章进行位置检测，内容提取，实现自动化一致性比对；独有的手写文字识别技术可以精准识别出手写文字、数字、证件号码、日期等，完成带有手写文字的扫描件或图片数字化处理。

目前，顺丰等公司均有与腾讯云合作应用该技术。以北京奔驰进口报关业务为例，因为零部件的单据非常复杂，一个零部件涉及的单据可能有100多页，四个人按页录入要花一周时间，应用了人工智能技术，一个人40分钟就可以解决，且准确率极高。

（二）园区管理

表单处理完，货物进入园区。随着IOT、5G等技术的应用，人工智能在园区管理上同样可以发挥重要作用，如监测，采集场院内车辆信息，提供车辆装载率、车辆调度、运力监测和场地人员能效等基础数据，优化运力成本；再如，对人员工作情况进行管理，规避员工进行不规范甚至危险的操作。

（三）搬运管理

从园区进入仓内，其中必然要发生的一个动作就是装卸。货物识别+机器人与自动化分拣则可大大降低人类的劳动量。举例来说，AMR即自主移动机器人，是目前发展和应用较快的技术。与传统自动导引车（Automated Guided Vehicle，AGV）不同的是，AMR的运行不需要地面二维码、磁条等预设装置，即时定位与地图构建（Simultaneous Localization and Mapping，SLAM）系统定位导航为其装上了"一双眼睛"，让其可以进行高效的搬运和拣货作业。

以AMR商业化项目落地领先的灵动科技为例，其率先将计算机视觉技术与多传感器输入相结合，让其机器人实现了真正的视觉自主导航。灵动视觉AMR能够带给企业效率提升2倍以上、拣货成本下降超过30%的"降本增效"成果。

（四）装卸管理

2019年，顺丰公司对外发布的"慧眼神瞳"一度备受关注，这也是顺丰科技人工智能计算机视觉成果在业务场景的落地突破。简单地说，"慧眼神瞳"就是利用各种视频和图像进行自动化分析的人工智能系统。比如，在中转场的装卸口环节，将摄像机部署在装卸口，通过分析车辆离卡行为、车牌识别、车辆装载率、人员工作能效等基础数据，就可以刻画出装卸口作业场景的完整生产要素，将所有作业数据线上化，持续优化各项运营成本，优化运转效率。

同样，与华为云合作的德邦快递，也有类似技术应用。比如，可以通过AI来监控快递分拣的场地、场景，抓取对货物搬运不规范的情况，从而大大提高业务员或者理货员操作的规范程度。

五、智慧仓储管理

仓储管理包括入库、存储和出库（拣货）等重要环节，涉及数量庞大的物流机器人、自动仓储设备、运输设备和人员，占用了企业的大量资金。仓储管理智能化将为物流行业带来颠覆性的改变。

（一）智慧盘点管理

库存盘点也是仓储管理的重要一环。人工智能同样可以提供助力。其方式就是运用无人机航拍取代人工盘点。无人机航拍盘点就是利用计算机视觉、图像识别、无人机等技术，迅速对货物种类和数量进行盘点，相比于人工盘点，效率更高，准确率更高。

无人机航拍盘点，就是无人机通过获取图像数据，基于视觉识别技术模型进行自动分析，并快速识别子库区，及库内商品数量、商品所在的库位号、与库存系统进行实时比对，如果实际数量与库存数量不吻合，将对异常数据进行警示，实现库存自动盘点。经过多次的数据训练，可将无人机识别准确率提升至100%。

（二）仓储选址决策

人工智能技术通过收集与选址任务和目标相关的丰富历史数据，通过大数据技术挖掘对仓储选址决策有指导意义的知识，建立一个基于大数据的人工智能选址决策系统，在系统中输入选址目标与相关参数，人工智能系统便可以直接得到最接近最优目标且不受人的主观判断与利益纠纷影响的选址结果。

(三) 无人仓运营

人工智能技术的出现使得无人仓的构想得以实现。得益于机器视觉、进化计算等人工智能技术，自动化仓库中的搬运机器人、货架穿梭车、分拣机器人、堆垛机器人、六轴机器人、无人叉车等一系列物流机器人可以对仓库内的物流作业实现自感知、自学习、自决策、自执行，实现更高程度的自动化。

1. 仓库作业管理

作为一个仓库的管理者，需要知道仓库的作业量、效率、产能情况，还需要对订单的作业方式进行选择，并且根据发运计划安排订单作业顺序。

人工智能可以协助管理者进行资源的调配，实时提供作业数据及预警信息。在具体作业上，人工智能可以协助进行拣选路径规划、订单波次策略选择。在仓配交接环节，AI还可以协助识别直发线路，协助周转场地管理和配送资源计划管理。

2. 智慧存储设备

目前，在仓储环节应用的物流设备种类丰富，功能各异，如历史悠久的堆垛机货架，更加高效的多层穿梭车系统，针对小料箱的高效存储设备Miniload等。

针对仓储设备的智能化运行，计算机视觉、深度神经网络、机器学习、自动控制等技术的应用，将极大提升存储设备的周转效率，提高设备的利用率；针对仓储设备的科学规划和实施，大数据分析和专家系统等技术，能够提升系统规划的效果；针对仓储设备的维护和保养，采用基于设备数据的寿命预测技术，能够准确、预先对设备的状态进行掌握，便于提前采取措施。

冷库存储是存储行业的一个特殊领域，生鲜、药品等特殊商品需求较大。人工智能技术打造的新型自动化冷库，利用大数据分析可将采购预测与仓储现状结合，自动控制技术可以针对冷库低温的特点，更好地控制仓储货架所用的穿梭车和堆垛机、搬运使用的叉车、码垛使用的码垛机器人等设备。

3. 智能分拣系统

通过机器视觉技术，不同的摄像头和传感器可以抓取实时数据，继而通过品牌标识、标签和3D形态来识别物品，从而可以使拣选机器人对移动传送带上的可回收物品进行分类和挑拣，以替代传统人工仓库中的传送机器、扫描设备、人工处理设备和工作人员一道道的分拣作业，大大提高仓库的运作效率。

智能分拣系统包括分拣过程中使用的运输设备，如AGV、智能分拣车、传送带等，以及分拣过程中的信息流。路径规划、机器视觉等技术，将赋予运输设备更多的智能，使得无人运输更加安全、高效。数据挖掘、大数据分析等技术，能够将拣选订单进行更合理的拆分与合并，并与仓储设备、运输设备和人员形成联动，实现更高效的订单拣选。

六、智能运输与配送管理

（一）智能运输

运输环节主要包括运输设备和运输过程的信息管理。国内的运输方式有航空运输、铁路运输、公路运输和海路运输。

公路运输灵活性高，货运量大，人工智能能够发挥更大的作用。日趋成熟的自动驾驶技术将彻底颠覆现有公路运输体系，更加高效、安全的行驶，更少的人力依赖，将极大地提升公路运输的效率。运输信息的管理内容繁杂，包括发车前的任务下达和路线规划，行驶中的信息跟踪和应急调度，以及到达目的地后的盘点、卸货和车辆状况检查等。

人工智能技术对于信息的处理比人类更加高效，通过大数据分析能够为车辆的调度机制提供更加实时、可靠的方案，设备寿命管理能够系统性监测车辆的状态，及时报警提醒，降低车辆故障发生率。

大数据分析能够更好地监测冷链运输过程中的货物状态和司机行为，为保质保量的冷链运输提供更智能的监管。

使用人工智能技术进行预测性运输网络管理可显著提高物流业务运营能力。以航空运输为例，准时保量运输是空运业务的关键。例如，DHL公司开发了一种基于机器学习的工具来预测空运延误状况，以预先采取缓解措施。通过对其内部数据的58个不同参数进行分析，机器学习模型能够提前一周对特定航线的日平均通行时间进行预测。

（二）智能配送

在配送阶段，通常消费者提供的地址是不精确的，有很多错误和模糊地址。这个时候就需要通过算法和AI来自动识别客户的实际目的地，确保准确地投递。

在配送阶段就涉及配送的运能预测和优化、车辆的调度响应等流程。配送商需要实时了解每个线路的运能情况、资源需求和储备情况，提前做好应对措施，避免异常发生，减少接驳成本。当然在异常发生的时候，也需要AI给出最优补救方案。

在"最后一公里",站点和自提柜应该如何布置,末端派送资源调度也是影响作业质量和效率的关键因素,这些复杂的数学问题,通过传统的人力无法很好解决,此时就需要有AI的支持,辅助管理人员甚至取代管理人员做出决策。

配送作为快递行业的"最后一公里"面对的情景非常复杂。农村地区和城市地区的配送场景不同,不同大小城市的配送场景也不同,学校、商业区、住宅区的配送场景不同,采用智能配送设备和方案,能够提高快递服务业"最后一公里"的服务质量和服务效率。

智慧快递驿站在人群密集的场景中能够发挥显著的效果。基于图像识别、数据分析的人工智能机器人能够辅助客户自主完成大部分的寄件和取件工作。同时,驿站设置的智能广告系统能为社会提供一定的公益服务和商业服务。

基于自动驾驶的配送设备(车辆、其他辅助工具)适用于住宅区或农村地区等需要配送人员大量变换位置的配送场景,可以降低配送人员的工作强度,提高配送效率。

七、客户管理

客户的信息管理和维护、从客户信息中描绘出客户画像、为客户提供更个性化的服务,都直接影响着客户的使用体验和企业的服务质量。智慧订单系统立足于图像识别技术和大数据分析,能够更加高效地处理客户的订单从下单至完成的全部流程,信息更加实时准确。

基于大数据分析、知识积累和深度学习的智慧导购系统将为客户提供更精确的信息,提升客户的购物质量。智能客服系统是基于语音识别、逻辑推理、语音生成的新技术,可以为客户提供售前咨询、售中管理、售后维护等服务,能够做到24小时不间断为客户提供个性化咨询方案,并减少企业客服人员数量,提高客服的质量。

在现阶段的企业管理中,供应链管理的工作通常分散在各个部门,每个部门都有自身的一套监控和考核指标体系,但是从整个供应链层面对运营质量进行管控的公司少之又少。原因除了指标分散外,还有数据的加工耗费大量的人力,最关键的是呈现的数据指标只能反映过往的情况,而不能对当前的情况进行管控、修正。

借助AI的力量,物流供应链管理人员可以实时对供应链运作的指标表现进行监控、预警,甚至自动生成工单进行问题的处理和跟进。

以言语理解为核心的认知智能研究也是人工智能领域的核心研究之一,目标是让机器具备处理海量语音内容和认识理解自然口语的能力,并在此基础上实现自然的人机交互。在日常生活中，小度、小爱同学等都是代表案例。而在物流快递业当中，其可以应用的场景之一是客服。客服人员流失率极高，为此，各个商业巨头都在打造智能客服系统。"四通一达"、顺丰、美团、饿了么为主的头部公司均已上线了语音和文字智能客服，其服务半径辐射80%以上终端消费者。菜鸟也曾发布语音助手这一产品。

以圆通速递为例，圆通速递在2017年开始相继在官网、微信等渠道上线国内版智能在线机器人客服，代替或协助人工在线客服完成客户服务工作，一定程度上解决了客服用工成本高、服务时间难以满足客户需求的问题。有关资料显示，圆通速递高峰期每日电话呼入量超200万通，需要5 000名工作人员处理，在配备智能语音客服机器人后，高峰期90%以上电话呼入可通过语音机器人处理，日均服务量超30万，每秒可处理并发呼入量超1万次，在控制成本的前提下，极大程度上释放了人工效率。现在，首先接听业务电话的是AI语音客服。如果有必要，再转人工客服。

例如，德邦快递AI语音客服的加入，提升了客服效率：提供全天24小时不间断的服务，降低企业人力成本；大大降低了一线客服工作强度；AI语音客服系统可以收集语音信息，进行自主学习优化，不仅大大提升了客服效率，而且服务质量也得以提升。

八、图像/视频识别

图像/视频识别与理解技术，结合地球信息系统（Geographic Information System，GIS）、多媒体压缩和数据库技术，有效建立起可视化的仓储管理、订单管理、车辆管理系统。在智能仓库管理系统中，基于图像/视频识别分析技术的监控设备将视频、图像等数据信息汇集于主控中心，便于各级决策人获悉前端仓库异常状况，从而实现调查取证、及时决策、指挥调度。在智能订单管理、车辆管理系统中，图像/视频识别分析技术可有效实现订单跟踪管理，降低运输过程中货物的损毁、丢失等问题，从而帮助制定生产计划与排产，保证货物及时、安全地到达目的地。

九、车货匹配系统

使用人工智能完成物流运输中的车货匹配。物流企业可以利用人工智能技术结合自身资源打造全新的货运匹配平台。基于自身货源建立数字化货运平台，低价获取社会运力。

十、物流运营智能管理

人工智能还能为新一代物流行业提供更加智慧的运营管理模式。人工智能结合大数据分析,在物流转运中心的仓库选址上能够结合运输线路、客户分布、地理状况等信息进行精准匹配,从而优化选址,提升效率。采用人工智能分析,供应链各环节的产品生产制造商、供应商、物流提供商也能在人工智能辅助下,提前有针对性地制定产品营销策略和货物的仓、运、配计划。

任务三　人工智能对物流行业发展的推动

一、促进物流业提高效率和创造新价值

物流公司正面临一个前所未有的变化着的时代,因为新技术使更高的效率和更多的合作运营模式成为可能。这是物流行业拥抱人工智能的最佳时机,因为数字化已经形成,客户期望也在不断发展。

人工智能可以帮助物流行业重新定义今天的行为和实践,从预测到预测的规划,从标准化到个性化的服务。它还为物流公司提供了优化网络协调的能力,这是仅靠人类思维无法轻易达到的。

人工智能越来越多地出现在我们的个人生活中,并迅速被企业用于提高效率和创造新价值。世界各地的许多物流公司都完成了数字化转型,从传统的企业资源规划系统过渡到高级分析,增加自动化、硬件和软件机器人以及移动计算。

二、开展前瞻性和预测性范式的物流管理

在人工智能的帮助下,物流行业可以将其运营从反应性行动转变为前瞻性和预测性行为,这可以在后台办公室、运营和面向客户的活动中以有利的成本产生更高的利润。例如,人工智能技术将使用先进的图像识别技术来跟踪货物和资产的状况,或在世界货运量出现波动之前预测它们的发展状况。

随着职业世界的数字化,越来越多的公司将人工智能添加到他们的供应链中,以最大限度地利用资源。

三、优化物流库存

库存优化是指维持一个特定的库存水平,可以避免缺货的情况,同时持有库存的成本不损害底线。不降低材料成本或过程成本的情况下,人工智能在降低产品成本方面起着重要作用。该技术还可以确保和管理供应商库存和可用的货车数量,并优化物流模式。

四、应对物流难以预见的风险

通过训练,人工智能可以从应急计划中学习,使用人工智能搜索互联网,观察趋势,可以预测某一类产品的需求增长,或提前识别风险。

当涉及物流业务时,要预料到意外情况,因为一系列的情况可能会影响产品的预计交付日期。飓风和洪水、航空公司破产和员工罢工等自然灾害和人为因素都会影响公司物流工作的自然进程。

五、取代传统物流装备

未来全球电商类仓储及物流行业的机器人市场规模将大大提高,整体发展前景也十分广阔。目前我国的仓储成本是发达国家的 2~3 倍。由此可见,"智能物流 +AI 科技"取代传统物流模式已迫在眉睫。例如,京东亚洲一号无人仓的分拣机器人以 3 米 / 秒的速度在 40 000 平方米的空间里穿梭,减少了分拣工作的人工及经济支出,又如自动化小红人的智能设备,可以处理仓库存在的技术问题。

世界电商巨头亚马逊旗下拥有十万台 Kiva 机器人,它们代替人工进行订单处理、仓储搬运等工作。作为全球领先的智慧物流智能机器人,Kiva 具有多智能体系,可以自主进行研究协调,保存决策,它涉及多个学科,并具有计算调度不确定的决策、规划数据挖掘、经典优化等功能。Kiva 机器人将智慧物流和 AI 科技完美应用到物流行业的转型中,把物流行业带向更高的层次。

六、推动物流环节的优化

从"智慧物流 +AI 科技"的发展来看,智慧物流的应用更加突出——以顾客为中心的理念,以经济优化为核心,根据广大顾客的需求变化,来智能调节生产流程。而 AI 科技比较明显的优势体现在仓储规划环节,AI 科技会优化配送中心的选址决策,根据现实环境的种种约束条件，如商品产地的地理位置、供应商的位置和客户的位置，尽量减少运输成本、劳动力成本、修建成本等。AI 科技会根据最优算法，结合计算机分析的大数据掺杂考虑时间因素，给出最优质的物流方案，与传统的人工选址相比，AI 科技会根据因时间变化而产生的多余变量进行虚拟仿真计算，选择更便捷的资源税收政策和更低廉的经济劳动力成本，同时，AI 科技还会考虑获取资源的难易程度等各种因素。运用计算机进行大规模的模拟计算后，合并优化，得到最佳的仓库地址，从而降低仓库的建设成本、运营成本，使仓库的选址更精准，这样可以减少人为因素的干扰，实现企业利润最大化。

AI 科技还可以使物流的运作和仓库的管理环节更有效，AI 科技不断地学习创新，对历史数据的大量分析，从中学习总结相应的规律，保存相关的数据，进行挖掘修改，并根据未来的变化趋势进行模拟预测，根据仓库内的变化和消费数据，对仓库的存储水平进行动态调整，保障物流物品的有效储量，这样不仅降低了企业的生产成本，还使消费者获得了高质量的物流服务。

伴随着更多的数字化以及智能化设备的测试和应用，智慧物流和 AI 科技相结合，整个物流行业的效率将会明显提高，物流行业的最终转型结果即为从劳动密集型产业转为技术密集型产业。

七、推动物流 +AI 技术人才的需求升级

智慧物流和 AI 科技使物流行业实现了科技化和自动化，AI 科技引发了工业新时代大背景下机器代替人的现象，人工智能使机器替代了工人就业岗位，据预测，到 2030 年，发达国家将有 30% 的工作由机器代替人工，完全转向自动化生产，其中，物流行业的自动化程度会显著高于其他行业，物流行业中的管理运输、仓储配送等重复性比较高的体力劳动、计算收集等工作，都将被 AI 所取代。在传统生产向 AI 科技产业转型升级的过渡阶段，很多岗位在工作的衔接方面存在的矛盾冲突也不容忽视。例如，物流行业对 AI 科技设备的广泛投入，并不代表人力管理的岗位可以完全被机器取代，很多工作仍需要人力技术更贴切地控制机器，才能更好地运作。在物流行业转型的大背景下，智慧物流需要的是复合型人才，这种人才不仅要懂得机器的内部构造，熟练操作机器，还要熟识规章制度，具有较高的综合素质。

智慧物流和 AI 技术的迅猛发展，离不开数据分析专家、AI 科技高级管理工程师和 AI 硬件专家等高素质的专业型人才，这些高素质的高端专业技术人才是物流行业的重要需求，如 Kiva 这样强大的技术研发团队，就会使物流行业在竞争中具备很大的优

势，因此，智慧物流和 AI 科技的各种专业人才已成为物流市场的稀缺资源。培养新的专业性、复合型、高素质的人才，已成为智慧物流和 AI 科技驱动物流转型所必须面对的问题之一。

任务四　物流管理者应对 AI 时代挑战的措施

一、心态上应该接受变化

要承认自己经验和能力上的局限性，正视 AI 的存在和 AI 的重要性。人工智能技术将沿着物联网的网络延伸到物流服务全链路，推动全链路的智能规划、数字路由、智能调度、智能分仓、智能调拨、智能控制等方面技术创新。当下，人工智能在物流行业应用也不一定成熟。然而未来的物流一定是科技的物流，下一个时代一定是人工智能的时代，当下可以不应用，却不可以不看到这样的趋势。

二、管理者的工作重心需要转移

管理者应从关注业务过程转变为更多关注影响因素、关注规则和边界，和开发人员建立更紧密的联系，协助开发人员让 AI 变得越来越聪明越来越好用。一个好的供应链管理者，一定是一个好的产品经理。当下，如果没有应用新技术来处理复杂流程和管理大量数据，企业便无法与时俱进，持续盈利也变得困难，这也是人工智能为采用者带来高价值、高回报的原因。

AI 和物流结合，将会给物流行业带来以下三大变化趋势——设备物联网化、管理自动化和决策大数据化。

（一）设备物联网化

人工智能时代，多种多样的物流设备、资产，如何更好地被管控，如何更充分地发挥价值为企业服务？设备的智能化、物联网化是最佳的答案。除了卡车越来越智能之外，智能挂车系统的出现，实现了挂车资产管理、运营监控、安全管控和效率优化；智能保温箱的面世，解决了生鲜食品"最后一公里"配送的难题，也广泛应用于医药冷链；智能冷库则使实时感知冷库温度、在线实时管理温湿度成为现实。设备的物联网化、智能化推动了物流企业管理的效率升级。

（二）管理自动化

物联网的高级应用要从"数字"回归到"实体"，以数字化的决策指导生产实践，技术最终要变革生产关系，解放人力，以自动化的管理为物流企业降本增效。不断促进智慧物流由全程可视的 1.0 向运营管理自动化的 2.0 迭代升级。

（三）决策大数据化

在传统物流时期，企业管理者主要依靠经验制定决策，缺少数据维度的支持，难免会使决策主观片面。随着科学技术的进步，物流场景中传感器、智能资产的应用，使海量数据的采集成为现实，这不仅为企业管理者提供了大量的数据基础，还可以使管理者对数据进行更全面、更系统的分析，从而使决策、战略的制定更科学、更客观，以技术为支撑，用科技的手段引领企业蓬勃健康发展。

三、管理者需要关注更高层级的需求

管理者需要关注物流供应链与公司战略的配合，拓展物流供应链管理的领域和边界。人工智能在物流领域的创新有助于现有流程的自动化，这让自动化转型成为物流行业面临的重要议题。自动化是实现大规模优化的第一步，因此许多公司已开启物流自动化转型以保持竞争力，因为这不仅可以优化现有流程，还能提高效率和生产率。

四、管理者要开展"智慧物流+AI 科技"视角下的物流行业转型

（一）建立标准化体系

AI 科技改变了传统物流操作流程，AI 科技把这些流程分解重组成一些并行结构，做到了物流设备和生产环节互通，在各个流程中都更换了 AI 科技控制的智能运输设备、仓储设备，用大数据筛选计算决策，准确快速地反映物流信息，使仓储库存、损坏、维修等信息的传递做到了迅速和准确，智慧物流更新了物流设备，实现了物流行业的运行速度及精准率的提高，现代化的物流设备通过智能计算物流运作流程、自动排序，确保了安全性并降低商品损耗，城市配送也无须依靠人力，物流配送效率和时效得以大幅度提高。

（二）加快物流数字化改造

首先，必须解决传统物流企业的业务数据化问题，而这就需要加快云计算、大数

据、物联网等现代基础设施建设，把物流各环节信息转化为数据，并进一步将这些数据打通，实现在线化。其次，按照数字化的要求重组业务流程及组织管理体系，让数据影响业务，通过智能化技术赋能物流各个环节，实现效率的提高和成本的降低，实现数据的业务化。

（三）加强政企物流数据共享合作应用

物流资源共享合作是智慧物流的重要理念，因此需要在相互信任的基础上推动企业物流信息透明化、公开化，同时借助 AI 技术实现仓库、车辆、托盘、集装箱等闲置物流设施资源的合理配置，应用于生产制造、物流、金融、商贸等诸多产业，建构新型智慧物流生态系统。无论是物流行业内部资源整合，还是上下游产业深度延伸，都将带来新的机遇。物流企业应充分把握智慧物流模式变革机遇，助力智慧物流生态系统，在存量资源整合、智能装备研发信用评价体系、政府治理合作等领域大显身手。

（四）加快 5G 技术的应用

从物流行业主要业务需求及挑战出发，5G 技术与物流场的结合可分为应用侧和网络侧两大类。其中，应用侧赋能注重物流业务场景需求与 5G 性能指标之间的结合，具体又分为增强型移动宽带类、海量机器类通信类和超高可靠低时延通信类；网络侧赋能注重物流业务场景需求与 5G 网络架构之间的结合，具体又可分为网络切片类和边缘技术类。综上所述，5G 技术提升了物流行业的信息处理能力，同时也为物流行业的转型提供了技术支持，5G 技术的应用成为未来物流行业的发展趋势之一。

在物流行业发展迅速的今天，"智慧物流 +AI 科技"为物流行业的转型提供了理论基础和技术支持，就目前物流行业的发展趋势来看，如何将智慧物流理念和 AI 技术完美融合到新型物流行业，需要物流行业相关人员不断研究和探索。

【思考题】

（1）人工智能是如何与新一代物流融合的？
（2）人工智能在物流领域的应用场景有哪些？
（3）人工智能在物流客户管理过程中是如何应用的？
（4）人工智能对物流行业的发展有哪些推动作用？
（5）物流管理者如何应对 AI 时代带来的挑战？

项目二　智能仓储，推动物流效率的飞跃

【案例导入】

京东平台类"无人仓"

2015年10月，京东物流首个全流程无人仓——"亚洲一号"在上海正式亮相，这是全球首个正式落成并规模化投入使用的全流程无人的物流中心。

京东无人仓实现了从入库、存储、包装、分拣的全流程、全系统的智能化和无人化，对整个物流领域都具有重要意义。

京东无人仓的特色在于其采用大量智能物流机器人进行协同与配合，通过人工智能、深度学习、图像智能识别、大数据应用等诸多先进技术，为传统工业机器人赋予了智慧，让它们具备自主的判断和行为能力，适应不同的应用场景、商品类型与形态，完成各种复杂的任务。环环相扣的机器人配合作业，让整个流程有条不紊地进行，后台的人工智能算法指导生产，带来仓储运营效率的大幅度提升。京东目前"无人仓"的存储效率是传统横梁货架存储效率的10倍以上，并联机器人拣选速度可达3600次/小时，相当于传统人工的5～6倍。

京东的亚洲一号新添了物品自动分拣入库、自动取物的系统，打造智能仓库，提高货物出入库速度，提升智慧物流水平。

京东首个全流程智能无人仓占地面积40 000平方米，物流中心主体由收货、存储、订单拣选、包装4个作业系统组成，存储系统由8组穿梭车立库系统组成，可同时存储商品6万箱。在货物入库、打包等环节，京东无人仓配备了3种不同型号的六轴机械臂，应用在入库装箱、掩货、混合码垛、分拣机器人供包4个场景下。

值得注意的是，在分拣场内，京东引进了3种不同型号的智能搬运机器人执行任务。在5个场景内，京东分别使用了2D视觉识别、3D视觉识别技术，以及由视觉技术与红外测距组成的2.5D视觉技术，为这些智能机器人安装了"眼睛"，实现了机器与环境的主动交互。据当时的预计，京东无人仓正式运营后，它能够拥有每天处理超

过 20 万订单的能力。

除了引入当时业内最先进的大型设备之外，京东无人仓的最大特点是对于机器人的大规模、多场景的应用。在京东无人仓的整个流程中，从货到人到码垛、供包、分拣，再到集包转运，应用了多种不同功能和特性的机器人，而这些机器人不仅能够依据系统指令处理订单，还可以完成自动避让、路径优化等工作。

全流程智能无人仓可视为京东在智能化仓储方面的一次大胆创新，其自动化、智能化设备覆盖率达到 100%，可以应对电商灵活多变的订单的业务形态。

除此之外，全流程智能无人仓依靠智能算法精确推荐包装材料，可以实现全自动体积适应性包装，节省包装材料。

任务一　智慧仓储概述

一、智慧仓储的含义

智慧仓储是使用物联网、AI、大数据等互联网新技术，以用户需求为中心重构仓储流程，重视仓储过程中核心数据的积累和运用，降低仓储环节中人的参与度，使用新技术促进仓储各个环节以及仓储和供应链其他环节中产品流和信息流的流畅运转，从而降低仓储成本、提高效率。

智慧仓储是智慧物流过程中的一个环节，智慧仓储的应用，保证了货物仓库管理各个环节数据输入的速度和准确性，确保企业及时准确地掌握库存的真实数据，合理保持和控制企业库存。利用仓储管理系统（Warehouse Management System，WMS）系统的管理功能，更可以及时掌握所有库存货物当前所在位置，有利于提高仓库管理的工作效率。

二、智慧仓储与配送系统整体架构

（一）物流仓储与配送信息管理系统整体框架

在充分考虑物流整个系统环节的基础上，针对供应链上下游企业的需求和供给状况，运用现代信息技术，以配送环节为核心，优化配置企业资源，完成时间、地点、数量、品种等方面的配送工作。当代物流企业通常从网络通信技术和数据处理技术两方面优化信息管理系统,并采用较为先进和实用的算法,实现调度工作的自动化和决策活动的辅助优化。

这个系统一般在功能上涵盖了仓储与配送中心的一般功能要求。这是由于配送环节必须要有配送中心的支撑才能运作,而配送中心本身就包含了仓储的基本设施与功能。

物流仓储与配送信息就是物流配送相关活动的基本形式和内容的抽象反映,具有消息传递与信息处理的基本功能。现代物流配送信息在物流配送活动中起着指导和拉引的作用,而仓储信息则起到管理中枢系统的作用。

(二)智慧仓储系统的内容

识别系统,包含条形码技术以及无线射频技术。搬运系统,一般包括 AGV、RGV、机器人、堆垛机、穿梭车、提升机等。储存系统,通常指的是立体化仓库及货架存储部分。分拣系统,通常是指水平拣选系统以及垂直拣选系统,其中包含输送线以及分拣线等。管理系统,是指仓库管理系统以及仓储控制系统两大部分,简称为 WMS 和 WCS。

仓储管理系统(Warehouse Management System,WMS)是应用条码和自动识别技术的现代化仓库管理系统,能有效地对仓库流程和空间进行管理,实现批次管理、快速出入库和动态盘点,并快速帮助企业的物流管理人员对库存物品的入库、出库、移动、盘点、配料等操作进行全面的控制和管理,有效利用仓库存储空间,提高仓库的仓储能力,在物料的使用上实现先进先出,最终提高企业仓库存储空间的利用率及企业物料管理的质量和效率,降低企业库存成本,提升企业市场竞争力。

仓储控制系统(Warehouse Control System,WCS),该系统位于仓储管理系统(WMS)与物流设备之间的中间层,负责协调、调度底层的各种物流设备,使底层物流设备可以完成仓储系统的业务流程,并且这个过程完全是按照程序预先设定的流程执行,是保护整个物流仓储系统正常运转的核心系统。

(三)智慧仓储系统业务架构

仓库管理员进行入库、出库、盘库、移库等操作,都需要通过掌上电脑(Personal Digital Assistant,PDA)与系统数据库后台进行数据的传输。

通过 PDA 读取电子标签数据,PDA 接收信号后通过 GPRS 将数据发送到数据接收器,此接收器通过接口与系统终端连接,并将接收信号传送给数据库,完成数据的相应更新操作。

(四) 智慧仓储系统工作流程

读头和天线设置在货物所通过的仓库大门边上,每个货物单元都贴有射频识别技术(Radio Frequency Identification,RFID)标签,所有标签的信息都被存储在仓库的中心计算机里,该货物的有关信息都能在计算机里查到。当进行货物作业时,管理中心可自动识别货物类型,确定货物的位置,从而对货物进行跟踪管理。

供应商将商品入库信息提前发送到仓储中心的仓储管理系统,由仓储管理系统自动处理、生成预入库信息。

货物被放置在带有感应器的托盘上,入库时通过在入库口通道处的RFID读写器,不需要拆包装,即可将货物相关信息自动输入到仓库管理系统。

系统将实际入库信息与预入库信息进行比较,如果无误或者误差在规定范围内,则准许入库并将预入库信息转换成库存信息;如果出现错误,则系统输出提示信息,由工作人员解决。

仓储管理系统按最佳的储存方式,选择空货位,通过叉车上的射频终端,通知叉车司机,并指引最佳途径,抵达空货位,扫描货位编码,以确定货物被放置在指定货位;货物就位后,再扫描货物的电子标签,仓储管理系统即确认货物已储存在这一货位,可供日后按订单发货。

订单到达仓库后,仓储管理系统按预定规则分组,区分先后,合理安排。仓储管理系统按照需要,确定安排如何最佳、及时地交付订单的货物,并在系统内生成拣货方案。

仓储管理系统按照拣选方案,安排订单拣选任务,拣选人由射频终端指引到货位,显示需拣选数量,经扫描货物的电子标签和货位条码,仓储管理系统确认拣选正确,货物的存货状态转换成待出库。

货物出库时,同入库一样,通过出库口的通道处的RFID读写器,将货物信息传入仓库管理系统并与订单进行对比,若无误,则顺利出库,货物的库存量相应减除;若出现错误,则由仓库管理系统输出提示信息。

三、智慧仓储的主要技术

（一）RFID

利用超高频射频识别（Radio Frequency IDentification，RFID）系统雷达反射原理的自动识别系统，读写器通过天线向电子标签发出微波查询信号，电子标签被读写器微波能量激活，接收到微波信号后应答并发出带有标签数据信息的回波信号。射频识别技术的基本特点是采用无线电技术对静止的或移动的物体进行识别，达到确定待识别物体的身份、提取待识别物体的特征信息（或标识信息）的目的。

（二）AGV

AGV 指装备有电磁或光学等自动导引装置，能够沿规定的导引路径行驶，具有安全保护以及各种移载功能的运输车，工业应用中不需驾驶员的搬运车，以可充电的蓄电池为其动力来源。一般可通过电脑来控制其行进路线以及行为，或利用电磁轨道来设立其行进路线，电磁轨道粘贴于地板上，无人搬运车则依循电磁轨道所带来的讯息进行移动与动作。

（三）机器人堆码垛

托盘码垛机器人是能将不同外形尺寸的包装货物，整齐地、自动地码在托盘上的机器人。为充分利用托盘的面积，保证码堆物料的稳定性，机器人具有物料码垛顺序、排列设定器。根据码垛机构的不同，可以分为多关节型和直角坐标型。根据抓取形式的不同可以分为侧夹型、底拖型、真空吸盘型。

（四）自动分拣系统

自动分拣系统是智能物流装备中的核心部件。自动分拣系统一般由控制装置、分类装置、输送装置及分拣道口组成。智能分拣设备的主要特点是能连续、大量给货物分类，基本实现无人操作排序，错误率极低。随着信息化标准化的来临和物联网技术的发展，尤其是条码和射频识别技术的进步，在快递行业，自动分拣系统的使用越来越普遍。

近年来，自动分拣设备带来的高效率的优势凸显。自动分拣机高效作业，使配送跟上订单步伐。目前我国快递分拣自动化程度较低，在劳动密集型的转运中心，与分拣作业直接相关的人力约为一半，分拣作业时间约占整个转运中心作业时间的

30%～40%，分拣的成本占到转运中心总成本的40%。

智能分拣已然成为自动化物流装备领域的一大亮点，包括韵达在内的多家物流公司都采用了智能分拣设备提高工作效率。

智能分拣设备能够以大转盘模式将快递流水线和分区的建包袋结合，在800平方米操作区域循环运作，每小时处理超过1.2万件包裹，全过程只需一次扫码，大大缩短了操作时间，满负荷运转可减少2/3的分拣人员，分拣精准度达99%以上。

目前自动分拣机已经为越来越多的快递企业所选用，规模化成本优势带来行业龙头集中度的快速提升，快递与物流业大都采用滑块式、交叉皮带式与翻板式分拣系统。与人工分拣相比，自动分拣缩减了分拣时间，提高了分拣效率，同时大幅降低错误和破损情况的发生概率。

（五）自动输送系统

自动输送系统，主要包括箱式、托盘式两大类。

箱式输送机主要包含皮带式、混式输送机以及提升机等多种形式，唯品会"蜂巢"系统就是箱式运输机的典型应用之一。

托盘式输送机主要包含辊筒式输送机、链条式输送机、提升机、穿梭车等多种形式，亚马逊Kiva AGV就是托盘式输送的典型应用之一。输送机主要和自动化立体库配合应用。

21世纪以来，我国自动输送系统技术取得了长足的进步，叉车、高速输送机、AGV、RGV等已实现国产化，应用领域也遍及多个行业，其在烟草、医药、服装、零售等领域发展迅速。

近年来，伴随着我国电商、快递业的飞速发展，自动输送机也更多地向该领域渗透。自动输送系统改变了传统"人到货"拣货模式，变为现在的"货到人"模式，减少拣货员移动和寻找过程，极大地提升了拣货效率与准确率。

（六）自动化立体仓库

自动化立体仓库又称高层货架仓库、自动存取系统AS/RS。它一般为采用几层、十几层甚至几十层高的货架，用自动化物料搬运设备进行货物出库和入库作业的仓库。其构成为立体货架、堆垛机、输送机、搬运设备、托盘、管理信息系统及其他设备。

自动化立体仓库能有效减少土地占用及人力成本，是提高物流效率的关键因素。自动化立体库的发展可以有效地解决仓储行业大量占用土地及人力的问题，并且实现仓储的自动化与智能化，降低仓储运营、管理成本并且提高物流效率。

自动化立体仓库市场规模增长迅速，保有量较国外仍有差距。根据中国物流技术协会信息中心统计，我国的自动化立体仓库近十年来市场规模保持了20%左右的平均增速。

然而从国际水平来看，美国拥有各种类型的自动化立体仓库2万多座，日本拥有3.8万多座，德国拥有1万多座，英国拥有4 000多座。与这些发达国家相比，我国自动化立体仓库保有量依然很少，未来增长潜力巨大。

近年来，国家加强了土地资源管理，使得土地使用成本不断增加，倒逼企业需要充分利用有限空间，提高现有土地利用率。智能仓储系统摒弃了传统仓库的水平拓展模式，转向立体拓展，具有较高的土地利用率和库存容积率，可减少企业的土地成本。

随着中国土地和人工成本的不断上升，自动化立体仓库较传统仓库的优势将日趋凸显，自动化立体仓库将是未来仓储发展的首选。

四、我国智慧仓储的发展历程

（一）国内智慧仓储系统发展历程

国内智慧仓储系统的发展大致经历了三个主要阶段。

1. 起步阶段

1975至1985年，我国智慧仓储系统发展处于起步阶段，在这一时期，我国已完成系统的研制与应用，但限于经济发展的限制，应用极其有限。

2. 发展阶段

1986至1999年，我国智慧仓储系统处于发展阶段。随着现代制造业向中国逐步转移，相关企业认识到现代化物流系统技术的重要性，其核心的自动化仓储技术获得市场认可，相关技术标准也陆续出台，促进了行业发展。

3. 提升阶段

2000年至今，可看作我国智慧仓储系统的提升阶段。在这一阶段，我国市场需求与行业规模迅速扩大，技术全面提升。现代仓储系统、便携系统和自动化立体仓库技术在国内各行业开始得到应用，尤其以烟草、冷链、新能源汽车、医药、机械制造等行业更为突出。更多国内企业进入智慧仓储系统领域，通过引进、学习世界最先进的自动化物流技术以及加大自主研发的投入，使国内的自动化物流技术水平有了显著提高。

（二）国内智慧仓储竞争状况

目前，我国智慧仓储系统行业处于一个竞争充分的态势。国内企业在与国外先进的智慧仓储系统供应商的竞争中不断发展，陆续推出具有自主知识产权的自动化物流产品，如昆船物流的 TIMMS 系统，国内企业凭借在性价比以及本土化后市场服务上的明显优势，在一些中低端项目中具备了较强的竞争优势，并成功进入高端项目领域。

由于长期的技术积累，国外智慧仓储系统供应商则在高端物流软硬件技术和行业经验方面具有优势，在一些高端智慧仓储系统项目中占有一定优势。

在我国自动化仓储的应用行业中，各公司优势领域和优势项目各不相同。如今天国际、昆船物流在烟草领域深耕多年，有着丰富的项目经验。

从物流系统市场在各行业竞争角度来看，烟草、医药、电力系统、服装和食品等行业国内企业均具有一定的竞争优势，在汽车与机械制造行业国内外物流系统集成商各自为营，而在电商、机场等领域外资目前占据明显优势。

国内供应商相对缺乏的是大项目的总包集成能力，但国内企业正不断地朝这方面发力，随着经验的不断积累，国内企业中也将诞生有竞争力的龙头公司。

任务二　智慧仓储管理

智慧仓储管理的内容包括智能分仓、智能货位布局、仓库动态分区、作业资源匹配与路径规划等。

一、智能分仓

智能分仓可以通过大数据分析，掌握用户消费需求特点及需求分布，提前将需求物品预置到离用户最近的仓库中，实现智能预测、智能选仓、智能分仓，减少库存及配送压力，给商家提供完全无缝连接的智能补货系统，实现分拣和调拨的有序运行。

智能分仓的管理内容主要有四点。

（1）基于商品的大小、重量、离消费者的路径调动智能路由，获取相关的履行路由的路径和线路，拿到线路后可能有很多的候选集。

（2）对履行成本的决策，即基于时效、成本的综合决策来选择最终的调度。

（3）通过平台来调度物流资源的服务商。

（4）把所有数据记录下来，输入供应链管理的平台，来实现对商家需求能力的计划以及供给计划的优化，让商家能够更好地预测销量，对仓储选择、品类规划进行优化，把商品推送到离消费者最近的仓。

二、智能货位布局

在仓储物流管理中，要想用有限库容和产能等资源提高出库效率，需要精心安排商品库存分布和产能调配，仓储货位分布将变得尤为重要。智能货位布局考虑最多的三个要素是热销度、相关度和分散存储方法。

三、仓库动态分区

仓库产能经常出现两个现象：一是各区产能不均衡，从而导致部分区域产能暂时跟不上；二是部分区域过于拥挤，从而导致部分区域出库混乱且效率较低。

为解决这个问题，需要实时动态分析仓库订单分布情况，应用分区技术，动态划分逻辑区，从而达到各区产能均衡的目的，使得设备资源利用率达到最大化和避免拥堵，进而提升仓库整体出库效率。

四、作业资源匹配与路径规划

当仓储管理系统从信息系统接受客户订单时，运用生产调度运筹优化模型，建立仓内货架、拣选设备、出货口等供需最优匹配关系，合理安排作业任务，使得全仓整体出库效率达到最大化。

当作业设备接收搬运指令时，要将货物快速准确送达目的地，需要规划合理最优路径。应用时空大数据等技术，协调规划全仓作业设备整体搬运路线，使得全仓作业设备有条不紊运行，最大程度减少拥堵。

任务三　智慧仓储管理系统

一、仓储管理系统（WMS）的含义

仓储管理系统（WMS）是通过入库业务、出库业务、仓库调拨、库存调拨和虚仓管理等功能，综合批次管理、物料对应、库存盘点、质检管理和即时库存管理等功能综合运用的信息化管理系统，WMS有效控制并跟踪仓库业务的物流和成本管理全过程，实现完善的仓储信息管理。该系统既可以独立执行物流仓储库存操作，也可以实现物流仓储与企业运营、生产、采购、销售的智能化集成。

WMS系统集成了信息技术、无线射频技术、条码技术、电子标签技术、WEB技术及计算机应用技术等，将仓库管理、无线扫描、电子显示、WEB应用有机地组成一个完整的仓储管理系统，从而提高作业效率，实现信息资源充分利用，加快网络化进程。其中的关键技术主要有无线射频技术（Radio Frequency，RF）、电子标签、数据接口技术。

二、智慧仓储管理系统的功能

（一）库区管理

对整个仓库园区以及各仓库的货位信息进行管理，跟踪货位信息、标本存放位置信息，进行仓库空间最优的储位分配，方便入库时货位准备，出库快速搜索，以实现最佳的货位布局。

（二）出/入库管理

货品由RFID阅读器与天线组成的通道进行出/入库，RFID设备自动获取出/入库数量并记录于系统。当入库时，系统将根据包装箱的数量，自动分配相应的货位，指导标本入库；出库时，系统根据出库的数量将重新计算空闲的货位，实现标本出/入库和货位的动态管理。

（三）上架管理

入库完成后，仓管员需对包装箱进行上架（金属货架），操作人员在放置货物后，用 PDA 读取包装箱信息，再读取货架标签号，对包装箱标签与货位标签（每层货架安装一个 RFID 标签）进行绑定，系统会自动对比货物是否在指定货位，如果是，则提示上架成功。

（四）在库管理

在库管理主要包含盘点、查找、借用、移位、归还等操作，仓管员可通过 RFID 手持机扫描包装箱及货品来实现在库管理，与日常条码仓储管理模式相近。

（五）数据统计

数据统计可以按照时间、数量、标本类别等要素，形成统计报表，能够给管理者与决策者提供及时准确的库存信息，能够提高包装箱查询的准确性，提高仓储管理的效率，以强化企业的竞争力。

任务四　无人仓

一、无人仓的含义

无人仓指的是货物从入库、上架、拣选、补货到包装、检验、出库等物流作业流程全部实现无人化操作，是高度自动化、智能化的仓库。

二、无人仓的发展历程

从传统仓库到无人仓的终极形态，大致可分为五个发展阶段。
（1）传统仓库：以人工作业为主。
（2）智能型仓库：存储、拣货等作业采用了智能设备，部分环节实现无人化。
（3）少人型仓库：对特定品类实现了收货、存储、拣货、包装、分类、发货大部分环节作业的无人化。
（4）无人型仓库：仓储作业全流程（收货、存储、拣货、包装、分类、发货）都实现了无人化。

（5）终极无人型仓库：在上一阶段基础上，结合人工智能技术的全面应用，全品类、全业务类型都实现无人作业。

三、无人仓的设备

无人仓的主要设备可以简单地划分为搬运设备、存储设备、上架与拣选设备、分类设备以及其他辅助设备，依据每个仓库的运营场景，可能只使用部分设备；比如，整箱/整托盘存储和发货，可能就不需要上架和拣选设备；每次逐一拣选发货，可能就不需要分拣设备。

（一）搬运设备

搬运设备首选滚筒型、皮带型、倍速链、RGV等输送系统，考虑到更好地支持柔性化作业，当前越来越多地使用各种类型的AGV自动导引车，包括无人堆高车、无人叉车、类Kiva机器人，以及无人牵引小车。

（二）存储设备

存储设备主要有堆垛机、多层穿梭车、旋转货架、多向穿梭车、AutoStore等。随着AGV技术的发展，很多AGV小车具备了独立从货架上拣选货筐/箱甚至是商品的能力。

（三）上架和拣选设备

上架和拣选设备主要由各种机械臂组成，从普通的多关节机器人到并联机器人等，都可以作为拆零上架和拣选的设备，目前主要有抓夹式和吸盘式两种获得商品的设备。如何高速柔性地完成不同商品的拆零上架和拣选，是当前无人仓技术面临的最大挑战之一。

（四）分拣设备

分拣设备指各种各样的分拣机，如滚轮、摆臂、滑块、交叉带以及其他能实现分拣功能的设备或者系统，如由立塾首创的AGV小车分拣系统等。

（五）其他辅助设备

其他辅助设备包括码垛机器人，自动拆箱机、自动封箱机、自动装袋机、在线测量称重设备、在线扫描设备、自动贴标与贴面单机，以及RFID读取设备等。

四、无人仓的优势

（一）降低企业成本

劳动密集型且生产值波动比较明显的行业，如电商仓储物流，对物流时效性的要求不断提高，受限于企业用工成本的上升，尤其是临时用工的难度加大，应用无人技术能够有效提高作业效率，降低企业整体成本。

（二）减少浪费

在无人仓商品自动打包过程中，机器会根据商品的实际大小现场裁切包装箱进行包装，不仅避免了包装材料的浪费，还减少了"小商品用大包装"在运输途中被损坏的可能性。

（三）提高效率

无人仓从本质上来说还是服务于订单的生产和运营，而非炫酷科技的展示。无人仓可以大幅度简化繁重、简单的人工环节，减轻劳动负荷，其效率是传统仓库的 10 倍。随着国内各大促销节日货运体量的增加，无人化能在效率方面满足需求，缓解或彻底解决因急速增长的体量而带来的物流不畅问题。

（四）提高企业竞争力

要在激烈的竞争环境中生存，提升企业的核心竞争力，赢得消费者、客户的青睐，无人化运作，是很好的竞争手段之一，是体现企业实力的存在。无人仓在提高效率、降低成本等前提下，本质也是提高企业竞争力。

（五）利于仓库管理

先进的无人仓能够在一个小时内将物品送达用户手中，并可以实现预测、采购、补货和分仓的自动化，并自动根据客户需求，精准调整库存，实现发货。

（六）保证货到人拣选、自动分拣、精准铺货预测

新一代无人仓有效整合了无人叉车、AGV 机器人、机械臂、自动包装机等众多"黑科技"，实现了整件商品从收货上架到存储、补货、拣货、包装、贴标，再到分拣全流程的无人化。从下单到货物出仓，各项黑科技协同作业有条不紊，实现了物流的标准化、精细化与可视化。

五、无人仓主要应用领域

劳动密集型且生产值波动比较明显的行业,如电商仓储物流,对物流时效性要求不断提高,而企业受限于用工成本的上升,尤其是临时用工的难度加大,采用无人技术能够有效提高作业效率,降低企业整体成本。

劳动强度比较大或劳动环境恶劣的行业,如港口物流、化工企业,引入无人技术能够有效降低操作风险,提高作业安全性。

物流用地成本相对较高的企业,如城市中心地带的快消品批发中心,采用密集型自动存储技术能够有效提高土地利用率,降低仓储成本。

作业流程标准化程度较高的行业,如烟草、汽配行业,标准化的产品更易于衔接标准化的仓储作业流程,实现自动化作业。

对于管理精细化要求比较高的行业,如医药行业、精密仪器,可以通过"软件+硬件"的严格管控,实现更加精准的库存管理。

任务五　智慧云仓

一、智慧云仓的含义

智慧云仓的概念正是基于"云"的思路,在全国各区域中心建立分仓,由公司总部建立一体化的信息系统,用信息系统将全国各分拣中心联网,分仓为"云",信息系统为服务器,实现配送网络的快速反应,所以云仓是利用云计算以及现代管理方式,依托仓储设施进行货物流通的全新物流仓储体系产品。

随着电子商务与O2O概念(Online To Offline,指将线下的商务机会与互联网结合)的发展,企业和消费者也越来越重视前后端的客户体验。电商企业如何才能把货物越快越好地送到客户的手中呢?

云仓的概念是利用云技术和现代管理方式,依托仓储设施实现在线交易、交割、融资、支付、结算等一体化的服务。

在信息化发展的推动下,云仓借助大数据、云计算等现代化信息技术,改变原来单个仓储孤岛式运行的模式,有效链接多个分布式的仓储资源,实现对供应商、动员中心、仓储的基本管理。

信息、物资转运信息等进行集中整合，由云仓平台的信息管理系统进行统一管理。

二、智慧云仓的发展背景

物流的仓储环节可分为外包仓储和自建仓储两种模式。两种模式下又通常会出现不同的问题。

对于外包仓储模式来说，因供应商规模大小不一，服务质量参差不齐，企业通常需要与多家仓储供应商合作，才能满足自身的业务覆盖需求；特别是节假日时期，易发生外包仓储爆仓、商品配送延误等问题，严重影响了企业客户体验，导致企业业务情况不太理想。

对于自建仓储来说，则是高昂的成本问题，以及自建团队、自建系统等带来的管理压力。为了解决两种仓储模式带来的问题，一种新的仓储体系——云仓应运而生。云仓通过中央云系统，运用云计算对整合过后的下属分仓内库存分布进行完美调拨分配，以多仓为据点，完成货物出入库。云仓兼容了外包的成本优点及自建仓储的服务优势，在避免自建仓储带来的高成本问题的同时，又可以解决外包仓储服务质量差的问题。

三、智慧云仓的特点

物资储备"智慧云仓"是基于"云"的思路，围绕"短链、智能、共生"，在云平台的信息管理系统中统一规划和计划各个仓库的活动，并对链条上的各个环节进行超前、有效、实时的管理。供应商根据实际情况，就近合理安排仓储，仓库根据物流的需求提报就近响应、快速反应，实现地域"分"，格局"总"。传统物流模式中，供应商、各级代理以及门店之间层层备货，且相互无任何透明度，根据自身预测，进行补货和配送，占用大量成本，以及补货需要逐层传达需求，环节多、响应速度慢，满足不了客户的灵活需求。高库存成本和多次重复的物流成本，都会使整体运作成本高居不下。

智慧云仓的特点包括以下四点。

（一）能做到"单未下，货先行"

"云仓模式"是以大数据技术为核心技术，利用软件系统、硬件设备将仓库和运输配送路线紧密联系形成仓配网，以此为客户企业提供仓储配送、增值服务等供应链一体化服务。

（二）全国范围内的仓配网络

仓储环节在物流总成本中所占成本较高，智慧云仓通过整合自身资源与社会资源，降低成本、分摊风险，在全国范围内建起"仓库+配送"网络。

（三）减少运输环节

客户企业的商品经由智慧云仓平台直接运到各个区域的分仓，在消费者下单后，直按由各地分仓发货，减少运输环节，缩短配送时间，大大提升了消费者购物体验。

（四）完善的软硬件设施

软硬件设施是智慧云仓的必要组成部分，是云仓服务的重要保障。硬件设施在物流领域的重要性不言而喻，在某种意义上，智慧云仓就是一种自动化仓库的创新模式。一般来说，智慧云仓的信息管理系统包括中央系统、订单管理系统（Order Management System，OMS）与仓库管理系统（Warehouse Management System，WMS），OMS 接入消费者订单，智能匹配到距离消费者最近的分仓，WMS 实施仓内操作完成出库发货，就近完成配送，分仓定期向中央系统反馈库存状况，当库存不足时，向客户企业发出补货信息或者进行仓间调拨。借此可实现仓库与客户企业的最优化链接，打通全供应链体系。

四、智慧云仓模式的主要构成

目前的智慧云仓模式主要通过主导企业整合自身资源，与其他资源提供方建立以主导企业为核心的云仓平台，形成以大数据技术为核心的"仓+配"物流运作模式。

智慧云仓模式的主要构成为大数据技术、仓配网络、软硬件设施统一、增值服务。从物流服务角度来说，智慧云仓模式是一种基于大数据的电商物流服务流程的优化与创新。

五、智慧云仓网络的基本构成

智慧云仓体系通过整合社会闲置仓储资源，构建全国分仓，形成一张云仓网络。

在智慧云仓的运营中，客户下单后，OMS 将订单传入最近的仓库，智能匹配到的分仓再利用 WMS 进行发货就近完成配送。

分仓每过一定周期将货物存储情况进行一次反馈，在存量不够的情况下，通过中央系统向供应商发出补货申请。

智慧云仓运用统一的中央云系统以及智能化的分拣设备，具有高效快速的订单处理能力及配送效率。

【思考题】

(1) 智慧仓储系统包含哪些环节？
(2) 智慧仓储主要应用哪些技术？
(3) 无人仓的优势有哪些？
(4) 无人仓的应用领域有哪些？
(5) 智慧云仓有哪些特点？
(6) 智慧云仓的类型有哪些？这些类型各自的代表企业有哪些？

项目三 智能运输，开启智慧物流新征程

【案例导入】

人工智能在港口码头的应用

人工智能已与诸多行业深度融合。航运业可谓人类经济发展中非常古老的行业，近年来凸显出与人工智能的深度融合，随着全自动码头、智慧船舶配载、智能调度等各领域的应用，以及未来可能朝着无人驾驶船舶、智能解决方案设计等趋势，航运业不断从信息化到智能化演化发展。

一、全自动码头

自动运输设备和控制系统的结合，实现无人工介入的协同高效作业。

全自动码头在全球各地均有涌现，技术应用已经较为成熟。我国的上海洋山港、青岛港、广州港等港口也都在全自动码头建设中走在了世界前列。

以上海洋山港的出口集装箱调运为例，自动化码头的作业流程大致分为6个步骤：使用自动化轨道吊起重集装箱、自动化轨道吊自动将集装箱堆叠至集装箱堆场、自动化轨道吊将集装箱从堆场自动运送至AGV运输点、AGV将集装箱运送至岸桥起重点、岸桥起重、远程控制及调度中心将集装箱起重运至运输船。

在上述流程中，AGV起到了关键性中介作用，AGV具备电磁或者光学等自动导引装置，能够沿规定的导引路径行驶，具有安全保护以及各种移栽功能，不仅可以自动规避障碍物，还可以做出减速、刹车或绕行等遭遇突发状况的各种决策并规划最优驾驶线路。

AGV自动导航的实现技术是多元的，其中在业内被广泛采用的是磁钉定位导航系统。例如，洋山港自动化码头四期工程中，就在地面埋设了61483颗螺钉，磁钉与磁钉之间就处于一种较为精确的定位状态，再通过磁导航传感器检测磁钉的磁信号即可实现AGV的定位，此时可以依靠编码器数等里程计量传感器来计算位置，依靠陀螺等

角度传感器来确定方向角。

有了自动引导设备，全自动化码头作为一个庞大系统，要实现协同运作，还需要通过人工智能、运筹学决策和系统工程理论来发展中央控制系统。上海洋山港的控制系统主要包含了全自动化码头智能生产管理控制系统（TOS）与设备管理系统（ECS），它们指挥着130台AGV协同工作，共同达到最优的效率。

自动运输载体之外，人工智能也渗透到了全自动化码头的各方面，解决了传统码头作业中的难题，极大提高了自动效率。例如，在码头上，轨道吊从集装箱卡车上抓取集装箱时，如何安全高效地进行全自动化交互作业，是全球港口一直未解决的行业难题。因为集装箱与集装箱卡车的托盘锁销一旦没有完全分离，轨道吊卸箱时容易造成集卡被吊起事故，存在安全隐患。青岛港自动化码头团队则通过人工智能、图像识别等技术研发了机器视觉集卡防吊起系统，实现集卡防吊起自动识别。这项新突破，让自动化码头的全自动化范围再次延展，从码头卸船作业一直延展至陆侧区域。这样一来，码头收箱作业避免人工介入，进一步提升了安全性，解决了行业难题。

除了已经应用的技术，全自动码头的发展也与相关技术的进步紧密结合。例如，广州港集团就积极引入高新技术，与华为公司开展了战略合作，着力结合5G技术打造"车路协同"平台，优化自动化码头的作业流程。华为已在广州港等港口进行有关联合创新和测试，探索5G在港口陆地和海域等特殊场景的覆盖技术，实现港口遇险报警、辅助航行、智能理货等业务运用。

二、无人驾驶船舶

无人驾驶船舶的发展尽管尚处于研究论证阶段，但是，其未来的商业化运营并非遥不可及。

全球首艘无人集箱船已于2017年9月29日下水测试，这艘名为"Yara Birkeland"号的船只由挪威康士伯海事和全球最大的化肥制造商——挪威Yara集团合作研发设计。全电动模式可完全实现零排放，长80米、宽15米，能够装载120个长度约6米的标准集装箱，虽然载货量很少，但该船的正式投入运营将会成为全球航运史上的一个巨大转折点。据报道，"Yara Birkeland"号利用自身安装的全球定位系统、雷达、摄像机和传感器等，能够在航道中避让其他船舶，并在到达终点时自行停靠。

技术已经先行一步，接下来，随着智能船舶控制系统、海洋、气象、水文等智能识别技术的完善，以及相关法律法规的健全，无人驾驶船舶成为可能。而一旦无人驾驶船舶商业化运行开启，必将重新定义集装箱运输业的参与主体和商业模式。在物联网、大数据、区块链、虚拟现实等技术不断裂变式发展的如今，人工智能技术亦将不断推动集装箱运输业从信息化走向去中心化、走向系统分散化、定回智能化，其商业模式创新也将在技术浪潮中呈现出各个参与主体的数字化转型而更加呈现出共生发展的模式，引领集装箱运输业真正步入智能化新阶段，以航运互联网生态系统的搭建启动智慧航运的时代。

任务一　智能运输系统概述

一、智能运输背景

近年来，中国经济飞速发展，人民生活水平也随之不断提高，我国消费对经济增长基础性作用不断巩固，消费结构升级步伐日益加快，中国商业企业迎来了重要的战略机遇期，就零售市场而言，其销售规模也在逐年增加，并不断呈现出良好的增长态势。

2018年天猫"双11"全球狂欢节的数据足以证明当前零售环境对于人们生活水平的深刻影响——"双11"全天成交额突破2 000亿元大关，达2 135亿元。同时，2018年天猫"双11"全天物流订单量达到10.42亿单，再创新纪录，进入1天10亿单包裹的时代。从第一秒开始，2018天猫"双11"就在不断刷新纪录，创造新的历史。11日零点刚过2分05秒，成交额便迅速攀升至100亿元，用时比2017年快56秒；破1 000亿元只用107分钟，比2017年快7小时。15时49分39秒，就打破了2017年1 682亿元的记录。最终定格的2 135亿元，将全球商业的单日成交额首次带入2 000亿元时代。

二、TMS智能运输系统概述

TMS运输管理系统基于供应链网络设计，集成最佳行业实践业务模型，帮助企业解决在物流运输管理过程中面临的种种问题：如何有效管理承运商及自有车队，更快地处理运输过程中的异常情况，实现端到端的全程物流服务。

TMS通过订单物流执行过程管理、节点监控，达到业务全程可视化，提高企业对业务风险的管控力，改善企业管理水平，提升客户服务品质。TMS适用于中型、大型制造分销企业对自己的物流业务进行管理，以及各类3PL公司开展运输服务业务的管理要求。

1. 全方位的订单管理

TMS 内置订单管理模块，能够提供全方位的物流订单管理服务，包括需要仓库和运输协作或分别完成的任务。订单管理模块能够采集内外部信息，完成对于物流订单从产生到 POD 完成的全生命周期管理和跟踪，通过订单预警、App 消息、短信、Email 通知等各种手段，实时反馈执行信息，实现异常情况的及时处理。

2. 强大的控制中心

系统实现全国范围内物流执行过程的可视化，满足企业对于物流运作情况的多维度监控要求，及时获知物流执行统计数据，了解订单运输执行过程。

3. 精益化的 OTD 管理模式

TMS 系统率先构建了现代物流 OTD（Order to Delivery）管理模型，能够通过配置，实现对于一次物流作业各个作业环节的时效设定，并指导后续作业的执行计划制定及时效监控。通过对每一环节的精益化管理，实现对于最终该订单执行结果的保障。OTD 管理模型应用于作业过程中的计划和监控，以及作业后的 KPI 分析与考核。

4. 灵活的调度模式

TMS 系统支持海陆空等多种运作模式，可考虑线路、承运商、服务时效、收货时间窗等多种条件配置执行方案满足不同业务模式下的运作要求。

任务二　无人驾驶物流专用车辆

近年来随着工业 4.0 与"中国智造"的深入，传统制造业正在不断寻找变革之路，以促进生产方式的数字化、智能化与无人化，从而实现"降本增效"。基于此，许多产业凭借自主研发的核心无人驾驶与人工智能技术，打造无人物流解决方案，在许多方面破解了物流"运输效率低""人工成本高""生产安全风险"等难题，进而提升生产效益。

现有无人驾驶技术的等级划分如下。

（1）L0。驾驶员完全掌控车辆。

（2）L1。自动系统在特定的情况下能辅助驾驶员来完成一些非紧急状态的驾驶任务。

（3）L2。自动系统能完成某些简单的驾驶任务，需要驾驶员保持对周围环境的监控，以确保自动驾驶的安全状态，同时保证如果出现问题，能够随时进行接管。在这个层级，自动系统的错误感知和判断有驾驶员随时纠正，大多数车企都能提供这个系统。L2可以以速度和环境为参数进行使用场景的划分，例如，空旷状态下的高速公路快速行车、环路低速状态下堵车缓慢前行及驾驶员在车内的自动泊车。

（4）L3。自动系统不仅能够完成某些驾驶任务，也能实时地感知和监控周围的环境信息以改变驾驶状态，但是驾驶员仍然是车辆的第一操作对象，且需在危险状态时接管驾驶（当自动系统发出请求时）。所以在该层级下，驾驶者仍无法睡觉或者进行深度的休息。在L2完成以后，车企的研究领域从这里延伸。由于L3的特殊性，目前看到比较有意义的部署是在高速L2上面做升级。

（5）L4。自动系统在非紧急状态环境中时能够完成大多数的驾驶任务，并同时感知收集周围的环境信息进行驾驶状态的判断；L4的部署，目前来看多数是基于城市的使用，可以是全自动的代客泊车，也可以是与打车相关的服务。这个阶段下，在自动驾驶可以运行的范围内，驾驶相关的所有任务和驾乘人已经没关系了，感知外界责任全在自动驾驶系统，这里就存在着不同的设计和部署思路了。

（6）L5。自动系统在所有条件下都能完成所有驾驶任务。

日常生活中所说的自动驾驶系统（Automated Driving System，ADS），通常是在3～5层级，随着层级的提高，对系统的要求也随之提高。由于目前自动驾驶的分级，特别是L3和L4还没有大规模应用在实际生活之中。分类方法以动态驾驶任务（Dynamic Driving System，DDT）、DDT的任务支援和设置运行范围来区分。有条件的自动化，要求在限定的操作设计域（Operational Design Domain，ODD）内能够完成所有的DDT，但要求驾驶人员时刻准备着应对无人驾驶系统在系统失效或者超出ODD范围时发出的需要驾驶员介入的请求。标准中要求在发出驾驶员介入请求后，自动驾驶系统仍需要保持驾驶状态。

一、机场行李转运车辆

机场的专用车有很多，其中行李转运车是最常见的一种。行李转运车是用于飞机装卸行李、包裹及邮件等货物的专用设备，一般会在航班前一个半小时到达作业场地，待行李全部装载完成后，就会送至飞机货舱。

根据转运车的结构和使用功能，行李转运车可以分为自行式、拖挂式和厢式。厢式行李转运车兼有运输与装卸功能，但效率相对较低，适合传输行李、货物较少的场合。

自行式行李传送车主要由汽车底盘（自制）、前升降机构、后升降机构、输送带架、液压系统及电气控制系统等组成，如自行式行李传送车，它是集机、电、液于一体的高技术含量产品。其底盘采用全液压（或电机）驱动、无级变速、液压转向、硬置式前后桥，具有整车高度低、低速行走稳定性好、操作简单方便、应急操作设置完备、产品升降范围宽、承载能力强、适用面广等特点，可满足所有飞机机型的使用要求。

拖挂式行李转运车由自行式车头和后部位置的拖挂厢组成，虽然运输效率相比自行式行李传送车较低，但是其灵活性和长距离运输特性而在机场得到广泛应用。

行李转运车制造商必须具有中国民航总局核发的民用机场专用设备审定合格证。行李转运车设计一般需要满足以下几点要求。

（1）强度要求。专用车底盘结构、输送带以及支撑框架结构、前后的升降结构等应该满足最大载荷要求。

（2）安全性。行李转运车作业时，传送机构均处于旋转状态，需设置多种安全防护以保证工作人员的安全；同时因其作业时前端与飞机对接，后端与行李托盘对接，前后端均须设置防护装置，以保证不损伤飞机和自身案例。

（3）低速行驶稳定性。行李转运车作业时要与飞机对接，为保证安全、易于控制，要求其有较好的低速行驶稳定性，通常要求最低稳定车速在 2 千米 / 小时以下。

（4）可靠性。为保证飞机正常准点，降低车辆的使用维修成本，要求行李转运车有较高的可靠性。

（5）环境适应性。行李转运车应满足不同使用环境，如高温、高湿、高原、低温，通过加装特殊装置，使其能够适应各种作业环境。

（6）完备的应急装置。一方面能够保证在设备发生故障时避免造成严重的事故或损失；另一方面能保证车辆在不能工作的情况下及时撤离飞机。

目前国内外设计制造的行李转运车技术已非常成熟，其安全性、可靠性都得到很大提高；绝大多数生产商使用自制底盘，基于商用车底盘改装的底盘已逐步淘汰。未来行李转运车将沿着如下几个方面发展。

第一，动力越来越环保。内燃机排放等级逐步提高，油电混合动力行李转运车、纯电动行李转运车已从研发阶段步入初步试用阶段，将来行李转运车电动化趋势会越来越明显。

第二，减轻作业人员劳动强度。例如，越来越多地应用柔性动力传输系统。该系统设置于行李转运车前端，使用时由工作人员控制，可以把货物传到机舱内任意位置，不需要人工长距离搬运货物。

第三，关注操作人员的安全性、舒适性。随着社会发展和技术进步，越来越多地采取安全措施，以尽最大可能避免工作过程中设备故障、缺陷和误操作造成的伤害，如距离检测装置、运动件和固定件间的防护装置。

第四，提高设备舒适性。减震良好的悬架系统、空调系统开始配备到行李转运车上，在一定程度上提高了驾驶舒适性。

第五，拖挂式行李转运车的应用更加广泛。拖挂式行李转运车具有操作简单，采购、维修、使用成本低。车辆尺寸小等优点，同时可以增加辅助动力行车系统，降低操作人员工作强度。

二、码头无人物流转运车辆

码头集装箱自动化、无人化装卸，是港口未来的技术发展趋势。对现阶段正在使用的集装箱码头进行自动化、无人化装卸改造是一种可行的产业升级方式。近年来无人物流转运车的快速发展，在码头运输方面创造了无限可能，同时也以较低的成本，解决了集装箱码头现阶段的发展瓶颈。目前，自动化、无人化集装箱码头的技术实现方式主要有以下两种。

（一）自动导引车（AGV）加地面埋设磁钉方案

自动导引车（AGV）是一种使用无人驾驶技术的特种运输车辆，通过对码头工作场地进行磁钉设备的大规模改造，可在传统作业和无人作业的混合码头工作。AGV可以在既定的轨道上行驶，安全系数也非常高。

1. 码头应用场合

码头应用场合有码头与堆场之间的集装箱货物的定点运输。

2. 动力源

动力源有柴油发电机驱动、电池驱动、燃气驱动和混合动力驱动。

目前应用于码头的AGV小车普遍采用钛酸锂电池，相较于铅酸电池，能源利用效率提升25%，有效消除了铅污染风险。较为广泛的充电方式是分布式浅充浅放循环充电新模式,在 AGV 生产作业的同时完成电能补充。

3.码头 AGV 小车定位技术

早期港口无线通信系统大多采用 Wifi 系统,但在实际行业应用中存在诸多问题,如多用户干扰、覆盖低、时延高、移动性低等。自动化集装箱码头 AGV 无线 4G-LTE 双网冗余覆盖技术系统采用长期演进技术（Long Term Evolution，LTE），该技术采用了当前移动通信领域中最先进的设计理念和工程技术,组成了第四代（4G）移动通信系统的空中接口技术——LTE 移动通信系统技术,具有更快的传送速率,更低的延迟,以较低的成本构造起容量更高的系统,基于 4G-LTE 系统构建无线通信网络对于新建自动化码头与现有码头远程化、自动化改造有着重要的意义。

4.AGV 小车的天线部署

在车辆天线的部署上,遵循天线交错形式部署,将 2 个网络的 6 个天线分布在车体 6 个位置。如果单个网络出现问题,可以安排第二天进行相应的维修,不会导致车辆被迫停在场地中影响正常港口投产。车体天线交错布局的方式,可以很好地解决车辆由于转向造成的对角线死角问题,提高车辆在全工况下天线接收效果。

5.集装箱码头中 AGV 防碰撞技术

（1）激光雷达防碰撞。利用激光雷达发射激光线束的扫描原理,可以扫描某个区域,形成区域图像,测定相对位置,返回其测量值。激光雷达数据能够反映出目标的相对位置和速度信息,使得机器能够及时做出决断。通常情况下,激光防撞传感器感应到障碍物对应在 7.5 米处减速,在 1.5 米处停车。

（2）超声波传感器保护。超声波保护是 AGV 在顶部支架区域内特有的保护,超声波传感器会检测前方一段距离内是否有障碍物。若支架上本已有集装箱而系统调度 AGV 带有载荷进入支架时,超声波传感器将检测到支架上的障碍物,根据超声波传感器的返回值、控制器做出决断,在危险时制动 AGV,从而起到保护作用。

（3）机械防撞保护。作为最基础的保护装置,保险杠是 AGV 的最后保护措施。当保险杠碰撞受到外力作用时,常感应限位脱开,AGV 车轮抱闸停车。

6.码头 AGV 小车的通信系统

AGV 小车与码头数据处理中心通过无线信息传输的方式实现信息通信。ACV 将位置信息、故障信息、运行状态等监控数据参数上传到数据处理中心,并接受数据处理中心的反馈控制,包括当前阶段的运行状态和工作目标,以及下一阶段工作安排、路线规划、停车位置等。

AGV车载控制系统主要由激光器、可编程控制器和导航控制器等三部分组成，这三部分均通过以太网接口与智能切换单元互联。AGV小车上的导航控制器与中控系统的设备控制系统之间通过无线通信系统建立连接，接收车队管理系统发出的作业指令。车队管理系统以100毫秒为间隔周期向AGV小车发送数据包来检测通信链路的连接有效性，确保TCP协议传输的报文数据的实时性。AGV上的可编程控制器将AGV的坐标、速度、液压、电池、陀螺仪等遥测数据以200毫秒为周期上报传输至中控系统的港机设备管理系统服务器。AGV车载业务的通信传输数据量小于100千字节/秒，但对数据传输的实时性要求较高，基本以100毫秒为周期与中控系统进行持续通信。

（二）无人驾驶卡车方案

无人驾驶卡车能够自动化、无人化地进出码头和堆场工作场景，无人工干预的情况下直接将集装箱运送到指定的地点，大大地缩短运输这一环节的时间。自动驾驶卡车安装了激光雷达、高清摄像机、毫米波雷达、智能计算单元、北斗定位系统等设备，可以完成道路行驶、集装箱卸货、精确停车、有障碍物时发出响应等指定的动作，实现了集装箱从卸货装货到运输的完全自动化、无人化。为了适应全天候的作业环境，无人驾驶卡车搭配了精度更高的传感器和处理器，可以确保在昼夜、雪天、雨天、能见度低的其他恶劣环境及现场人员、车辆和作业设备的复杂环境中满足港口24小时全天候生产运行的要求。

1.无人卡车管理系统

无人驾驶卡车在集装箱码头安全稳定高效运行，需要多个系统相互配合，其中主要包括集装箱码头生产系统（Container Terminal Operating System，CTOS）、集卡调度系统（Track Control System，TCS）、无人驾驶系统、设备对位系统（Chassis Positioning System，CPS）等。

CTOS是负责集装箱码头生产的核心系统，它管控码头中的各项作业流程，在业务人员的控制下有计划地激活作业指令、分配作业设备、监控作业指令状态。在集装箱码头内集卡无人化改造的系统规划中，CTOS是作业指令的提供者。

无人驾驶车的车辆管理、路径规划、任务调度、工作状态监控都由TCS完成。TCS在无人集卡作业的各个关键节点，给出最佳作业指令和路径，并监控无人集卡行驶过程中出现的异常，发出预警或者提供异常处理决策。

无人驾驶系统是操作无人卡车完成作业任务的主系统，它是无人卡车任务的"执行者"，通过无人驾驶技术完成内集卡改装，实现无人集卡自动驾驶。

CPS是一套辅助大型装卸设备（桥吊、龙门吊、堆高机等）与集卡进行位置匹配的对位系统。在龙门吊预先到达作业位置时，可提前介入辅助内集卡停车到位，提高内集卡一次停位成功概率；在龙门吊滞后到达作业位置时，协助卡车对位微调，保证卡车与设备相对位置相匹配，使作业安全顺利进行。

在卡车上搭载车载无人驾驶系统可以实现单车无人驾驶。该系统使用基于人工智能的机器学习算法，根据各类车载传感器采集的周边环境信息，进行目标检测、识别、分类、定位和集卡的运动预测。环境感知模块负责获取集卡上安装的各种传感器所采集的信息，并将这些信息通过算法融合到一起，从而更加准确地感知当前集卡行进道路上和道路周边的环境信息，再将融合感知得到的信息传递给依托于高精度地图的高精度定位模块和无人驾驶决策规划模块，实时计算集卡的自动行驶轨迹，最后将运算结果持续传给底盘控制模块。底盘控制模块再操控无人卡车根据当前的路况进行车道保持、自动避障、自动转向和加减速等一系列动作，使无人卡车按照作业指令的要求，在规定时间内自动行驶到作业目标位置。在整个水平运输作业过程中，车载无人驾驶系统会通过4G或5G无线网络持续向服务端的车队管理系统上报当前集卡的位置、状态等信息。

2. 无人卡车在码头的应用场景

（1）装船作业。无人卡车车队管理系统下发装船作业调度指令到指定卡车的车载无人驾驶系统。车载系统控制无人卡车自动行驶到堆场指定位置完成取箱。无人卡车再自动行驶到岸边指定岸桥下，与岸桥交接完成装船箱作业。

（2）卸船作业。无人卡车车队管理系统下发卸船作业调度指令到指定卡车的车载无人驾驶系统。车载系统控制无人卡车自动行驶到指定岸桥下，与岸桥交互完成卸船箱压车任务。无人卡车再从岸边运输集装箱到堆场目标位置，完成卸船箱落场作业。

（3）岸边中转作业。无人卡车车队管理系统下发岸边中转作业调度指令到指定卡车的车载无人驾驶系统。车载系统控制无人卡车自动行驶到指定岸桥下，与岸桥交互完成卸船箱压车任务。无人卡车再自动行驶到装船作业岸桥下，与岸桥交接完成集装箱装船作业。

（4）场内移箱作业。无人卡车车队管理系统下发场内移箱作业调度指令到指定卡车的车载无人驾驶系统。车载系统控制无人卡车自动行驶到指定位置与场桥交接完成取箱压车任务。无人卡车再自动行驶到移箱的目标位置，与场桥交互完成放箱落场工作。

3. 无人卡车作业流程

在系统整体处理流程中，先由码头生产系统生成水平运输作业指令并发送给无人卡车车队管理系统。无人卡车车队管理系统收到作业指令后会将指令转换为拖车调度指令，并选择最合适执行当前指令的无人卡车，通过4G或5G无线网络，将调度指令下发到该卡车的车载无人驾驶系统；同时根据卡车当前的位置和状态，规划出本次水平运输作业的行驶路径，规划路径也会通过无线网络下发到车载无人驾驶系统。车载无人驾驶系统接收到调度指令后，根据规划路径，规划车道的行车路线，自动避障和控制卡车车速，使无人卡车在指令规定的时间内自动行驶到作业地点。然后，无人卡车与港区内的其他作业机械协同作业，完成集装箱的交接，最终完成本次集装箱的水平运输作业。无人卡车将等待车队管理系统下发新的作业调度指令，再执行下一次自动水平运输作业任务。

三、智能工厂物流转运车辆

近年来，随着无人技术的发展，无人化、智能化、网联化的物流模式已然形成。在工厂里，无人车减少作业接触的同时也切实保障物流畅通循环。

目前应用于工厂中的无人物流车，较为先进的是L4级自动驾驶车，这种自动驾驶车在某些环境和特定条件下，能够完成驾驶任务并监控驾驶环境。这个阶段下，在自动驾驶可以运行的范围内，驾驶相关的所有任务和驾乘人已经没关系了。但似乎驾驶舱还是必不可少的，不能完全取消人为控制的操作部件。

在室外暴雨等恶劣天气的环境下，无人操作必须保证安全快速地作业。工厂无人物流解决方案由具备L4级自动驾驶能力的无人车和一套功能强大的云端智能运营管理系统构成。无人车内搭载一款全功能智能驾驶控制器，可通过融合部署在车身周围的激光雷达、摄像头、超声波雷达等多类传感器的感知数据，结合无人驾驶核心算法，实现在多种复杂工厂场景下的无人驾驶。借助云端智能运营管理平台，为厂区无人物流运营提供多车协同、调度、远程控制、数据分析等服务，大大提升无人物流运营的管理效率与安全性。

自动驾驶系统由感知层、决策层和执行层三个部分组成。

感知层主要是为自动驾驶系统获取外部行驶道路环境数据并帮助系统进行车辆定

位，当前无人驾驶系统中代表性的传感器有激光雷达、摄像头、毫米波雷达、超声波雷达、GNSS/IMU等。由于其工作原理、技术特性各不相同，其适用的应用场景各异，因此当前大部分车辆都是采用多种传感器相融合的方式以应对各种可能发生的情况，保证系统冗余。

决策层环节是高阶自动驾驶能否快速工程化应用的最关键因素，包括计算能力和相关算法。传感器每秒钟都会产生大量数据，计算平台需要有能力在极短时间内对大量的数据进行处理、分析并给车辆执行层下达操作指令以保证自动驾驶车辆的安全行驶。

执行层是自动驾驶系统在做出决策后，替代人类对车辆进行控制，反馈到底层模块执行任务。车辆的各个操控系统都需要能够通过总线与决策系统相链接，并能够按照决策系统发出的总线指令精确地控制加速程度、制动程度、转向幅度等驾驶动作。

例如，国内自动驾驶企业驭势科技，宣布取得"去安全员"的重大技术突破，并已率先将完全无人驾驶的物流车投入工厂运营使用。技术创新的本质是创造价值。对于无人驾驶而言，去安全员是其大规模商业化落地的关键。只有把车辆的驾驶操控和感知、规划、决策任务完全交由无人驾驶系统执行，才能真正创造"无人化"的商业价值。

2019年，驭势科技与国内某知名汽车制造厂商打造了国内首条厂区无人驾驶物流线路，并投入常态化运营。2020年5月，双方再次扩大合作规模，完成两大基地的无人驾驶物流线路批量化覆盖，已经有超过百台的无人驾驶物流车正在作业使用，应用场景基本包含了汽车结构各个部件的作业场景，如发动机场景、总装场景、车身场景等多个作业场景。在该案例中，导入驭势科技厂区无人物流解决方案，实现了物流运输线路的人类司机优化，实现物流运输的完全无人化，切实解决客户痛点，创造多重效益。

（1）物流效率最大化。7×24小时全天候运作有效提升运力，且响应更快、更精准，流通更顺畅，让物流运输更贴合生产经营节奏，实现效率最大化。

（2）物流安全多维化。无人物流车可实现无人化、程式化作业，输出稳定可靠的运力，大幅降低物流过程的安全风险。

（3）物流成本优化。有效优化人力资源、土地空间资源的投入，实现薪资成本、管理培训成本的大幅下降，单条运输线路的人工成本费用可节省50%以上。

（4）快速复制推广。可应用于室内外多种复杂工况与恶劣天气，实现快速、灵活、柔性部署，无须投入额外的资金与时间进行厂区基建改造。

四、智能粮食物流专用车辆

（一）粮食物流概述

粮食物流是贯穿粮食从生产到消费整个产业链的纽带。国内外的大量实践证明，实现粮食四散化即散储、散装、散运、散卸，是提高粮食流通效益的必由之路，也是粮食行业实现现代化的重要标记。因此，加强现代粮食物流技术研发，对提高粮食流通效率、降低粮食流通成本、提高中国粮食国际竞争力、增加国家对粮食市场的应急调控能力，都具有十分重要的意义。

科技是保证粮食产量、质量和粮食产品安全的关键因素。目前，我国的农业科技进步贡献率低于北美、西欧等农业科技发达地区。为了促进粮食流通，北美、西欧部分国家和地区已建立了现代化的粮食物流体系，四散化程度高，普遍使用散粮装卸设备和散运工具如散粮汽车等，前举后倾式、底卸式及输送带式散粮运输车是常用的三种散粮运输专用车型，谷物可通过收割机直接收集到随行的散粮运输车上，再由散粮运输车运输到粮库，其中底部带有输送带的散粮运输车可以实现散粮运输车之间的直接粮食装卸倒运，现代化自动化散粮运输专用车提高了粮食转运效率、降低了粮食物流成本，对我国研发先进的粮食物流运输车辆具有较好的借鉴意义。目前我国常见的散粮运输车包括带有自卸功能的仓栅式散粮运输车、罐式散粮运输车和集装箱式散粮运输车，结合液压翻板或集装箱翻转机完成散粮装卸转运工作。

但是国内市场上的粮食转运车普遍存在转运效率低、智能化程度不高的问题。随着智能驾驶技术与车联网技术的不断发展，提升粮食物流专用车辆的技术含量，在节约人力、物力资源的基础上提高粮食运输的效率，对于我国粮食生产以及运输具有十分重要的意义。以河南省为例，作为粮食生产核心区和全国粮食加工基地，粮食工业被列为河南省四大支柱产业之一。国家及地方相关政策多次强调"要进一步增强机遇意识、忧患意识和竞争意识，抓住有利时机，分析预测形势，立足当前，着眼长远，切实加快主食产业化发展的步伐；要积极营造良好环境，充分发挥政府职能作用，努力为企业发展提供优质服务，并在研发上下功夫，注重培育品牌，提升粮食附加值，努力实现从田间到餐桌的转变"。由于粮食收储具有"集中入库"的特点，在新粮入库过程中，较低的转运效率必然会造成运粮车排队等待，一方面会引起物流成本的增加，另一方面会影响到粮食质量安全。同时，卸粮过程中会产生大量的粮食粉尘和噪声污染，影响周边环境和工人的身体健康。我国在粮食行业科技创新发展"十三五"

规划中明确提出:"在粮食现代物流领域重点任务中围绕提升装卸运输效率,着力开展粮食收储运新模式、新技术、新装备的研究开发,重点开展散粮汽车、散粮集装单元化载具等专用载具的研究开发与应用示范。"而国家粮食储备库是国家为应对突发状况引起的粮食紧张和平时调节稳定粮价而专门储备粮食的仓库,现有1.5亿~2亿吨的储备粮,库存量比世界平均量多一倍。国家粮食储备库按所属性质不同,分为中央粮食储备库和地方粮食储备库。在粮食物流技术中,粮食储备库是非常重要的一环,研发先进的粮库散粮运输载具已经成为提高粮食物流效率的迫切需求,对于缓解转运压力、降低运输成本至关重要。智能粮食物流专用车辆技术的发展应用将有利于提升我国粮食物流装备领域和粮食物流专用车辆的层次与市场竞争力,并辐射到智慧工厂物流装备领域和物流专用车辆领域。

智能粮食物流专用车辆技术的发展必须充分利用前沿数字化和智能化技术。其中,5G以划时代的技术能力、广泛的应用前景以及对其他技术的带动作用,有望成为开启新一轮技术革命的关键支点。5G是新一代信息技术的重要支柱,从物流行业应用来看,目前京东、苏宁、菜鸟等企业均在纷纷探索5G技术等应用场景。早在2018年12月,苏宁易购就与中国移动签订战略合作协议,将拓展全新的战略合作方向,其中便包括物联网及5G应用等,苏宁易购与中国移动联手探索5G应用场景,覆盖无人技术、设备智控、大数据等领域,高效利用数据去掌握物流供应链各端运作,通过协同运作来提高物流运作效率和降低成本。菜鸟、中国联通和圆通速递联合启动超级机器人分拨中心升级计划,即国内首个5G快递分拨中心,实现更加稳定、高效的包裹自动化分拣及运营。同时菜鸟也在积极投身5G时代的自动驾驶研究,在杭州云栖小镇设立了5G无人驾驶测试基地。综合行业领军企业的实践来看,目前5G技术已经开始在物流节点和物流线路等多个物流场景中得以应用。

借助5G技术大规模普及和应用的契机,以提高粮食物流转运行业的智能化水平为出发点,将智能粮食转运系统和5G有机结合起来,有利于提升整个粮食物流装备领域的技术进步,实现粮食物流装备产业升级。基于5G的智能粮食物流专用车辆技术具有以下优势:

(1)实现局域网络连接的大带宽和高可靠性。在智能粮食物流专用车辆和自动化粮仓建设中,管理系统与各设备、传感器之间的网络连接至关重要,5G主要是作为仓库物联网的网络连接计算,可以使管理系统与运输车辆、仓位、货物定位等进行实时连接并进行信息传输。仓库内多台智能粮食物流专用车辆全天候实时运行,需要传输大量的数据信息,因此必须保证网络数据传输的可靠性和效率,不能出现离线、延时等情况，一旦网络连接不畅或掉线，就会造成车辆停运的情况，影响仓库的正常运转。

（2）实现粮食库内转运可视化和可追溯化管理。为监控粮食转运的情况，在智能粮食物流专用车辆及入库缓存位等位置均安装相关的传感器，通过5G网络相互连接，可实时定位货运位置，通过看板实时监控散粮的运输情况，一旦发生故障，可及时查看并追踪散粮位置，避免造成不必要的浪费。采用5G联网技术可实现物流运输的可追溯化、可视化管理的目的。仓库管理员可根据智能终端及时更新的信息，了解散粮的最新物流状态，以提高管理效率。基于管理系统的可追溯性、可视化特性，可以完成对物流运作过程的实时监控，保证信息及时传递，正确反馈，保证物流安全。

（3）实现整个粮库内散粮物流的信息化和智能化。5G技术可以实现系统、终端、设备的实时联网，形成仓库区域内的物联网，在物流运作环节，有利于动态信息的获取，有利于物流的全程监控，而信息的获取和全程监控又离不开物联网技术。通过5G技术可以随时了解仓位情况，散粮及车辆自动化运转情况，提高运作效率，实现整个物流的信息化、透明化、智能化，减少了不必要的运作成本，从而提升了效益。

（二）基于5G的智能粮食物流专用车辆转运系统总体架构

依托5G通信技术，建立5G专用网络，实现大上行带宽、低控制时延、多设备接入的通信应用，完成智能粮食物流专用车辆转运系统中的人、车、库区的一体互联、整体调度及管理，将智能调度技术、多传感器融合技术、北斗定位导航技术、工业互联网技术、智能制造技术与5G技术相结合，实现粮食的自动转运、入仓和出仓匹配、实时库存管理与粮情监测、仓储管理信息系统与无人转运车辆无缝衔接、专用车辆跟踪定位等场景。

基于5G网络的智能粮食物流专用车辆转运系统，主要包括联系密切的4个子系统，分别为粮库库房进出粮装备智能制造系统、智慧粮库仓储管理信息系统、智能粮食物流专用车辆自动驾驶系统、专用车辆路径规划与车辆编队调度系统。

1. 粮库库房进出粮装备智能制造系统

粮库库房进出粮装备智能制造系统可进一步划分为数字化加工、设计、产品数据管理系统和云制造服务平台。通过5G通信技术，将加工、设计和产品相关数据上传数据管理系统，利用5G网络大速率、大连接和低时延的特点，结合VR/AR/MR等数字化粮食装备开发技术，研发粮食库房进出粮设备的移动式粮食输送装备数字化制造工艺，优化设计移动式粮食清理设备，设计制造智能扦样、智能称重数字化装备产品。

面向复杂粮食储运工程实际环境，基于数字孪生技术，研发库房进出粮设备快速加工制造理论方法，制定进出粮智能设备的测试和质量检测标准。将所研发的制造工艺、质量标准、理论方法及产品等大数据上传云制造服务器，结合深度学习，完成数字虚拟数据的快速准确转换，研发需求—设计—生产三者之间闭环信息快速直达的云制造服务平台。基于云制造服务平台，研究不同场景下的系列化平台车集成开发技术，开发适用于智慧粮库多应用场景下的通用化、模块化的智能粮食物流专用车辆平台产品。

2. 智慧粮库仓储管理信息系统

智慧粮库仓储管理信息系统包括粮库视觉与粮情监控、无人粮食车辆设备管理系统两部分。现代粮库是一个多系统、多层次的复杂系统，一方面要排查安全风险、检查设备运转状况、保证工作人员安全；另一方面要安排粮食转运、入仓和出仓。代替现有摄像头采集+中央大屏监控的方式，结合 5G 技术，应用物联网视频识别技术，将各类摄像头采集的数据汇入管理系统，通过系统分析处理，利用人员识别、行为识别等功能，下发相关控制与调度指令。利用 5G+工业互联网技术，根据粮库实际的工作环境及作业流程，开发先进的粮情检测手段（测温、测湿电缆，图像处理技术，机器视觉，温度场理论，红外线技术等用于粮仓虫害检测，电容层析成像技术用于粮仓中粮食水分分布监测，探地雷达用于粮仓粮食密度检测等），建立现代化的粮情监控系统。无人粮食车辆设备管理系统是基于物联网信息设备，采用射频识别技术，开发粮库仓储和进出粮设备等信息自动识别方法。利用工业互联网和无线传感器理论，采用多种信息采集终端，统一管理粮库内无人粮食车辆设备等各模块数据，构建智慧粮库粮食进出库与设备管理、电子地图、安全管理等管理系统框架。

3. 智能粮食物流专用车辆自动驾驶系统

智能粮食物流专用车辆自动驾驶系统采用多传感器数据融合的智能感知算法与路况信息深度学习算法，以感知、融合、决策、控制为过程，以强弱感知+超强智能为技术路线；基于 5G+北斗定位导航技术，确定自动驾驶车辆的定位、自身姿态信息，研究集视觉传感器、激光雷达、惯性传感器等多传感器数据融合的智能粮食物流专用车辆感知算法与路况信息数据采集与预处理的深度学习方法，进行路况信息融合，确定路况真实属性。利用坐标转换、SLAM 实时定位与构图技术、目标检测与智能识别、编队巡航与跟踪等技术，进行数据的采集、预处理和决策规划，提高自我状态感知和环境感知的精度。在此基础上，结合物体识别与追踪理论，研究粮食物流电动车辆的先进线控理论。基于嵌入式技术和移动互联网技术，研发智能驾驶控制器的软硬件设备。

4. 智能粮食物流专用车辆的路径规划与车辆编队调度系统

为了保证智能粮食物流专用车在复杂、动态的粮库环境内的安全性和转运效率，结合 5G 技术的高速率和低时延的特点，采用粮库高精度数字地图、经典路径规划算法、群智能算法和粮库物流过程数据，研发基于实时数据驱动的智能全局路径规划算法。结合双目摄像头、激光雷达等智能传感器获知的车辆实时自我状态和环境感知，研究包括障碍规避等在内的局部路径规划算法，制定智慧粮库中央调度系统和各智能粮食物流专用车之间的协调规则，建立包括全局和局部路径规划算法在内的分层式协同规划体系，攻克多输入多输出粮库场景下的多物流车路径规划难题，大幅提高粮食转运效率。面向绿色生态、智能增效的需求，设计多元化的平台传感器体系布局方案，针对道路检测、障碍规避等目标，构建一体化的环境感知体系，满足平台全天候检测的需求。结合 5G 网络，对智能粮食物流专用车辆编队进行实时信息管理，对决策模块、执行模块进行有效设计，实现编队的任务管理、车辆的运行状态监控、设备维护状态监控等功能。

（三）河南工业大学研发的智能粮食物流专用车辆

针对粮库工作物流场景的实际需求，河南工业大学智能物流装备与车辆工程技术科研团队基于 5G+ 自动驾驶技术，完成了智能粮食物流专用车辆和智能粮食转运系统的开发，用于解决传统散粮运输车存在的环保性差、智能化程度低的问题，有效改善了粮库的物流生态，构造了新型粮食进出仓标准体系。该系统主要由中央调度系统和智能粮食物流专用车辆组成，其中智能粮食物流专用车辆融合了无人驾驶技术和云端服务技术，既实现了自动化和无人化，又降低了转运成本。中央调度系统、智能全局规划和智能粮食物流专用车辆利用 5G 的高效率、低延时的数据传输特性与调度系统保持联系，提高路网信息共享实时性，通过协同边缘计算技术提升决策速度，从而完成路径跟踪及转运任务。该系统主要分为智能物流转运平台系统、5G 智能驾驶系统、5G+ 智慧粮库管理系统三个子系统。

1. 智能物流转运平台系统

根据粮库中粮食转运的要求，采用智能运输平台作为转运工具。智能转运平台使用交流同步电机作为动力源，以室外组合导航 + 室内激光雷达作为其导引方式，同时辅以自动驾驶系统、障碍规避系统、通信系统、远程监控系统等，能够完成起始点到终端卸载点之间的快速转运。它是由车体、电池组、充电系统、驱动装置、转向装置、精确停车装置、运动控制器、通信装置、装载系统和导航系统等组成。根据信息管理系统的命令，智能物流转运平台可按照制定的路径行驶。在运输过程中，通过无线通信网络将平台的实时状态和路况反馈回信息管理系统，可以实现状态远程监控。

从功能的角度，智能运输平台可以分为以下几个部分：车体系统、自主运行系统、通信系统、安全保护系统以及辅助系统。其中车体系统主要包括底盘、车身、转向系统、驱动电机、电池组等，主要完成平台的正常行驶功能。自动运行系统是智能运输平台的核心，主要由导航系统和控制系统两部分组成。控制系统是智能运输平台的大脑，主要用于收集外部传感器的信息，综合处理这些信息后完成平台的启动、加速、减速、停止、障碍规避等动作指令的输出。安全保护系统主要是针对平台行驶过程中的紧急情况，系统快速反应并采取相应措施，从而保证平台的运行安全。辅助系统主要包括平台上的声光报警系统、外部的充电桩等。

（1）车体系统。车体由底盘、车架、壳体、控制室、上装料斗以及相应的机械电气机构（减速箱、电机、车轮等）组成，是其他总成部件的安装基础。智能运输平台具备通用电动车辆的基本结构特征，并能满足无人驾驶作业的特殊要求。车架是整个智能转运平台的框架部分，在其上面安装车轮、传感器、驱动电机和减速器。车架上层要安装伺服电机驱动器、电路控制板和电池组。车架重心越低越有利于抗倾翻，为满足粮食转运过程中强度和硬度要求，故选用钢构件焊接。

（2）动力系统。动力系统是具有速度控制和制动能力的子系统，一般主要包括驱动电机、减速器、制动器、控制与驱动电路等。驱动装置通过后轮差速控制来实现对转运平台沿不同曲率路径行驶的驱动。智能粮食转运系统选择交流同步电机作为动力源，配备了直流电/交流电转换模块，可以将直流转换为220伏交流电，为电机提供稳定的动力，该电机具有响应快速、中低速转矩性能好、启动转矩大、启动电流小、过载能力强等特点，同时具有稳定性好、维修与保养简单等优点。

（3）平台控制器。控制系统是智能运输平台的核心。加速、制动或转向指令信号输入电子控制器，通过控制功率变换器来调节电机输出的转矩或转速，电机输出的转矩通过转运平台传动系统驱动车轮转动。充电器通过转运平台充电接口向蓄电池充电。在转运平台行驶时，蓄电池经功率变换器向电机供电。制动时，驱动电机运行在发电状态，将平台的部分功能回馈给蓄电池以对其充电，并延长续驶里程。

（4）通信系统。智能转运平台的各子系统之间通过CAN总线相连接。基于CAN总线的分布式车载控制系统中，各个外围设备进行合理分组并组成各个子系统，各子系统作为各任务执行节点,组成整个分布式控制网络。该智能控制系统是一种多主式控制系统,每个节点都可以主动发起一次数据交互过程,能够实现高速、实时的信息共享和数据通信,提高了控制的灵活性。扩充节点可以实现智能传送平台向信息管理系统上报电量及可运行工作量信息,根据任务信息行驶至充电位与充电桩自动对接,充电完毕自动断电。

2. 5G智能驾驶系统

智能驾驶系统是一种集信息与计算科学、感知决策、智能控制和车辆系统等技术于一身的智能综合体。通过车载传感器对于环境的感知信息,基于得到的车辆状态和周围环境信息,利用车载控制终端进行数据处理,同时辅助路径规划系统进行规划决策,并进行车辆运动控制,保证车辆稳定、安全、可靠、自主地运行。按照智能驾驶系统的功能分类,可以分为环境感知系统、信息融合系统以及执行决策系统。

(1)环境感知系统。环境感知技术是利用各类高精度传感器,实现转运平台周围环境动态感知的一类技术总称,其目标是实时、准确地识别可行驶路径、行驶状态和周围物体等信息,对于简单结构化道路环境而言,主要是对车道线、道路边沿、障碍物、控制信号和位置坐标等信息的感知。而对于粮库这种限定区域的场合,传感器主要是在封闭道路上,对障碍物、特征点等进行信息采集。环境感知常用的传感器主要包括激光雷达、视觉传感器、毫米波雷达、惯性导航系统(Inertial Navigation System,INS)定位导航仪及其他各类辅助传感器。以粮食转运的功能为出发点,以高可靠性和稳定性为衡量标准,该智能粮食物流专用车辆采用复合式传感器的感知策略;室外以北斗/INS为主要传感器,其他传感器作为冗余配置,辅助进行感知;室内采用激光雷达为主要传感器,其他作为冗余配置。

(2)信息融合系统。基于北斗/全球定位系统(Global Positioning System,GPS)双模定位导航方法(室外场景)或5G通信技术(室内场景),该智能粮食物流专用车辆研究集视觉传感器、激光雷达、惯性传感器等多传感器数据融合的智能物流平台车感知算法,包括姿态感知、SLAM实时定位与构图技术、目标检测与智能识别、编队巡航与跟踪等技术,提高自我状态感知和环境感知的精度。

(3)执行决策系统。路径规划算法是影响多物流平台车转运效率的关键因素,须保证在复杂、动态环境下实时规划出安全高效的路径。基于数字化仓储地图、经典路径规划算法与先进启发式算法、仿生算法,该智能粮食物流专用车辆平台研发智能全局调度算法,完成了多输入多输出转运场景下多物流平台车路径规划技术研发,大幅提高了散粮转运效率。

河南工业大学研发的智能粮食物流专用车辆和智能粮食转运系统，可推动和加快我国粮食（食品）行业的数字化、智能化升级，提高我国粮食（食品）行业仓储物流技术的现代化水平。

3. 5G+智慧粮库管理系统

智慧粮库管理系统是基于物联网、云计算、大数据以及人工智能等新一代信息技术，通过实时监控、智能预警、数据分析等手段，对粮库储存、调运、销售等环节进行智能化管理。

智慧粮库管理系统的主要功能包括以下几种。

（1）粮库实时监控：通过精密的传感器、控制器等设备实现对粮仓温度、湿度等关键指标的实时采集，为粮库管理提供精准数据支持。

（2）智能预警：通过人工智能算法和大数据分析，对粮仓温度、湿度、质量等关键指标进行预测性分析，提前发现异常情况，并进行及时预警。

（3）质量监控：通过物联网技术实现对粮食质量的高效监控，快速发现质量问题，并及时采取措施。

（4）物流管理：通过自动识别、自动分拣等技术，实现智能化物流管理，提高效率，降低错误率。

（5）数据分析及应用：通过大数据分析和智能算法，获取过去某一段时间内的粮仓数据，为合理的粮食储存提供依据，同时也可进行科学的销售预测和计划制订。

使用5G技术，智慧粮库管理系统将迈上一个新台阶，实现更高效的智能化粮库管理。5G技术的低延迟和高带宽将大大提高粮库管理系统的响应速度和数据传输速度，使其能够更加实时地监控和管理粮仓，更好地管理粮食库存和运输。

同时，智慧粮库管理系统可以结合物联网技术，将器具、设备和装置等物品相互连接，形成智能物联网系统，为企业的智能化管理提供更全面、更深入的支持。

5G技术还可以实现更高精度、更稳定的数据采集和传输，从而为数字化驱动型智慧粮库管理提供有力支撑。此外，5G技术还可以实现更高效的精准营销和服务，促进粮库企业与客户的深入合作，提升企业的竞争力和盈利能力。

任务三　自动驾驶算法

在无人驾驶汽车内，自动驾驶的算法会取代人类驾驶员，完成驾驶员的三大主要驾驶任务：

Where——我在哪里？即决定汽车的位置，这称为定位。

What——在我周围，哪里有哪些事物？即确定汽车所在环境内的相关物体及障碍物，这称为感应。

How——怎样到达目的地？即规划路线、做出驾驶决定、规划并执行汽车的动作。

一、架构

里程模组利用汽车动作模型的估测算法来整合惯性传感器、车轮转速传感器及转向盘角度传感器发出的信息，得出的是相对起点更加精准的局部动作估测信息。与定位模组的全球定位系统（GPS）相结合，可得出汽车位置的全球估测信息。系统会将车辆上的环境传感器，如摄像头、雷达及激光雷达，检测到的地标与预制的定位地图上已知地标的位置进行匹配，进一步确认汽车的全球位置。这样可以得到更加准确的汽车所在位置，以及与道路及车道的相对位置，并且能够估测到所在位置在地球上的坐标。

感应系统负责收集来自汽车传感器，如摄像头、雷达及激光雷达实时扫描环境所获得的信息。感应模组从信息中选取相关物体，并对他们的位置进行实时追踪。此外，系统从场景解读模组中获取环境中所有物体的环境及语义信息，举例来说，交通场景可以分解为道路、车道、其他可行驶区域、人行道或其他不可行驶区域。系统会根据物体的交通类别给它们贴上标签，如汽车、卡车、摩托车和自行车等。这样可以预测当前的交通状况在接下来几秒内会发生怎样的变化。

战略规划模组类似于传统的导航系统，在所在地与目的地之间规划路线。策略规划或决策模组决定何时采取某些行车动作，如保持现有车道、变道、转弯或避让。继而，动作规划模组会规划汽车的实际动作，规划所在路面上的行驶路线及速度。随后，控制器收到这一信息，通过反馈控制确保驱动器尤其是发动机、制动及转向系统真正执行了命令。

二、定位及测程法

定位软件的任务是判断汽车的具体位置，即软件可以判断汽车所在的路、车道，甚至在车道中的具体位置。换言之，软件必须在地图上定位汽车的所在位置，地图中会显示汽车正行驶在何种实体的基础设施上。这一步被称为在地图上的定位。为了找出前往目的地的最佳路线，汽车还需要判断其在全球的具体位置，一般需要使用全球坐标来进行判断。

测程法依靠传感器所输出的数据来估测汽车位置的变动。在汽车自动化中的应用在于估测汽车所在点与起点的相对位置。汽车上用的测程法会用到车轮转速传感器、惯性传感器（如加速传感器、陀螺仪）及转向盘转角传感器。如今，这些传感器已属于汽车中保持汽车稳定性的一部分，如电子稳定系统（Electronic Stability Program，ESP）。一般来讲，会使用一个卡尔曼滤波器来整合一段时间内传感器发送的数据。这项技术在短期内非常精准，但由于传感器整合存在误差，用于长期整合时会产生偏差。而且，测程法只能估测汽车移动后与起点的相对位置，不能做全球范围的定位。因此，测程法要与基于卫星的位置估测结合在一起来进行全球位置估测。一般能精准到几米以内，但是如果有障碍物遮挡接收器与卫星之间的直线信号，此项功能将无法使用。

显然，汽车定位必须实时、准确。常规系统，如全球定位系统（GPS），本身不够精准，也不够可靠，不足以满足汽车自动化的需求。相比之下，GPS 结合增强系统则可提高精准度。实时定位可以准确到几厘米以内，但成本自然也更高。差分全球定位系统（Differential Global Position System，DGPS）是 GPS 的升级版，能提供更加精准的定位。DGPS 利用固定的已知位置对实时 GPS 信号进行调整以消除测距误差，进而校正 GPS 的信号位置。通常来讲，一组拥有准确已知位置的 GPS 基站会接收 GPS 信号并将计算出的位置与已知位置进行比较。由此测算出的误差就是基站位置当前的实际误差。误差会以无线电或手机数据的通信形式被发送至汽车的接收器，于是车内系统会调整 CPS 计算出的位置。值得一提的是，DGPS 的更改仅能提高位置数据的准确性，而对基于其他数据获得的结果起不了任何作用。

除了 GPS 和差分校正服务外，自动驾驶汽车还可利用存在于地图中的信息，进一步提高定位的准确性与可靠性。地图中有一层数据存储的是地标或其他地理特征。车载传感器可识别出这些地标并检测汽车与地标之间的距离。通过储存在地图上的地标位置，可以进一步优化并验证汽车在地图上的位置。

汽车定位的另一个方法是扫描地面的反射率并将其记录在地图中。驾驶过程中，传感器可以扫描地面，将扫描结果与地图相比较以判断汽车的所在位置。在研究中，这种方法非常成功，但难点在于需要大量的内存来储存激光雷达的反射率地图。

近期发布的几个商业地图绘制及定位解决方案使用的都是基于摄像头的地图绘制及定位方法。配备摄像头和GPS的汽车（无论是自动驾驶或人工驾驶）都会不断地检测视觉地标，如车道线、交通标志及红绿灯。这些地标的位置会被上传到云端的地图服务器。久而久之，许多汽车都检测并记录同一个地标，这一地标在GPS中的误差会越来越小。需要精准定位的汽车可提前从服务器下载所需路段的地标并根据地标位置进行定位。

三、感知

感知软件旨在检测并跟踪与驾驶任务相关的物体和障碍物，提供一个简洁、完整的整体环境模型，以做出适当的驾驶决策。该任务也被称为传感器数据融合，融合的数据一般来自雷达、摄像头、激光雷达及超声波传感器。这些传感器的测量结果并不准确，一般需要估测框架来进行调整。这种估测框架能够模拟动态环境并对环境的变化进行跟踪，帮助汽车做出判断并在该环境内进行预测。

近期，基于机器学习的计算机视觉技术有长足进步。卷积神经网络已经可以成功地应用于场景的语义分割。它是综合性环境模型的一部分，一般分为四个主要部分。可行驶区域：识别可驾驶区域及其边界；驾驶路线：驾驶区域内路线的几何结构；运动中的物体：驾驶区域内所有的用路人；场景解读：物体的语义描述，包括对象的种类及类别。

场景解读以城市数据集（Cityscapes Dataset）为例，使用的有以下对象：扁平物体：道路、人行道、停车场、铁轨；人：行人、骑车的人；车辆：小轿车、卡车、公交车、摩托车、非机动车、拖车。◇施工：建筑、墙壁、围栏、防护栏、桥梁及隧道；物体：路杆、一组路杆、交通标志、红绿灯；大自然：植物、开阔地形；天空；动态类型：地面、动态、静态。

以前，高层融合被用于将不同传感器的信息整合为同一个环境模型。其中，每个传感器会单独从测量中摘取物体的假设及跟踪的信息。随后，将跟踪信息联系在一起，对所产生的状态进行估测。

最近，因为从传感器向中央处理器传输信息的能力有所提高，使用更广泛技术的是底层融合。为了将几个传感器的信息融合为一个环境模型，系统使用贝叶斯

（Bayesian）过滤器或粒子过滤器以网格形式来描述场景。粒子过滤器中的微粒包含位置和速度。基于微粒的运动模型，微粒可从一个网格单元移到另一个单元，因此可在驾驶环境中进行动态物体的跟踪。类似的粒子会被分为一组，这样就能够描述场景中的物体了。

四、决策

为了在实际环境中做出正确的决策，自动驾驶系统需要预测其他车辆下一时段的位置和速度，这就需要考虑到场景语义、所产生的行为选项及交通参与者之间所产生的互动。例如，一段谷歌视频显示，由于施工一辆卡车的现行车道前方不可通行，因此，系统预测卡车会并道。同理，也可以预测场景内的所有交通参与者的行为及其可能产生的轨迹。

随后，自动驾驶汽车的决策软件判断应如何应对眼前的场景，以使规划出来的行车动作可以避免撞到任何物体，而且能够保证乘客的乘坐舒适度。如此规划出来的行车动作是一条轨迹，是在这条道路上行驶的路线，也包含此路线中每一点的速度。

五、执行

自动驾驶算法的最后一步是执行已规划好的轨迹。这些轨迹是规划算法及汽车驱动系统之间的界面。

汽车是由以下系统驱动的，汽车动力总成进行纵向加速，制动系统进行纵向减速，转向系统进行横向移动。

以往，用于加速及制动的纵向控制器与转向系统的横向控制器是脱钩的，每一条路线都有相应的 PID 控制器，在可接受的摩擦力范围内，改善对汽车移动的控制情况。

近期，出现了将横向和纵向控制结合起来的新方法，使用的是势场或模型预测控制方法。纵向加横向控制在变化复杂的场景中用途很广。

【思考题】

（1）智能运输系统的构成有哪些？

（2）无人驾驶专用车辆包含哪种类型？

（3）在无人驾驶中，自动驾驶包括哪些算法？

项目四　智能配送，完善物流末端智慧化建设

【案例导入】

美团的无人配送＋本地生活

一、美团的外卖骑手成本

美团公司 2020 年财报显示，日均活跃骑手数约 80 万人，骑手年成本约 487 亿元，近年来保持 15% 以上的高速增长，是公司的最大开支项。

二、无人配送解决方案

鉴于需求的不断增长和劳工的日趋紧张，以及劳动权益等社会问题，现有的配送体系将难以维持低价、优质的服务。美团正加大科技创新投入力度，探索无人配送领域的前沿技术，同时借助美团外卖配送场景和数据技术能力，推动无人配送发展，提高配送效率，进一步提升用户体验。2016 年 10 月，美团成立 W 项目组，启动无人配送研究；2017 年 12 月 W 项目组被提升为独立的无人配送事业部，同月，美团第一台自研无人车"小袋"出厂；2018 年建设无人配送开放平台，邀请技术、整车硬件、运营等伙伴共建生态；2021 年 4 月，经过不断测试和迭代，美团新一代无人配送车"魔袋 20"落地；次月，北京市高级别自动驾驶示范区为美团无人车颁发车身编码。

三、无人配送四大产品

"小袋"针对园区或封闭道路打造，可实现室内和室外无人配送；
"福袋"主要面对室内配送场景，送货上门；
"魔袋"可在室外行驶，作为当前外卖平台的运力补充；
"无人机"是美团为建设城市低空物流网络而设计的飞行器产品。

（一）"小袋"封闭园区小型无人配送车

六轮的设计实现了车体的机动灵活，赋予了其高强的越障能力，可以跨越20厘米左右的台阶，能够很好地适应室外配送环境。同时搭载了电梯通用套件，拥有自主上下电梯的能力。

（二）"福袋"室内配送机器人

拥有20米感知能力激光雷达、超声波传感器、红外传感器、人脸识别RGB摄像头、IMU姿态传感器、温度传感器、重力传感器等多种传感能力，顶部还集成了4颗广角摄像头，可用于远程遥控接管和监控影像收录。"福袋"与电梯、门禁进行交互，自主将外卖送达目标楼层和房间，可应用在办公楼宇、居民楼等场景，完成外卖末端100米无人配送。

（三）"魔袋"室外中型无人配送车

2019年初代"魔袋"出厂，2021年4月"魔袋2.0"落地，美团室外无人配送车已经经历了两次较大的迭代。

（1）更精确：搭载了3个激光雷达（车体左右两侧各一颗Velodyne角雷达，车顶激光雷达为禾赛Pandar64线机械激光雷达）、19个摄像头、2个毫米波雷达和9个超声波雷达，360度无盲区无死角感知5厘米～150米的周围环境，准确识别周围道路和环境，精准避让障碍物。

（2）更稳定：使用汽车行业标准，增加了围绕车辆数字化、线控能力、环境适应性等方面的硬件设置，通过了涉水能力测试、-27摄氏度寒区环境适应性实验和接近1万千米耐久实验。

（3）续航更长：城市道路续航里程达120千米，能适应24小时运营需求。

（4）载重更大：拥有150千克的装载量和540升的容积，一次性可配送10单。

（5）速度更快：降低了底盘高度，使得车辆的行驶速度更快，最高时速可达45km/h。

（6）更智能：搭载了自研新一代电源管理系统和OTA，实现对自动驾驶计算平台、传感器等设备的控制和诊断，具备软件自我更新的能力。

（四）"FP400"低空配送无人机

美团于2017年开始探索无人机配送，最新的FP400系列机型配有6套螺旋桨、6个电机和6大动力系统，保障无人机的安全航行与降落；飞行高度在120米以下，时速10米/秒，可载重3千克连续飞行20分钟。无人机协同地面装备如社区配送站、智能换电站等，在美团自研的无人机交通管理系统的调度和管理下，可以满足城市复杂场景下的低空物流配送需求。

四、自研+生态合作的技术体系

（一）坚持自研与合作结合的路线

美团无人配送团队通过自研、合作研发和合作生产的方式构建了硬件平台、车载软件、云端软件的技术框架。

（二）开放平台、共享资源，打造无人配送生态圈

除了自研路径之外，美团还推出了无人配送开放平台，提供领先的自动驾驶技术、软硬件一体的解决方案和无人配送的商业落地场景，携手企业、院校和政府，推进无人配送的产学研用一体化。

五、多技术高效协同，推进外卖、买菜、闪购多场景落地

美团无人配送车自 2018 年至今已经完成了多地落地测试运营，包括北京的三元桥凤凰置地写字楼、东直门来福士写字楼、西单大悦城、首钢园区和雄安新区等。

无人车的上线承担了超远距离和超重订单，骑手人均效益可提升 10 单。美团将继续推进无人配送在北京、上海、深圳等多区域落地，应用于外卖、买菜、闪购等多条业务线，全面实现室内、园区、公开道路多场景运行。

任务一　智能配送概述

一、智能配送的含义

在制订配送规划时，运用计算机技术、图论、运筹学、统计学等方面的技术，由计算机根据配送的要求，选择最佳的配送方案。

二、智能配送的作用

在配送阶段，消费者提供的地址有时是不精确的，有很多错误和模糊地带。这个时候就需要通过算法，通过 AI 来自动识别客户的实际目的地，确保准确地投递。

在配送阶段就涉及配送的运能预测和优化、车辆的调度响应等。配送商需要实时了解每个线路的运能情况、资源需求和储备情况，提前做好应对，避免异常发生，减少接驳成本。当然在异常发生的时候，也需要 AI 给出最优补救方案。

在"最后一公里",站点和自提柜应该如何布置,末端派送资源调度也是影响作业质量和效率的关键因素,这些复杂的数学问题,通过传统的人力是无法很好地解决的,此时就需要有 AI 的支持,辅助管理人员甚至取代管理人员进行决策。

配送作为快递行业的"最后一公里"面对的情景非常复杂。农村地区和城市地区的配送场景不同,不同大小城市的配送场景也不同,学校、商业区、住宅区的配送场景不同,采用智能配送设备和方案,能够提高快递服务业"最后一公里"的服务质量和服务效率。

智慧快递驿站面对人群密集的场景能够发挥显著的效果。基于图像识别,数据分析的人工智能机器人能够辅助客户自助完成大部分的寄件和取件工作。同时,驿站设置的智能广告系统能为社会提供一定的公益服务和商业服务。

基于自动驾驶的配送设备(车辆、其他辅助工具)适用于住宅区或农村地区等需要配送人员大量变换位置的配送场景,可以减轻配送人员的工作强度,提高配送效率。

三、智能配送系统

智能配送系统是指利用系统集成技术,使物流系统能模仿人的智能,具有思维、感知、学习、推理判断和自行解决物流经营问题的能力,从而使物流系统高效、安全地处理复杂问题,为客户提供方便、快捷的服务。

(一)智能配送系统的技术支持

智能配送系统将物流技术、人工智能技术、计算机网络技术及其他相关技术(自动识别技术、传感器技术、通信技术、全球定位系统、地理信息系统、电子数据交换技术(Electronic Data Interchange,EDI)、基于移动位置服务技术(Location Based Services,LBS)、电子自动订货系统、销售时点信息系统、货物跟踪系统、自动分拣系统等)用系统工程的方法有机地结合起来。

(二)智能配送系统的人力支持

智能配送系统的建立需要高素质的计算机技术人才与熟知物流活动规律的经营人才的协同努力。

(三)智能配送系统技术选择

现代物流的根本宗旨是提高物流效率、降低物流成本、满足客户需求,并越来越呈现出智能化、信息化、网络化、柔性化、标准化和社会化的特征。其中智能化是现代物流的核心，只有实现了智能化，才能有效地实现物流的网络化、系统化和柔性化，物流企业才能有效地提高物流效率，为客户提供优良的物流服务。

（四）智能配送系统的实施

1. 智能配送系统的实施结构

智能配送系统的实施结构包括以下几个方面。

智能配送系统包括对物流设备进行监控的智能系统，对物流信息资源进行处理的智能系统，为客户提供服务的智能系统，对物流系统进行监控和管理的智能系统，其他。

2. 实施的具体过程

第一，由物流设计单位与物流实施单位的项目负责人组成项目实施小组，共同制定实施细则和流程，协调实施过程中可能遇到的问题，准备实施过程中可能应用到的技术支持。

第二，由物流设计单位的设计人员与物流实施单位的各业务部门的业务骨干理清各部门、各个环节的业务需求，细致调查了解各部门、各业务角色的应用特点，在此基础上进行流程设计和管理模块的定义。

第三，模块功能初步确定后，物流设计单位的工程师开展具体的程序设计工作，在设计过程中，不断地和物流实施单位的相关业务负责人进行沟通，边设计边完善系统内容，直到完成一个可以测试的全面方案。

第四，在系统安装调试阶段，根据业务模块的划分和确定的流程，将公司以前积累的客户信息全面导入新系统，并实际应用新系统来进行实际测试。在此基础上，对系统进行修改调整。

第五，在进行安装调试的同时，应用培训工作同时开展，由于员工的计算机应用水平参差不齐，对智能技术应用的不同程度，各部门涉及的业务应用又不尽相同，项目实施小组应对各部门员工进行分批培训工作，直到所有系统应用人员都能理解新系统的功能并进行熟练操作。

任务二 智能调度

一、智能调度的产生与发展

在当今的城市生活中,人们面临的越来越严重的问题是车辆越来越多,交通越来越堵,由汽车尾气排放造成的环境污染问题越来越严重。而在众多的汽车运输活动中有很大一部分是货物配送车辆,这些车辆每天在城市的大街小巷穿梭,因此,如何优化这些配送车辆的调度,以及合理安排每辆车的配送路径,减少道路拥挤,减轻交通压力,甚至减少环境污染,这是关系到城市人们日常生活质量的大事业。

基于城市配送的车辆调度与路径优化系统将是对我国物流管理信息技术的一次加强和完善,也必将推动我国物流信息化产业的成果创新与跨越式发展,实现信息产业与现代物流行业的发展双赢。

物流配送是现代物流业发展的核心,是物流企业的资源中枢。长期以来,运载资源效率及社会化资源的优化配置一直是现代物流企业的发展瓶颈,目前已经成为制约行业企业运营质量的首要因素。这是因为,当业务管理系统应用到一定的程度后,企业面临的复杂问题已无法通过人工手段或简单的业务系统进行解决,借助计算机辅助进行科学分析,从而实现对业务决策的优化管理成为物流信息化发展的必然趋势。但是,物流企业却又无法找到适合自身管理所需的车辆调度与路径优化系统。这是因为:第一,从行业信息化应用的层面来看,目前市场上尚未有成熟并且成本适中的车辆调度与路径优化系统;第二,中小物流企业处于业务上的快速发展期,普遍注重对业务管理系统的建设,但同时又对信息化成本因素非常敏感。市场上一些国外的车辆调度与路径优化系统,成本高昂、系统庞大,无法满足中小物流企业的信息化建设要求。因此,从目前来看,面向中小物流企业的车辆调度与路径优化管理系统基本上处于市场空白状态。

智能调度正是基于上述分析,针对我国物流信息化应用现状,解决中小物流企业在价值链管理过程中的瓶颈问题,从而提高我国物流企业的信息化应用水平,提升物流企业的市场竞争力。

智能调度在运输资源调度管理与路径优化方案计算方面,采用凹凸算法建模与设计,建立物流配送模型,从而将配送计划、物流资源、车辆路径问题建模成总路径长度最短、子路径长度均衡性最优的优化决策目标。

在物流配送问题中，车辆调度问题是一个关键问题，也是组合优化领域的前沿与热点问题。智能车辆调度系统是集无线通信、GPS全球卫星定位、GIS电子地图、计算机网络等技术为一体的综合解决方案。系统将有线、无线、数据库资源管理等有机地结合起来，从而完成电话和网上接单、车辆智能调度、信息系统管理、专业约车/派车管理、车辆报警定位等功能。

二、智能调度的业务内容

智能调度主要以发送调度指令的方式实现车辆的指挥调度，包括日常调度管理、异常调度管理和动态配载管理。

（一）日常调度管理

根据物流管理系统制定的运输计划和派班计划，自动执行日常调度。

（二）异常调度管理

在需要执行各种特殊或紧急情况下的临时任务时，可以进行人工指挥调度。

（三）动态配载管理

在需要执行各种特殊或紧急情况下的临时任务时，通过查询在一定区域范围内的车辆配载信息，对空车或者运能未满负荷的车辆进行动态的配载和调度，从而提高运能利用率。司机也可向监控中心发送空车、尚有空余运能等信息，由监控中心协助进行动态配载和调度。

三、智能调度的重要性

智能调度通过算法、人工智能、大数据赋能人工，同时学习结合人工调度经验，帮企业实现成本和效率上的大幅优化。同时智能调度可以降低企业对人员的依赖。

（一）智能调度实现车辆、人员、设备等作业资源的协调统一

数据是提高物流效率的重要工具，一个体现就是以运筹学等为代表的工具进行调度与规划。而这方面，算力＋算法＋数据"喂养"的人工智能也能大展身手：借助人工智能技术，实现物流运配环节车辆、人员、设备等作业资源的协调统一，使作业效率最大化。

以外卖为例，美团实时智能配送系统是全球规模较大、高复杂度的多人多点实时智能配送调度系统，能够基于海量数据和人工智能算法，在消费者、骑手、商家三者中实现最优匹配，同时需要考虑是否顺路、天气如何、路况如何、消费者预计送达时间、商家出餐时间等复杂因素，实现30分钟左右准时送达。

（二）为平高峰不同场景建立不同的适配模型

饿了么公司的智能调度系统方舟，通过使用深层次神经网络与多场景智能适配分担，引入"大商圈"概念，为平高峰不同场景建立了不同的适配模型。得益于深度学习与多场景人工智能适配分单，该系统能实时感知供需、天气等压力变化，对预计送达时间、商户出餐时间、商圈未来订单负载等做出精准预测，用户的订单将会在最优决策下被匹配最佳路径，保证配送效率和体验。

（三）提前做好配送的运能预测和优化

在配送阶段就涉及配送的运能预测和优化、车辆的调度响应等配送商需要实时了解每个线路的运能情况，资源需求和储备情况，提前做好应对措施，避免异常发生，减少接驳成本。当然在异常发生的时候，也需要AI给出最优补救方案。

在"最后一公里"，站点和自提柜应该如何布置，末端派送资源调度也是影响作业质量和效率的关键因素，这些复杂的数学问题，通过传统的人力无法很好地解决，此时就需要有AI的支持，辅助管理人员甚至取代管理人员做出决策。

四、城市配送智能调度的限制条件

（一）货物种类

货物种类通常以最小存货单位（Stock Keeping Unit，SKU）计量，每一个SKU通常代表了一种规格、属性、样式等信息。SKU越多，物流的难度越大。货物种类差异越大，包装的材质、占据空间差异越大。异形包装会为计算车辆满载率及规划车辆数增加难度。货物种类的属性，如是否能叠放、是否怕挤压。

（二）车辆容积

车辆容积需从重量、体积、数量多个维度考量，是货物的装载上限。

（三）满载率

车辆装载货物占装载上限的百分比，以体积、重量、数量中的最小限制为准。城市配送中，大部分企业会采用"固定线路"或"固定区域"的方式配送。其具有一定的优势，但也存在诸多弊端。

一方面，固定线路的配送模式下，调度和司机熟悉程度、运输效率以及终端服务质量都能得到保障。另一方面，固定线路便于落实企业内部管理责任，有助于企业加强管理。然而，这看似高效的固定线路，却正在逐步压缩城配企业的利润。

采用固定线路的行业，普遍存在着货量不稳定的问题。如医药行业，月头和周一可质量翻倍；快消行业，节假日货量会飙升至平日的 2～3 倍。此情况下，传统固定线路的配送方式很难满足实际运营需求。

当货量大幅增长时，人工调度排线难度加大，需要耗费大量时间，而且只能进行线路间的微调，无法实现真正意义上的优化，只能通过加派车辆、车次的方式来满足配送需求，这会造成配载率过低、企业运营成本大幅上升等问题；如果运力不足，货物又会爆仓，极度影响客户体验。

（四）收货时间窗

收货时间窗指站点可以收货的时间段、不同的收货时间段、不同站点的收货时间窗影响着配送路顺。以医药行业 T+0 和 T+1 场景为典型案例，场景限制排线时间段及排线时长，智能调度能从排线时间的大幅减少出发，优化整个配送链条。

众所周知，城配企业的客户普遍有着收货时间窗约束，特别是医药客户的收货时间窗约束会非常严格。实际配送时，如果同一个片区内有大量时间窗相近的客户，就会导致车次增多，运输成本攀升。这意味着医药流通企业必须在规定的窗口时间，将货物准时送达客户指定的收货点。如果错过了客户指定的窗口时间，那么司机只能听从指挥，在指定区域停车熄火，等待道口空闲后才能交接。这样一来，不仅会给客户留下"不守时"的印象，甚至会影响配送及时率的考核，造成"考核不达标、记入不良记录"等严重后果。

对于医药流通企业而言，货品交付环节比其他行业更加复杂，配送时不光要安排司机，还要安排配送员，如果车次安排不合理，还会比其他行业增加双倍的人工成本。长此以往，企业收益难以突破瓶颈。尤其是针对同一区域内有大量收货时间接近的客户的情况，想要保证每个站点配送及时，难免需要增加车次来保证交付时间，这样会造成车辆配载率不高以及行驶里程重复、冗余，最终导致配送成本的不断攀升。

针对同区域多客户收货时间窗临近导致的配送成本浪费，可以通过与客户重新协商收货时间来改善。但如何与客户协商新的收货时间窗,却成了另一个难以突破的问题。

在传统调度作业中,通常只能通过人脑做出大致推算,得出一个模糊的时间窗,其结果往往不够精准,不足以作为配送企业与客户协商的依据。

以国内某标杆医药配送企业为例,其仅在上海一个城市就划分了45个片区,包含20000多个从三甲医院到药店全渠道覆盖的站点,日均订单1000单以上,一般情况下,调度需要考虑到医院收货时间集中在上午9:00—9:30,而每个站点的交接时长都接近30分钟。不止如此,调度还需要考虑在途时长、车辆装载率、车型等数十个维度,依靠人工无法计算出精确的结果。

(五)驾驶员条件

这里指驾驶员的驾照类型、能够驾驶的车型、最大工作时间、对路段及站点的熟悉度等条件。

(六)道路状况

调度车辆需要考虑不同路段和区域对车辆的限行以及不同路段的交通状况对车辆速度的影响。

为了缓解城市内日益严峻的交通压力,改善城市空气质量,各大城市开始对货运车辆采取限高、限行措施。然而,这些措施给城市配送带来诸多不便,给企业运输成本和配送时效性都造成了巨大的压力,已然成为制约企业发展的一大痛点。

限行给配送企业造成了巨大的困扰,司机为了避开限行路段,原本近在眼前的目的地,需要绕路几千米甚至十几千米。不仅耽误配送时效性,降低客户体验与满意度,更导致油耗等运输成本直线上升。

(七)行驶里程

部分车辆,如电动卡车,对行驶里程有较严格的限制。

(八)时效性

这里指客户对于从下单时间到货物送达的时间要求。

五、车辆智能配载

运输有一个重要关注点在于装载率,如何能装更多的货?基于大数据积累和AI深度学习算法，数字货舱就可以实时感知货物量方，自动记录量方变化曲线，时刻知晓装载率。通过 AI 摄像头和高精度传感器对厢内货物进行图像三维建模，保证货物运输状态全程可视化，并智能管控装车过程和装车进度。

智能挂车"数字货舱"还搭载了"量方"功能。该功能采用了传感器+AI 算法，对舱内货物进行高精度扫描+三维图像建模，最终自动计算出货舱容积占用百分比，实现精准装载。不仅如此，货舱在装载过程中"哪里空""哪里满"，都以全 3D 方式呈现。通过对货舱空间更合理地利用，时刻保证车辆的真正满载。

车辆配载作为配送一个重要环节，是节约运送成本的一个着眼点。合理的配装有利于提高车辆装载率，减少货物损坏，减少车辆对道路的占有率。然而，到目前为止，很多实际操作中仍然由工作人员凭借经验进行配装。因此，为适应配送需求的快速增长，研究车辆的配装利用率以提高企业的经济效益及社会效益是十分必要的。我们通过建立单车单品种配载模型、单车多品种配载模型、多车多品种配载模型以及货物装载的动态规划等模型，来优化货物配载问题。

配装是指充分利用运输工具的载重量和容积，采用先进的装载方法合理安排货物配载的作业。配送当中的"配"和"送"是有机结合的形式，配是送的基础，起着决定性的作用。物流中心在选择运输车辆完成配送业务时，应充分考虑车辆的容积和载重量，用合理的轻重配装、容积大小不同的货物搭配装车，即按车辆的核定吨位满载，做到满载满装取得最优效果。

货物配装作为物流企业配送一个重要环节，是物流企业节约运送成本的一个着眼点。合理的配装有利于物流企业提高车辆装载率，减少货物损坏，减少车辆对道路的占有率。然而，到目前为止，大部分配送中心在实际操作中仍然凭借经验进行配装。因此，为适应配送需求的快速增长，研究车辆的配装利用率用以提高配送中心所能获得的经济效益及社会效益是十分必要的。

根据待装货物和车辆的数目，配装问题可以分为多车单品种货物配装、单车多品种货物配装和多车多品种配装等几种类型。

多车单品种配装是一种指在运输过程中，同一种类、同一规格的货物分拣后装载到不同的多辆运输工具中进行配送。相对于单一车型、多品种配装，多车单品种配装的运输方式则更加适合货物大量、超过单车载重能力的情况。

单车多品种货物配装指一辆配送车辆对一个客户的多种货物进行组合配装，使车辆达到较为满意的空间和载重利用率。该种配装方式往往是单个客户对多种货物有不同需求量，而货物需求量之和小于单车容积和载重，此时用一辆车对多种货物进行配装后再送给该客户。

多车多品种配装是指在运输过程中将不同种类、不同规格的货物搭配在同一辆运输工具中,以达到更为高效的运输目的。这种配装方法可以避免车辆运输的空间得不到充分利用或者出现浪费的情况。

配装问题大致分为四种配装情形,相同体积货物与不同体积货物的配装、单车型和多车型的配装。在实际配送过程中,必须对不同货物的具体配送数量进行确定,也要考虑顾客对货物的需求紧迫性,对优先需求的产品优先进行配送。

顾客优先级的配装,由于客户对多种货物可能均有需求,货物配送的先后顺序由配装优先级来确定,优先级大的货物优先配送。一般来说货物的时间优先系数即顾客需求紧急性系数,货物按照规定的时间运输到达目的地,使货物满足顾客需要,可以减少时间延误带来的资金惩罚。货物的优先级和货物的属性也有关系,重点物资、军用品、鲜活物资和一般的物资优先级就不相同。

六、定位系统在配送车辆跟踪中应用

在城市配送业务中,一直存在一个难题,就是对运输配送过程中的实时监控。可以把 GPS 或北斗定位技术与 RFID 技术进行结合,针对物品的配送系统,研究有源 RFID 电子标签技术的应用方案。

一方面,该方案提高车辆的跟踪管理水平,提高车辆的使用效率;另一方面,该方案管理物流的全业务流程,实现从订单到仓储运输的全过程监控管理。

任务三　无人车配送

一、无人配送的概念

无人配送是指物品配送过程中没有或有少量人工参与,以机器替代人工或人机协作的方式进行物品配送,不仅能有效降低末端配送成本、提高配送效率,减少二氧化碳排放,还能够满足客户日益提高的配送要求,提高客户的满意度,顺应末端配送电动化、无人化的发展方向。

二、无人车配送的发展背景

(一) 供给：人口红利逐渐消失，供给瓶颈显现

1. 日益严峻的劳动力短缺和逐渐高昂的人力成本

(1) 近年来，我国16～59岁劳动年龄人口数量持续下降，从2011年的9.4亿人逐年减少至2020年的8.8亿人，2020年16～59岁劳动年龄人口占比大幅下跌至62.3%。

(2) 人口红利逐渐消退的时代，人工成本压力骤增，吸纳就业人口较多的服务业首当其冲。中国社会科学院发布的《社会蓝皮书》指出，2019年快递员平均月收入4 859元，同期全国城镇私营单位就业人员月均薪资4 467元，高出9%。此外，2020年全国快递员中从业经历在3年以下的占比为61%，反映出快递员的流动率高，导致公司在招聘和业务培训上的支出居高不下。

(3) 对劳动者权益的保障也将提升互联网平台的履约成本。

2. 人力存在固有的局限性

(1) 人工配送易受到雨雪雾尘等极端天气的影响，不仅会导致派件延误，还可能会对配送员的生命安全造成威胁。

(2) 人力无法做到7×24小时连续运转，对于某些极端需求无法响应。

3. 重复性简单劳作低效，城市交通安全难保障

(1) 据统计，末端配送环节在成本和时间上的花费要占到整个配送作业的30%。数据显示，效率低下加上业务量的持续增长和用工紧缺的问题，导致24.7%的快递人员每天工作12小时以上。

(2) 配送员为节省时间不遵守交通规则的情况时有发生，交通安全难保障。

(二) 需求：更安全、更便利、更快捷

1. 丢件风险

配送员在上门派件过程中，车辆和包裹处于无人看管状态，容易遗失。

2. 用户隐私问题

针对以"80后""90后"为主的消费者调研结果表明，在"最糟心的末端配送体验"中"不送货上门"占总人数的47.6%，"你最担心的末端配送问题"中58.3%的用户表

达了对"信息泄露"的担忧。所以对于消费者来说,既希望能够送货上门,又担心个人家庭住址等隐私泄露存在天然的矛盾。

3. 封闭区域配送问题

多数的高档住宅区、办公楼宇、学校等为规范管理都是不允许配送员进入的;疫区、医院等特殊场所需要阻隔病菌,也无法有效完成配送。

(三)代收点、快递柜的瓶颈

代收点、快递柜提升配送效率,但丧失部分用户体验。末端配送成本占整个配送作业的30%,从代收点到快递柜,物流企业一直在试图解决消费者用户体验和快递效率的矛盾。

代收点,能提升快递效率,但也存在安全性低、密度不高、用户体验差的问题。代收点可结合商品销售、便民服务、社区团购等功能,带有综合社区服务性质,盈利模式多元。

快递柜,快递柜弥补了派件末端最后100米市场的空缺,在有效提升用户体验的同时也能一定程度上提升配送效率。然而快递柜由于周转效率低、盈利模式单一、投入回报周期长,一度面临发展瓶颈。代收点和快递柜的对比如表1-1所示。

表1-1 代收点和快递柜的对比

内容	代收点	快递柜
主要参与者	电商平台旗下:菜鸟驿站、京东服务站 快递公司旗下:圆通妈妈驿站、中通快递超市、百世邻里 第三方快递代收点:熊猫快收、蓝店	电商平台旗下:菜鸟自提柜、京东自提柜 快递公司旗下:丰巢、中邮速递易第三方快递自提柜:云柜、日日顺
布设场景	所需场地面积大,适合在区域外(附近)设置	占地面积小,适合布局在区域内部(中心)
布设密度	全国共建成快递末端公共服务站11.4万个	要城市布放智能快件箱(信包箱)达40万组
成本	投入、运营成本高;加盟模式,扩张快	投入、运营成本较高;自营模式,扩张慢
盈利模式	快递收、发服务;可结合商品销售、便民服务、社区团购等功能,带有综合社区服务性质,盈利模式多元	以收取快件寄存收入为主
客户服务	固定时间开放,非全天候服务	无差别标准化24小时服务

续表

内容	代收点	快递柜
空间利用率	货架式，根据货物种类分开摆放，空间利用非常充分	箱柜式，空间利用不充分，存储量较为固定
安全性	可能发生错取、冒领情况	安全可靠
投放效率	配送员将全部包裹交给驿站即可，投放效率高	配送员需手动将单号、收件人电话输入机器中
取件效率	人工翻找，效率低	输入验证码即可完成取件

三、无人配送车的优势

（一）无人配送车拥有人"可移动"的优点，带来较好的用户体验，更高的配送效率

相比于代收点和快递柜，无人配送车具有可移动的属性，能够完成直接的用户配送，体验更佳；相比快递柜的低周转和重投入而言，无人配送车具有更高的快递配送效率。

（二）无人配送体现人机协作的主旋律

对于重复性、机械化的工作，机器能够更高效、更低成本地完成。

（1）对于相对共性需求的快递、社区团购，甚至是某些集约化程度较高的核心办公区的外卖场景，无人车的落地能够形成对运力的补充，配送车和配送员可进行人机协同，一次出车能够装运单人配送的两倍单量，减少配送员往返站点的次数，实现大单量、远距离的高效配送。

（2）对于个性化零散化的需求场景，无人机配送、人力配送是较好的方式。

（三）无人配送小车能将人力从恶劣的环境中解放出来

无人配送车除了需要充电维保外可开展 7×24 小时全天候工作，确保配送服务的即时性与准确性；无人配送被限定按照指定路线行驶，遵守交通规则；无人配送能够最大程度减少人员的接触，在封闭区域或特殊场所中有特别的应用价值。

（四）无人配送车的边际成本更低

以快递配送举例，京东物流每单快递配送的人力成本为5.3元，随着快递数量的增加，基本上人员也维持同比例的增长，导致边际成本基本没有太大变化；然而若使用无人车，由于无人车能够较好地解决集约化的需求，随着快递单量的增加其规模效应较为明显，边际成本下降显著。

四、无人配送车的分类

根据应用场景的差别、自动驾驶级别的高低、行驶速度差别将自动驾驶分为L4级别乘用车、L3级别乘用车、高速商用车、低速商用车四类。其中低速商用车较早实现安全性、通用性和商业化三个层面的均衡，尤其在末端配送中找到了适配的场景。

五、无人车配送的应用场景

目前的无人配送场景按距离主要分为三类：

（1）第一类是100米以内的室内环境，包括酒店、写字楼、商场等场景，人员的流动性较大，环境比较复杂，对无人设备的性能要求较高。

（2）第二类为1 000米以内的室外环境，主要针对社区以及园区的场景，相比室内环境复杂度更高。

（3）第三类是1 000米以上的配送场景，需要自动驾驶设备在室外场景工作。

任务四　无人机配送

我国末端配送成本以人力为主，其成本占到物流业总成本的30%～50%。近年来，无人机有望成为解决"最后一公里"配送效率问题的利器。与人力配送相比，无人机具有智能化、信息化、无人化的特点，得到快递、电商企业的关注和投入。

一、无人机配送的含义

无人机快递也称无人飞行器快递，指快递公司使用无人飞行器将小型包裹送到客户手中。为解决偏远地区"最后一公里"投递难度大的问题，部分快递企业已经进行了无人机投递试验。无人机内置导航系统，工作人员预先设置目的地和航线航飞行器自动将包裹送达目的地，误差能够控制在 2 米以内。根据企业反馈，采用无人机处理偏远地区的投递工作，单个包裹的平均投递成本远低于企业现在所付出的交通和人力成本。

仓储和运输成本的压力，是推动无人机更多应用到物流配送领域的原因之一。无人机具有不受地面交通影响、直线距离配送更快等优势，一旦广泛运用，最有可能先解决"最后一公里"配送的问题，同时也将加速整合快递行业末端配送的板块布局。

随着"干线—支线—末端"三级智能物流体系成为物流无人机的主流布局方向，未来三年内，"末端级"物流无人机产业化将加速进行，"支线级"物流无人机则成全球竞争焦点。

虽然无人机配送存在政策、安全性和成本等诸多局限，但考虑到日渐高涨的人力、土地和燃油等成本，无人机配送或许比传统人工配送更具成本优势，主要应用在人口密度相对较小的区域，如农村配送。未来无人机的载重、航时将会不断突破，感知、规避和防撞能力有待提升，软件系统、数据收集与分析处理能力将不断提高，应用范围将更加广泛。利用无人机送包裹将彻底改变物流业的运作模式。

二、无人机配送的原理

无人机配送，利用无线电遥控设备和自备的程序控制装置操控的无人驾驶的低空飞行器运载包裹，可以自动将包裹送达消费者设定的目的地。无人机对自己所在的具体位置和具体配送情况可以实时进行掌握控制，并及时将信息传输到调配站，调配站将配送指令发送到无人机，无人机收到指令后开始启动进行快递配送。

配送系统划分若干个区域，每个区域相互独立运作，分为两种快递收发模式：一是区域内快递收发；二是区域间快递收发。

当客户有快递需要发货时，首先将快递打包，再将包裹放到区域内快递柜中，快递柜在收到顾客的物件后会及时向调配站发送一个收取物件的信息，调度系统调度合适的无人机，并给无人机发送任务指令，无人机接收到指令后就会飞到目的地，无人机着陆并自动将包裹装载，进行配送。

无人机送达包裹到达目的快递柜后，快递柜会向接收快递人发送领件短信。货物在发往其他地区时，调配站在接收到信息后会将信息传送到无人机，无人机将物件送到邻近区域的收取物件的站点，再由站点按照不同收货地点进行分拣，最后通过空运送往收货站点。无人机配送的信息在发货人和收件人的手机终端中可以实时查询运输进度；物流运输的信息数据可以对偏僻的农村地区具体地理位置进行全方位的控制，达到高度的信息化。

无人机配送的安全问题受到极大的关注。无人机配送距离地面100米左右高的空中进行飞行，飞行速度、飞行时间和飞行载重量很容易受到天气变化的影响，在恶劣的天气环境中无人机的配送效率和配送的安全性会大大降低。仍然需要大量的实验，进一步完善无人机配送的安全机制，逐步改善无人机的架构和载重能力，最终保证无人机面对恶劣的天气时，仍能够快速运输，安全、平稳地飞行。

三、无人机配送的关键技术

（1）导航系统技术。通过增加卫星导航信号接收系统，可以自动或手动设置起飞、降落点。起飞与降落准确，负载时安全平稳。

（2）智能避障技术。这包括立体空间多传感器避障、视觉避障等技术，使用光流传感器和超声波传感器，在飞行时感知前方、下方障碍物，采取主动避让措施。

（3）无人机调度系统。这是以订单信息处理为核心、以物流无人机实时状态为基础的系统，无人机调度系统将物流订单的目的地自动生成飞行路线，无人机根据此飞行路线执行订单任务。

四、无人机配送的通航物流体系

目前无人机的主流配送体系为三级通航物流体系。

以京东为例，京东的三级通航物流网络包含了干线、支线、终端三级物流网络。

第一级：干线无人机配送。通过干线无人机，实现载重50～60吨，覆盖1000千米半径的中心仓到分中心仓的干线物流快速调拨。其实目前大型客机如737，在机场支持的条件下，是完全可以实现无人起降和飞行的。

第二级：支线无人机配送。支线配送是分中心之间和分中心到场站的小批量快速转运，如生鲜、3C、高货值物品是可以通过支线无人机来快速转运的，不必等候运输车辆，途中的损耗较小。无人机的载重为200千克～2吨级别，覆盖半径大约在500千米。

第三级：终端无人机配送。这一级别的无人机载重量10～50千克，覆盖半径10～50千米，缺点是无法配送大件。除了京东外，顺丰、苏宁也在积极构建自己的"干线大型无人运输机+直线大型无人机+末端小型无人机"网络。

未来随着无人机的干线、支线和末端的联合运营，将形成一张多级联运、层层转运、天地一体、高效互通的空中物流网络，这将大大提高地面仓库的流转效率和覆盖范围。未来借助航空物流的规模化运营，可能减少地面仓储设施的数量，降低仓储成本，同时能够在控制成本的前提下提升货物的流通效率，提升消费者网购体验。

五、无人机配送的优势

（一）提高城市配送速度和效率

在消费者对配送时效不断提出新要求的今天，"当日达""次日达""限时达"已经不能完全满足消费者的需要，"两小时达""即刻达"逐渐成为消费者的一种呼声。

无人机送货可以完成同城物流的加急业务，其避免了堵车、等红灯、快递员找地址等难题，并且配送路径能直接走直线，其配送效率比快递员高出好多倍，甚至可以实现"闪电达"。

（二）解决"最后一公里"配送难题，降低配送成本

在我国，由于农村网购用户居住地分散，道路不畅，交通不便，配送量少，因而配送路线长，耗时多，配送成本高。

即使是在大城市，由于交通拥堵、小区难进、小区安全管控、客户不在家等多种原因，货物在从物流中心到收货人手里的最后一公里路程中产生的成本和运送复杂性非常高。

无人机具有部署便捷、成本低、机动性强、对任务环境要求低等优点，用无人机来替代传统配送工具进行快递配送，则能更好地解决"最后一公里"配送难题。

（三）灵活应对各种复杂情况

随着城市汽车的不断增多，地面配送受到拥堵等因素带来的不确定性逐渐增加，无人机可以通过接管小型包裹运输市场来降低路面运输的数量，从而提高城市物流运送效率。

在面对诸如疫情等大范围的社会公共卫生事件时，无人机配送更是能发挥其灵活、便捷、无接触配送等特点，为消费者在特殊时期提供安心的物流服务。

六、无人机配送面临的瓶颈问题

快递是劳动密集型产业，特别是在快递分拣以及快递配送的"最后一公里"环节。

为了解决快递配送的"最后一公里"的问题,快递公司都在尝试采用新技术取代部分快递员。

例如,在国外部分地区,亚马逊已经开展无人机送货服务。在国内,京东、阿里以及顺丰等企业,都在测试各种送货方式,其中就有无人机送货。

要想实现无人机送货必须解决三大瓶颈问题。

(一)高精度3D地图和自动飞行

无人机送货不同于无人送货车或者快递员,其在空中飞行,必须借助高精度的3D地图,没有高精度的3D地图,无人机就不可能在高楼林立的城市中飞行。

在目前的地图数据中,多数都是2D地图,由于3D地图在数据上采集难度更大,导致很多地图数据公司都没有建立3D地图数据库。

虽然说未来无人机也将具备自动驾驶特性并会自动躲避障碍物,但就目前的技术而言,想要无人机具备自动驾驶特性并躲避障碍物显然是难以实现的。

但是,相对于自动驾驶技术而言,高精度的3D地图更容易实现一点,只要有高精度的3D地图,就可以自主设定无人机的飞行路线,无人机就可以轻松在楼幢中穿越飞行。

另外,自动飞行也是重中之重,如果无人机需要人为控制,这样一来,还不如使用快递员,一旦无人机飞行过远或者不在控制范围,那么就无法对无人机实施控制。而且,一名技术人员只能控制一台无人机,这样反而增加了运营成本。

(二)载重和续航

无人机送货确实方便,只要将货物固定在无人机上,设定好路线和目的地,就可以实现无人机送货。但是,就目前而言,无人机的承载重量以及续航都是有限的。

目前,多数快递公司正在测试的无人机,其载重多在500克到7.5千克,虽然这样的承载可以满足绝大多数快递需求,但是,一旦是高达几斤的货物,快递公司就必须采用更为专业的无人机。

另外,续航也是无人机的一个致命缺点,普通的无人机多数续航都是在几十分钟,虽然是有高达几个小时的无人机,但这是在无人机没有载荷的前提下,一旦无人机有了载荷,很多无人机难以起飞或者续航里程大大缩短。

快递行业使用的无人机,都必须是经过特殊定制的无人机,让不同的无人机适用不同的场合。例如,有超大载重型无人机适用于大型货物;有超长续航型无人机适用于远距离送货；还有一些就是普通的无人机，用于配送多数重量都是在几斤甚至更轻的货品，容易在城市之中穿梭。

（三）精准定位

要将货物准确送到用户手中，必须借助精准定位技术，一旦定位偏差过大，就容易让用户难以找到无人机所在之处。

京东测试的无人送货车就出现过这样的情况，随同的工作人员发现京东无人送货车定位偏差最高时可达10多米。

就国内技术而言，北斗定位已经可达厘米级别，但这样的高精度定位级别或许不会对民用开放，但精度在米级别的定位或许可以实现，这样一来，就可以满足无人机对精准定位的需求。

除了以上这些主要因素之外，防止无人机被人为破坏，其应该自带摄像头并可以进行数据实时传输。同时，如何正确识别用户并将快递正确投放到用户手中，也是需要解决的问题。

也就是说，在企业取得无人机牌照开且无人机具备以上特性后，无人机送货就可以大范围内开展了。

七、无人机配送的应用场景

（一）无人机农村配送

农村电商面临着物流"最后一公里"配送难问题，配送点多且配送量少，虽然物流电商在乡镇建立了部分物流站点，但是在农村地区的配送覆盖率仍然非常低。发展农村电商物流面临瓶颈问题。"最后一公里"的配送是唯一直接面对客户，配送质量会直接影响到客户的满意度，直接关系到交易的达成，如退货。

"最后一千米"指的并不是真的只有最后的"一千米路程"，而是指从快递分发点到客户手中这一段距离，物流分拣中心的操作员通过各种运输方式将货物送至客户手中的整个过程。货流量小、长物流链和低消费密度增加了运输时间和运输成本，车辆去程以及回程空驶，物流成本是多数物流企业难以承受的。农村快递收件不方便，需要自己到镇上或县上代收点自提，而自取的成本（体力、时间成本）非常高，从而导致农村居民购物不难、收件难的问题。另外，货物易出现破损或丢失的现象，以及退换货成本太高，致使人们网上购物积极性不高。

无人机物流，不受地形限制，且飞行路线基本为直线，能节省大量的人力和时间成本。在农村开展无人机物流配送具有以下优势。

1. 空域划设简便

我国空域的管理依据是《民用无人驾驶航空器系统空中交通管理办法》，该办法中明确规定，"无人机飞行应当为其单独划设隔离空域，飞行密集区、人口稠密区、重点地区、繁忙机场周边空域，原则上不划设无人机飞行空域。"有机场的城市，属于飞行密集区，而没有机场的城市，也可能设有空管导航设施，同属于飞行密集区，不适合划设无人机的飞行空域。相对而言，农村人口稀疏，重点目标少，具备划设无人机飞行空域的先天条件，而且农村面积较大，可以划设较大范围的无人机飞行空域。

2. 通信及电磁环境较好

由于农村的电信网络建设是在城市网络建设之后，具备了一定的后发优势，与城市相比，设备、相关技术更新、电信网络保障能力更强。同时由于农村人口分散，网络密度没有城市高，因此网络故障率也比城市低。加上农村的无线电用户少，电磁环境也比城市好很多，适合使用无线电（民用频率）作为通信链路的无人机飞行。

3. 安全成本低

无人机的安全成本主要在于两个方面：一个是为确保无人机安全运行本身相关硬件、软件投入，另一个是发生第三方责任事件后产生的赔偿成本。就自身安全投入来讲，使用无人机开展快递业务，需要建设运行控制中心，如果在城市建设的话，用地成本会远高于农村。目前，无人机的技术尚未完全成熟，各种关键系统正处于研发、测试阶段，如果在城市内运行，运行风险较大。此外，城市中楼宇众多、架空线复杂、电磁环境恶劣、人口密集，易发生无人机伤人、伤物的情况，对城市安全运行会产生很大的影响。无人机在地广人稀的农村运行，发生危险的概率会低很多，一般也不会产生二次伤害。

我国农村有大量的快递需求，有足够的业务量可以承载无人机物流配送的运行。我国农村地形复杂多样，包括高原、山地、林地、丘陵，而且我国南北纬度跨越较大，气候条件迥异，无人机在这些地区运行，可以积累在不同地形、不同气候条件下的运行经验，为将来在城市运行打下基础。

顺丰、京东对无人机物流率先试水，但都选择在农村开展无人机物流试点。农村的空间划设相对简单，通信及电磁环境较好、安全成本相对较低，能充分发挥无人机运输的优势，比在城市试点更为可行。

（二）无人机城市配送

城市内进行无人机物流配送，如亿航智能携手 DHL 公司以广东东莞松山湖为试点，开通从客户办公园区到 DHL 东莞察步 SVC 的全国首条城市内无人机物流快递航线，提供无人机物流配送服务。通过无人机物流配送，这条线路的单程派送时间将从 40 分钟大幅缩短至 8 分钟，同时可以降低近 80% 的运营成本，能很好地满足城市内灵活高频的中短途末端配送客户需求。目前，无人机的续航能力和控制里程可以达到 20 千米，配送时间为 20～25 分钟，基本能满足短途同城配送的需要。但无人机起降点需要基础设施，城市内的物流配送涉及起降点，依然需要有人来递送。无人机起降点的基础设施建设涉及企业、用户等多方利益，更多的无人机起降点基础设施建设意味着更加完善的物流网络，这些对推动无人机物流发展至关重要。这是未来发展的重点。

随着无人机安全性与智能化水平的不断提高，以及更加智慧高效的城市空中立体交通体系的构建，无人机将拥有更强的自主决策能力、感知与避让能力、抗干扰能力，无人机物流在高楼耸立、人流密集的大城市里运行将不再是幻想。

【思考题】

（1）智能配送系统的主要技术有哪些？
（2）城市配送智能调度的限制条件有哪些？
（3）无人配送车的优势有哪些？
（4）无人机配送的优势有哪些？
（5）无人机配送的应用场景有哪些？

模块二

物流大数据分析

模块二 物流大数据分析

项目一　走进物流大数据

【案例导入】

　　　　菜鸟物流挖掘物流大数据，提高物流智能化水平

　　菜鸟网络公司注重物流大数据挖掘、仓储用地选址，不断拓展与物流企业合作的广度和深度，充分挖掘物流大数据，提高行业智能化水平。经历了2013年和2014年两次"双十一"的检验后，菜鸟网络公司的预警雷达预测准确率高达95%以上，为缓解"双十一"的物流压力做出的贡献有目共睹。从发展成熟度来讲，菜鸟网络公司凭借数亿家淘宝卖家及合作物流企业，整合消费者、商家和物流企业数据，并且计划加入交通运输综合体系，发展成熟度较高，可为物流企业提供预警、运输线路规划、企业优化指导、供应链资源选择和整合等服务。

　　产生物流大数据的前提条件是物流要素、物流设施、物流作业工具、物流作业过程等得到充分的数据化。这需要广泛应用物联网、移动互联网等先进技术，深入物流场景、物流作业过程去采集相关的物流数据。物流要素的数据化是货物、包装、物流单据、人员等方面的数据化；物流设施的数据化是园区、码头、货站、仓库、货架、分拣输送系统等的数据化；物流作业工具的数据化是运输车辆、叉车、托盘、堆垛机、扫码枪等作业工具的数据化；物流作业过程的数据化是对从装车开始到装车结束的整个过程的现场信息，以及交接的凭证、装车的货物、装车的时间等进行采集。

任务一　大数据的内涵与发展现状

　　当前，大数据已广泛渗透到各行各业，成为各领域重要的生产要素。大数据技术挖掘和应用海量数据，助力新型经济增长模式的形式。数字产业价值链思维，这一前沿理念正在引领各行业的新未来。

一、大数据的发展历程

大数据的发展历程一般可以划分为5个阶段，即大数据出现阶段、大数据初级阶段、大数据热门阶段、大数据时代特征阶段、大数据爆发期阶段。

（一）大数据出现阶段（1980至2001年）

著名未来学家阿尔文·托夫勒所著的《第三次浪潮》中将"大数据"称为"第三次浪潮的华彩乐章"。1997年，美国国家航空航天局的两位研究员迈克尔·考克斯和戴维·埃尔斯沃斯在第八届可视化会议上首次使用"大数据"一词，其用来描述模拟飞机周围的气流是不能被处理和可视化的，因为其数据集通常非常大，超出了主存储器、本地磁盘甚至远程磁盘的承载能力，这一问题被称为"大数据问题"。

（二）大数据初级阶段（2002至2008年）

大数据在云计算出现之后才凸显其真正价值，谷歌在2006年首次提出云计算的概念。2007至2008年，随着社交网络量的激增，大数据的概念被注入新的生机。2008年9月，《自然》杂志推出了名为"大数据"的封面专栏。

（三）大数据热门阶段（2009至2011年）

2009至2010年，"大数据"成为互联网行业的热门词汇。2009年，印度建立了用于身份识别管理的生物识别数据库，联合国全球脉冲项目研究了如何利用手机和社交网站的数据来分析预测疾病暴发之类的问题；欧洲一些领先的研究型图书馆和科技信息研究机构建立了伙伴关系，致力于改善在互联网上获取科学数据的难度。2010年，肯尼斯库克尔发表大数据专题报告《数据，无所不在的数据》。2011年，IBM公司的沃森计算机系统在智力竞赛节目《危险边缘》中打败了两名人类挑战者，《纽约时报》称这一刻为"大数据计算的胜利"。2011年6月，麦肯锡发布了关于大数据的报告，正式定义了大数据的概念，并逐渐受到了各行各业的关注。2011年11月28日，中国工业和信息化部发布了《物联网"十二五"发展规划》，将信息处理技术作为4项关键技术创新工程之一提出，其中包括海量数据存储、数据挖掘、图像视频智能分析，这些是大数据的重要组成部分。

（四）大数据时代特征阶段（2012至2016年）

《大数据时代》一书中将大数据的影响分为3个不同的层面，分别是思维变革、商业变革和管理变革。"大数据"这个概念乘着互联网的浪潮在各行各业扮演了举足轻重的角色。

2012年，大数据被越来越多地提及，人们用它来描述和定义信息爆炸时代产生的海量数据，并命名与之相关的技术发展与创新。数据正在迅速膨胀，随着时间的推移，人们越来越意识到数据的重要性。

2012年1月，在瑞士达沃斯世界经济论坛上发布的《大数据大影响》宣称，数据已经成为一种新的经济资产类别。2012年，美国奥巴马政府在白宫网站发布了《大数据研究和发展倡议》，标志着大数据已经成为重要的时代特征；2012年3月22日，奥巴马政府宣布投资2亿美元在大数据领域，这是大数据技术从商业行为上升到国家科技战略的分水岭。2011年，韩国提出了"大数据中心战略"；2012年，美国颁布了《大数据的研究和发展计划》；2013年6月，日本发布了《创建最尖端IT国家宣言》；2013年10月，英国发布了《英国数据能力发展战略规划》；世界上其他一些国家也制定了相应的战略和规划。2012年7月，联合国在纽约发布了《大数据促发展：挑战与机遇》，总结了各国政府如何利用大数据更好地服务和保护人民。2012年7月，为挖掘大数据的价值，阿里巴巴公司在管理层设立"首席数据官"一职，负责全面推进"数据分享平台"战略并推出大型数据分享平台——"聚石塔"，为天猫、淘宝平台上的电商及电商服务商等提供数据云服务。

2013年被称为中国的"大数据元年"，大数据因互联网和信息行业的发展而引起人们关注，并开始在我国逐渐展开应用，在社会的各个领域探索与落地实践。阿里巴巴公司于2013年1月1日转型重塑平台、金融和数据三大业务，阿里巴巴公司是最早提出通过数据进行企业数据化运营的企业。2013年，在全球70个开放数据国家和地区中，中国仅列第35位。2013年，英国政府宣布注资6亿英镑发展8类高新技术，其中，1.89亿英镑用来发展大数据技术，旨在开放欧盟公共管理部门的所有信息。大数据掀起的变革，对生产力和生产关系产生了重要影响。

2014年，数据开放运动已覆盖全球44个国家。2014年4月，世界经济论坛以"大数据的回报与风险"为主题发布了《全球信息技术报告（第13版）》；2014年5月，美国白宫发布了全球"大数据"研究报告《大数据：抓住机遇，守护价值》；2014年，"大数据"首次出现在我国《政府工作报告》中，设立新兴产业创业创新平台，在新一代移动通信、集成电路、大数据、先进制造、新能源、新材料等方面赶超先进，引领未来产业发展。2014年8月7日，国务院通过《企业信息公示暂行条例》（国务院令第654号），原则是实现企业信息的互联共享，运用大数据等手段提升监管水平。

2015年9月5日,《国务院关于印发促进大数据发展行动纲要的通知》发布;2015年10月26至29日,党的十八届五中全会召开,提出要实施"国家大数据战略",这标志着大数据战略正式上升为国家战略,开启了我国大数据建设的新篇章。

2016年12月18日,工业和信息化部正式印发《大数据产业发展规划(2016—2020年)》。据《中国大数据发展调查报告》统计,2016年中国大数据市场规模为168.0亿元,同比增速达到45%。

(五)大数据爆发期阶段(2017至2022年)

2017年,在政策、法规、技术、应用等多重因素的推动下,我国基本形成了跨部门数据共享共用的大数据格局。北京、天津、上海、重庆、河北、辽宁、贵州、山西等省市政府相继出台了大数据研究与发展行动计划,展开区域数据中心资源汇集与集中建设。北京、上海、贵阳开展了大数据标准试点示范,全国至少有13个省份成立了21家大数据管理机构,已有35所高校获批"数据科学与大数据技术"本科专业、62所专科院校开设"大数据技术与应用"专科专业,申报"数据科学与大数据技术"本科专业的院校达到293所。

2017年,我国大数据产业发展进入爆发期。《2017中国地方政府数据开放平台报告》《大数据安全标准化白皮书(2017版)》《中国大数据发展调查报告(2017年)》《工业大数据白皮书(2017版)》等陆续发布。

在2018年拉斯维加斯消费电子展(International Consumer Electronics Show,CES)上,美国消费技术协会总裁兼首席执行官加里·夏皮罗、英特尔首席执行官布莱恩·吉尔扎尼奇等表示,大数据将对人类生活产生深远影响,大数据是未来科技浪潮发展不容忽视的巨大推动力量。2018年,许多国家都对大数据产业发展展现出高度的热情:美国希望利用大数据技术实现多个领域的突破,包括科研教学、环境保护、工程技术、国土安全、生物医药等,涉及美国国家科学基金会、美国国家卫生研究院、美国国防部、美国能源部、美国国防部高级研究局、美国地质勘探局6个联邦部门和机构;欧盟在大数据方面的活动主要有4个方面,即研究数据价值链战略因素,资助"大数据"和"开放数据"领域的研究和创新活动,实施开放数据政策,促进公共资助科研实验成果和数据的使用及再利用。

2019年,随着互联网发展,全球大数据呈爆发式增长,中国数据量增长最迅速,年平均增长速度比全球快3%。大数据产业不断丰富商业模式,构建多种多样的市场格局,具有广阔的发展空间。2018年,我国产生的数据量约为7.6ZB,美国产生的数据量约为 6.9ZB。截至 2019 年 6 月，中国网民数量达 8.54 亿。2019 年 12 月 5 日，2019 年中国（上海）大数据产业创新峰会在上海召开，会议遵循"融合创新"的宗旨，围绕大数据产业创新链营造积极、良好的生态氛围。

大数据发展浪潮席卷全球。以美国、英国、韩国和日本为代表的发达国家一向重视大数据在促进经济发展和社会变革、提升国家整体竞争力等方面的重要作用，把大数据视为重要的战略资源，大力抢抓大数据技术与产业发展先发优势，积极捍卫本国数据主权，力争在数字经济时代占得先机。美国实施"三步走"战略，推进大数据产业发展，对大数据应用及其产业发展持续关注，并督促相关部门实施大数据重大项目，构建并开放高质量的数据库。

大数据产业或开源大数据商业化有七大特点：一是开源大数据商业化进一步深化；二是大数据行业分析应用开拓新市场；三是大数据细分市场规模进一步扩大；四是大数据推动公司并购规模和数量进一步扩大和增加；五是大数据分析的革命性方法出现；六是大数据与云计算深度融合；七是大数据一体机将陆续发布。

随着全球化进入加速发展期，大数据技术走向"大数据+行业"融合发展阶段。同时，大数据产业保持良好发展势头，渗透、融合到各行业全面发展。其中，互联网大数据与工业大数据的差别和联系如表 2-1 所示。

表 2-1 互联网大数据与工业大数据的差别和联系

项目	互联网大数据	工业大数据
数据源	互联网中产生及传播的社会和媒体数据	传感器采集数据及控制器维修过程中的日志、记录等
数据量	样本数较多	样本较全面，以覆盖工业化过程中的各类变化条件
数据质量	较低	较高，需要对数据质量进行预判和修复
分析手段	不用特意考虑数据属性意义，一般通过统计分析方法挖掘样本中各属性之间的相关性并进行预测，或者借助人工智能算法从文本、图像、视频等非结构化数据中挖掘潜在特征和价值	强调数据特征的物理关联，采用具有一定逻辑的流水线式数据流分析手段，强调跨学科技术的融合，包括数学物理、机器学习、控制技术、人工智能等
数据价值	较低	较高

二、大数据的基本内涵

随着大数据的发展和广泛应用,数据的产生方式和数据变量发生了巨大的变化。大数据作为一种抽象化名词来指代海量的数据。简而言之,大数据是既庞大又复杂的数据集合,是用传统方法无法获取、存储、处理、分析的数据。基于此,一项突破传统数据分析方法的技术出现了,那就是大数据技术。

麦肯锡对大数据做出了如下定义:大数据是指那些大小比常规数据库工具的获取、存储量等更大的数据集。

大数据的内涵通常用"4V"特征来表述。

第一个 V 是 Volume,就是数据体量大,大到运用常用的数据库软件无法对其进行管理。现在来看,基本上是几十 TB 到几个 PB 数量级。当然,随着技术的进步,数据不断积累,这个数值会变得更大,有人预测 5 年后也许只有 EB 数量级的数据量才称得上大数据。

第二个 V 是 Variety,是指数据类型繁多,来源各异。有来自网络的网页、日志、图片,有来自传感器的监测数据、视频数据、音频数据、位置信息,还有来自日常运营系统的各类信息等。

第三个 V 是 Velocity,速度快。它有两个含义。一是数据产生和更新的频率快,数据量增长速度快。如今,只需要两天就能产生自人类文明诞生以来到 2003 年所产生数据的总量。谷歌搜索引擎每个月处理的数据量超过 400PB;百度每天大约要处理几十 PB 数据;淘宝上有 10 亿多件商品,每天发生数千万笔交易,产生约 20TB 数据。各个城市的视频监控每时每刻都在采集巨量的流媒体数据。二是响应快,有很高的时效性。大数据的处理要遵循 1 秒定律,就是在 1 秒内出结果。

第四个 V 是 Value,价值性。一是价值密度低,在数据总量中有用数据所占比例低。以视频数据为例,在连续不间断的监控图像中,可能有用的数据仅有一两秒。二是整体价值高,设想一下,研究问题领域相关的、全部的、真实的数据被汇集起来形成的大数据集,其价值是何等珍贵。三是潜在价值大。大数据应用就是在特定场景下利用大数据分析技术挖掘大数据中存在的潜在价值,大量数据的价值尚未被挖掘利用,大数据挖掘就像"沙里淘金"。

三、由小数据到大数据的思路转变

（一）由分析随机样本转变为分析全体数据

在小数据时代，记录、存储和分析数据的工具不够发达、完善，只能收集少量数据进行分析，信息处理能力受到一定的限制，因此，采用随机抽样分析方法进行数据分析，抽样的目的是用最少的数据获得最多的信息。

美国在抵抗流感中对大数据技术的应用就是典型案例。美国流感趋势预测不依赖对随机样本的分析，而是分析了美国几十亿条互联网检索记录。分析整个数据库，而不是分析一些样本，能够提高微观层面分析的准确性，甚至能够推测出某个城市的流感状况。因此，在大数据时代，需要放弃随机抽样分析方法，而选择收集全面、完整的数据。这需要足够的数据处理和存储能力，也需要最先进的分析技术。

随着数据分析技术水平的不断提高，可处理的数据量大大增加，对事物理解的角度将比以前更宽广、更全面。

（二）由追求数据精确性转变为接收数据混杂性

过度注重精确性是传统数据时代的特点。传统数据时代的数据分析，更多的是精确的样本、深度的数据挖掘，不符合规格的样本会被过滤掉，然后深度挖掘数据字段间的关系，得出精确无比的结果。

在大数据时代，只有5%的数据是传统数据库中的结构化数据，95%的数据是混合杂乱的非结构化数据，因此，分析出的结果不会很精确。大数据更多通过对各种数据分析得出某种趋势，这种趋势不强求过于精确。因此，只有接收数据的不精确性和完整性，才能发现事物的真相。

（三）小数据到大数据的一般处理过程

1. 数据的采集

大数据采集多个"小数据"，通过数据库进行查询和处理。数据抽取将分布于异构数据源中的数据抽取进行清洗、转换、集成，并联机分析处理使之成为数据挖掘的基础。

在大数据采集过程中，其主要特点和挑战是并发数高，因为有可能同时有成千上万的用户在进行访问和操作。例如，火车票售票网站和淘宝的并发访问量在峰值时可达上百万，需要在采集端部署大量数据库才能支撑其运行。如何在这些数据库之间进行负载均衡和分片需要深入思考和设计。

2. 数据导入与预处理

数据导入与预处理过程通常会用到自然语言处理（Natural Language Processing，NLP）和 AI 等技术。

数据导入与预处理过程的特点和挑战主要是导入的数据量大，每秒的数据导入量通常会达到百兆字节，甚至千兆字节。

3. 数据统计与分析

数据统计与分析主要利用分布式数据库或分布式计算集群，对存储其内的海量数据进行分析和分类汇总等，以满足大多数常见的分析需求。

数据统计与分析的主要特点和挑战是数据分析涉及的数据量大，对系统资源尤其是输入输出端口（Input/Output，I/O）的占用率较高。

4. 数据挖掘

数据挖掘一般没有预先设定好的主题，主要在现有数据上进行基于各种算法的计算，从而起到预测的效果，进而满足一些高级别数据分析的需求。

数据挖掘过程的特点和挑战主要是用于挖掘的算法很复杂，并且计算涉及的数据量和计算量均很大，常用的数据挖掘算法以单线程为主。

四、大数据的应用价值

大数据的应用价值与其所处的应用场景密切相关。概括起来，大数据的应用价值可以分为三大类：数据服务、数据分析和数据探索。

数据服务是面向大规模用户，通过直接满足用户需求将数据价值变现的形式，提供高性能的数据查询、检索、预测等服务。数据分析是分析人员利用经验，通过对大规模数据使用特定的计算模型进行较为复杂的运算，发现易于人们理解的数据模式或规律所进行的数据价值变现的一种运算形式。数据探索结合数据分析和人机交互，通过不断揭示数据的规律和数据间的关联，引导分析人员发现并认识未知的数据模式或规律，其价值更多体现在对未知的数据模式和规律的探索。

（一）数据服务

数据服务针对用户非常明确的数据查询和处理任务，以高性能和高吞吐量提供大众化的服务，是数据价值最重要、最直接的发现方式。由于要处理大众化的服务请求，每个服务任务必须被快速地处理掉，因此，数据服务的单个任务负载不能过于复杂，单个任务直接处理的数据量不能太大，任务对应的用户需求和采用的数据处理方法必须是明确的。

一些典型的数据服务包括事务处理、数据查询、信息检索、数据预测、数据分类等。事务处理是传统数据库范畴的价值发现形式，它针对的主要是任务关键型的数据服务，如银行记账、商业交易等。数据查询主要面向快速查找或修改数据的服务需求，它比事务处理更简单，对数据一致性要求没那么强，但对服务的吞吐量要求非常高。信息检索是指从大规模的数据集中快速查找满足用户需求的资料或数据片段的过程。数据预测和数据分类是一种数据分析任务，其实，很多针对个体的数据预测和数据分类任务实际上是一种数据服务，它使用数据分析建立的预测模型，对个体数据实例进行预测，从而高并发地为大规模用户提供分类和预测服务，进而更好地体现数据的价值。

（二）数据分析

数据分析是指用适当的统计分析方法对大量数据进行分析或建模，提取有用信息并形成结论，进而辅助人们决策的过程。在这个过程中，用户会有一个明确的目标，通过"数据清理、转换、建模、统计"等一系列复杂的操作，获得对数据的洞察，从而协助用户进行决策。常见的数据分析任务又可以进一步划分为描述型分析、诊断型分析、预测型分析、策略型分析。

描述型分析的主要特点是对数据代表的含义进行描述性的揭示，通过数据统计分析揭示数据隐含的深层内容，从而帮助人们更好地进行决策。

诊断型分析主要用来揭示一些现象背后的成因，因此，它比描述型分析更深入。很多数据挖掘方法与诊断型分析密切相关，比如，相关性分析和因果关系的分析等，都是通过对数据的深度分析揭示通过描述型分析所发现的某些现象背后的成因。

预测型分析主要利用机器学习技术对现有的大数据进行深度分析，构建数据预测和分类的模型，从而更好地支持数据预测和分类服务。

策略型分析也称指导型分析，是在分析过程中减少甚至排除人的参与，在给定目标的驱动下，直接帮助人们找到好的策略，并作用于大数据应用，使未来数据指标能够按照设想的趋势发展。策略型分析是数据分析的高级阶段，更能发挥大数据的应用价值。

数据分析一般基于大量数据和较为复杂的运算模型，其结果信息量通常很大，适用于宏观决策。而对于细节层面信息的获取，数据分析缺乏如索引和访问控制等方面的技术支持。如何在一个平台上，既实现宏观的分析，也实现细节的分析，是当今一个具有挑战性的技术难题。

（三）数据探索

数据探索是指针对目标的可变性进行的持续、多角度的搜索或分析任务，其搜索过程是有选择、有策略和反复进行的。数据探索将以找到信息为目的，将传统信息检索模式转变为以发现、学习和决策为目的的信息搜寻模式。这种搜索模式结合了大量的数据分析与人机交互过程，适用于人们从数据中发现和学习更多的内容和价值。

对于数据探索，用户可以在微观层面（数据探索）和宏观层面（数据分析）进行自由切换，用交互式的方式探索并发现大数据的价值。目前，随着大数据研究的兴起，探索式搜索这种交互式分析和探索数据价值的方式，逐渐引起人们的重视，还有很多问题等待研究者们进行深入的研究。数据服务强调从微观层面获取满足用户需求的精准信息；数据分析强调从宏观层面为用户提供数据洞察，进而提供决策支持；而数据探索则需要在宏观层面和微观层面进行自由切换。

任务二 智能物流迈入大数据时代

随着互联网、物联网技术的快速发展，物流行业逐步向智能化、自动化发展，借助大数据技术，物流效率将以指数级别提高。为满足企业成本、利润与服务质量方面的要求，以及社会对自然资源和社会资源低消耗量的诉求，企业在寻找解决这些问题的途径时，逐步形成了发展智能物流的强烈愿望。在自上而下和自下而上两种力量的共同作用下，智能物流成为现代物流发展的必然趋势。

一、大数据技术的意义和价值挖掘

（一）智能物流与大数据结合的必要性

挖掘物流大数据中的信息价值，从宏观上可以降低社会物流的总成本，从微观上可以为企业带来利润。大数据技术的意义在于对已掌握信息的专业化处理和价值挖掘，并分析市场中长期发展趋势等。随着大数据技术在物流行业的应用逐渐深入，未来物流行业获取的数据不仅包括行业内部信息，还包括大量外部信息。通过对这些数据的分析，物流企业可以预测性地为客户量身定制个性化、差异化的服务。

大数据分析可以帮助物流企业了解行业发展动态。目前，物流企业面对的是高度竞争、瞬息万变的市场环境，许多运输空载的问题就是由于物流企业缺少通过数据分析对未来市场发展趋势做出预判，只看到眼前的业务增长就盲目增加运力和仓储面积导致的。当市场出现萎缩、业务量下滑的时候就会产生大批的剩余运力和空置仓库，从而导致物流企业的亏损。通过大数据分析，物流企业可以对未来市场和竞争对手的行为做出一定的预测，及时调整发展战略，避免盲目的资产投入，减少损失。

大数据分析可以帮助物流企业提高客户的忠诚度。对于物流企业来说，分析客户的行为习惯可以将市场推广投入、供应链投入和促销投入回报最大化。

利用先进的统计方法，物流企业可以分析用户的历史记录用以建立模型，预测用户未来的行为，进而设计有前瞻性的物流服务方案，从而整合最佳资源，提高与用户合作的默契程度以避免用户的流失。物流企业不仅可以通过大数据挖掘现有存量用户的价值，还可以通过数据分析更高效地获得新用户。通过推动信息交互，给用户推送服务调整、价格变化及市场变化等信息，不断满足用户的变化的需求。在互联网背景下，营销将不受时间、地点的限制，也不再是信息单向流通。更大的不同之处是，从接触用户、吸引用户、黏住用户，到管理用户、发起促销，再到最终达成销售，整个营销过程都可以只在信息交互中实现，通过了解用户行为进行精准营销。

大数据分析可以提高物流行业管理的透明度和服务质量。大数据分析通过物流信息交流开放与信息共享，使物流从业者、物流机构的绩效更透明，间接促进物流服务质量的提高。根据物流服务提供商设置的操作和绩效数据集，可以进行数据分析并创建可视化的流程图和仪表盘，促进信息透明化。公开发布物流质量和绩效数据，还可以帮助客户做出更明智的合作决定，也将帮助物流服务提供方提高总体绩效，从而提升竞争力。

大数据分析可以优化物流企业盈利方式。建立物流行业网络平台和社区，在平台和社区中会产生大量有价值的数据，基于这些宝贵的数据并汇总物流行业消费者的消费记录，进行高级数据分析，最终提高物流需求方和物流服务提供方的决策能力。平台的用户数据分析都是实时更新的，以确保用户行为预测总是符合实际的用户需要；同时，动态地根据这些行为预测来设计一些市场策略，市场扩张的速度将取决于物流行业大数据采集分析发展的速度。建立全国的客户数据库，提供准确、及时的物流信息咨询服务，以大幅提高企业的知名度和盈利能力。

（二）智能物流与大数据结合的可行性

智能物流与大数据结合模式不断发展。智能物流依托现代先进技术的发展，运用人工智能技术、自动化技术、网络信息技术、远程监控技术，提高了在物流过程中选择货物运输的最优路线、自动对货物进行跟踪记录、自动存储货物、自动分拣货物的水平，提高了物流效率，增加了物流利润，提高了管理人员的管理水平，促进了物流企业的快速发展。

智能物流过程不仅包括企业内部生产过程中的全部物流过程，还包括企业与企业、企业与个人、个人与个人之间的全部物流过程，这些环节既是数据的产生者，也是数据的使用者。大数据技术的应用使数据经济的意义被挖掘出来，相较于传统物流模式，智能物流模式摒弃了传统物流模式的散乱管理模式，更加高效、快速。

大数据技术的数据共享消除了物流企业的信息孤岛，通过大数据技术的数据探索实现趋势预测，通过大数据技术的算法优化实现库存预判和网络规划，通过大数据技术的分析技术实现行业方案设计。利用大数据、销量预测，构建包括成本、时效、覆盖范围等多维度的运筹模型，对仓储、运输配送网络进行优化布局。利用大数据、挖掘分析3C、家电、鞋服等不同行业，以及仓配、快递、城配等不同环节的物流运作特点及规律，为物流企业提供完整的解决方案。

大数据技术的应用为物流行业创新发展带来机遇，将对物流行业的高质量发展起到极大的推动作用。

（三）大数据应用于智能物流面临的挑战

1. 智能物流技术来源的多样性和复杂性

物流数据主要来源于物联网设备、地理信息系统、社会化媒体、互联网设备、计算机及手机等不同种类的移动设备，其中包括大量企业内部经过第三方处理的数据。

2. 智能物流智能化程度参差不齐，数据沟通障碍多

目前，大部分中小物流企业仍然采用传统的物流模式，大型物流企业虽然初步形成了智能物流模式，但不管是大型物流企业还是中小型物流企业，都只从自己企业的利润角度来考虑。这就导致各家企业对自己拥有的信息资源保密，没有实现信息资源共享，这不符合大数据时代的经营策略。在这种情况下，政府应出台相关政策法规支持智能物流模式基础设施的建设，并投入一定的资金配合物流企业进行基础设施建设，以整合所有的资源实现信息资源共享。

3. 智能物流技术的核心是人才

能够胜任物流大数据应用工作的人才较少，智能物流模式最核心的技术是智能化技术，而技术的核心是人才。智能物流相关人才既要具有较强的技术能力，又要对物流行业管理有深刻的理解。人才保障是大数据技术应用于物流行业的重要一环，未来需要配套建立完善的人才培养供给机制。

（四）智能物流迎来爆发机遇

在"互联网+"风口下，智能物流迎来爆发机遇。智能物流集多种服务功能于一体，体现了现代经济运作的特点，即强调信息流与物流快速、高效、通畅地运转，从而降低社会成本、提高生产效率。

随着物流业不断发展，智能物流也从理念阶段走向了实际应用。基于智能物流理念建立的新一代大数据物流信息平台将云计算技术融入之中，将大量用网络连接的计算资源统一管理和调度，构成一个计算资源池，向用户按需提供服务，有效提升区域经济效率。大数据在物流行业的应用，打破低层次、低效率、高成本的运输局面，使物流行业逐渐演变成数字化水平极高的行业。大数据已经渗透到物流过程的各环节，未来大数据在物流行业的应用前景广阔。

二、大数据解决智能物流目前存在的各种瓶颈问题

大数据可解决智能物流目前存在的各种瓶颈问题，具体如下：

第一，大数据技术是促进智能物流发展的最有效途径。

在物流作业活动中会产生大量数据，对这些海量数据的挖掘和应用，可为运输和配送等物流活动的有序衔接提供保证，可精准预测投资机会，提前做好仓库储备，进而提高服务质量。在"双十一"前期，各大电子商务企业通过大数据分析进行销售预测，并提前做好货物的集散工作，使货物集聚在离消费者最近的仓库，使"双十一"期间消费者收货的时间越来越短。这种快而准的货物送达效果与大数据技术的作用密不可分，可以说"得数据者得天下"。在物流活动中，通过应用车辆追踪技术、卫星导航技术、自动识别与条形码技术等可以实现精准定位和准确识别。开发和利用大数据技术已经成为智能物流发展的最有效途径。

第二，大数据技术可突破物流产业发展瓶颈。

随着互联网和移动技术的普及，物流行业迅速发展，但也存在物流成本居高不下、物流服务满意度低、顾客投诉较多等一系列问题。大数据技术是一个全新的突破口，

利用大数据技术提前预测投放位置、实行精准配送，可以提高物流运作效率、仓库周转率，降低物流成本。此外，通过大数据技术可以整合企业内部资源和社会剩余资源，企业间不再是永久的竞争者，而是亲密无间的合作伙伴。

第三，大数据技术是智能物流发展的核心竞争力。

大数据技术的魅力在于数据分析，数据分析是数据处理流程的核心。大数据分析的目的是从相关的数据中提取尽可能多的信息。物流行业通过大数据技术对企业的运营管理市场营销、品牌管理、客户关系管理、服务创新等方面起着指挥作用。对物流大数据进行处理与分析，挖掘其中对企业运营管理有价值的信息，科学合理地进行管理决策，为企业销售预测、网络规划、库存部署及行业洞察等提供依据，成为现代物流企业的核心竞争力。

三、大数据促进智能物流迈入新阶段

我国快递业务量从 2012 年的 56.9 亿件飙升 7 倍，至 2017 年的 400.8 亿件，这意味着平均每秒有超过 1 270 件快递被发出。

大数据、信息化处理方法是物流行业转型升级的重要驱动力。电子商务物流业迅猛发展，不断刷新物流行业的历史纪录，解决了一个又一个世界级的物流难题，催生了物流新模式、新业态，智能物流进入发展新阶段。

目前，我国物流大数据产业正处于起步阶段，未来 5 年有望率先实现大数据增值。物流大数据，即运输、仓储、搬运、装卸、包装及流通加工等物流环节涉及的数据、信息等。物流大数据将所有货物流通数据、物流快递公司、供求双方有效结合，形成一个巨大的即时信息平台，从而实现快速、高效、经济的物流系统。信息平台不是简单地为企业客户的物流活动提供管理服务，而是通过对企业客户所处供应链或行业物流的整个系统进行详细分析，提出具有指导意义的物流解决方案。许多专业从事物流数据信息平台的企业使物流大数据行业化。

物流大数据交易采用利益交换的模式——用服务换取管理，即各利益主体通过交换的方式，一方将信息管理权交给另一方，另一方将信息整合之后提供服务给一方。物流大数据交易以消费者、商家、物流企业的数据为依托，为商家、物流企业提供预警预测分析服务，帮助物流企业提前获取相关信息，从而可以提前将物流资源进行一定的配置和整合。

在企业应用方面，大数据在物流企业中的应用贯穿了整个物流企业的各个环节，

主要表现在物流决策、物流企业行政管理、物流客户管理、物流智能预警等过程中。

任务三　物流大数据的特质

大数据时代，数据量正在迅速增长，人们逐渐意识到大数据的重要性。大数据的规模是一个不断变化的指标，各种意想不到的来源都能产生数据。数据多样性主要源于新型多层结构数据和网络数据。

一、物流大数据的特征、内容与类目

在高速的网络时代，通过性能优化的高速计算机处理器和服务器创建实时数据流已成为流行趋势。企业不仅需要了解如何快速创建数据，还必须知道如何快速处理、分析数据并将结果反馈给用户，以满足用户的实时需求。大数据具有多层结构，这意味着大数据会呈现多变的形式和类型。相较传统的业务数据，大数据存在不规则和模糊不清的特性，因此，很难甚至无法使用传统的应用软件进行分析。传统业务数据随时间演变已拥有标准的格式，能够被标准的商务智能软件识别。目前，企业面临的挑战是处理并从各种形式的复杂数据中挖掘价值。

（一）物流大数据呈现的特征

1. 数据量大

当数据量大到传统技术难以处理时，就可以称为"大数据"了。例如，传统数据库系统已不能高效地处理1PB的数据，因为仅向磁盘写入1PB的数据就要耗费200多天。此外，数据能否成为"大数据"，还要看数据的复杂性及产生数据的速度等特征。

物流是一个大范围内的活动，智能物流信息源也分布在一个大范围内，信息源点多、信息量大。物流系统有海量的数据库，包括用户数据库、企业数据库、员工数据库、车货匹配数据库、物流设施数据库、物流资讯数据库等，涉及的数据量极大，数据量成指数级迅猛增长，可以是PB级、ZB级甚至更大量级。根据统计结果，全球大数据仍处于活跃阶段，2019年，全球数据量达到41ZB。

2. 信息动态性强

动态性强是物流信息最显著的特征，是指信息随着物流过程发展动态变化，是一

个连续的、完整的变化过程。忽略信息的动态变化特性，将导致贻误甚至造成损失。由于物流信息动态性特别强，信息价值的衰减速度也就很快，这对信息工作的及时性要求较高，信息收集、加工、处理速度快，成为智能物流信息工作者必备的常识。

3. 数据范围广

物流信息涉及领域广泛、形式多种多样，只有将纷繁复杂的各种动态信息及时地反映出来，从海量数据中挖掘出有用的信息，才能优化整个物流作业过程。不同类型的智能物流信息有不同的特点，收集数据既要力求全面、完整，又要对智能物流数据预处理进行重点选择。

4. 数据形式多样

智能物流系统在物流作业过程中产生的数据类型繁多，如视频、图片、文本信息、网络日志地理位置图等，既包括结构化的数据表格，也包括半结构化的文本、图像视频数据及非结构化的空间数据等。如何将手工的、延时的、无序的、碎片化的数据转化成智能的、实时的、有序的、集成的大数据是构建智能决策平台的重点问题。

5. 数据安全性要求高

物流信息化快速普及，而物流信息中包含大量的个人隐私，如收货人的姓名、地址、电话号码、快递物品等，也关系到资金、货运等敏感信息，如发货方的仓储位置、运输方式、派件流程等，加之智能物流具有的线上线下金融服务功能，使物流网络常常成为黑客攻击的对象。大数据给物流行业带来了巨大的经济价值和快捷的服务体验，应及时构建物流大数据的智能安全防护体系，将全系统或部分数据集合从应用主机的硬件或阵列复制到其他存储介质。在信息系统运行过程中，保证数据安全及按计划为数据库执行数据备份是十分重要的工作，这样在故障发生时才能对数据库进行恢复，使数据丢失率降至最低。

（二）物流大数据的内容

在大数据时代，物流大数据整合了时间、空间、管理和服务，物流行业也因此发生了巨大变革，正在成为下一个支柱产业。

1. 物流大数据的来源

物流大数据是指物流服务的供给、需求及物流活动过程的各种相关数据以大数据的形式出现，反映整个物流行业的业态。物流与社会经济息息相关，物流大数据也会反映社会和经济发展的状态。

物流系统各环节引进大数据技术，物流系统与生产、销售、消费等系统相关，因此，形成了"大物流"体系，向社会提供全面、完整的物流信息和物流服务。

2.物流大数据的来源层次划分

（1）微观层面：包括企业运输、存储、配送、装卸、流通、加工、登记等数据分类。

（2）中观层面：包括采购、供应链上下游、生产制造等物流数据分类。

（3）宏观层面：基于商品管理、流通过程中不同业态的数据分类。

微观层面与中观层面物流大数据一般掌握在物流企业手中，宏观层面物流大数据指导物流行业的方方面面。未来，宏观层面物流大数据可进行供求交易。

3.物流大数据的来源划分

（1）直接来自物流活动本身。直接来自物流活动本身的物流大数据可以定义为狭义上的物流大数据，指的是直接产生于物流活动的数据，如在运输、保管、包装、装卸、流通、加工等活动中产生的数据。物流活动管理与决策，如运输工具的选择、运输路线的确定、运送批量的确定、在途货物的跟踪、仓库存储的有效利用、最佳库存的确定、订单管理、顾客服务水平提高等，都需要详细和准确的物流大数据。因此，物流大数据对运输管理、库存管理、订单管理、仓库作业管理等物流活动具有支持、保障功能。

（2）来自商品交易活动和市场产生的数据。来自商品交易活动和市场产生的数据可以理解为整个物流供应链的大数据。商品交易活动数据是指与买卖双方的交易过程有关的数据，如销售和购买数据、订货和接受订货数据、发出货款和收到货款的数据等。市场产生的数据是指与市场活动有关的数据，如消费者的需求数据、竞争者或竞争性商品的数据、与销售促进活动有关的数据、交通通信等基础设施数据。在智能物流中，物流数据与商品交易数据、市场数据相互交叉、融合，成为物流产业智能化的数据基础。

（三）物流大数据的类目

物流大数据主要包括运单信息数据和车辆信息数据，然而运单信息往往涉及商业机密，并且信息分布在不同行业、企业内部，不宜公开。物流大数据的类目众多，因此从现实的数据条件来看，实业界和学术界的物流大数据主要是关于信息的数据，目前,可以明确量化的数据主要有货源、运输能力、市场、企业运营、物流行业数据类目。

1. 货源数据

货物自身属性数据是最基本的数据之一,货物的多少决定物流活动规模及后续一系列货物流通形式。

货源数据具体操作一般包括以下内容:批量商品合同和供销计划数据;批量运输储存计划和合同数据;货物本身的包装要求、货物价值和交付条件等个性化数据。

2. 运输能力数据

运输能力的大小与物流活动能否顺利开展有着十分密切的关系。运输条件的变化,如铁路、公路、航空运输能力的变化,会使智能物流系统对运输工具和运输路线的选择发生变化,这是大数据擅长的领域之一。运输能力数据对商品存储也有直接的影响,有些代储商品是从外地运来的,要及时掌握货物的数量和日期,以便安排仓储;有些库存是待运商品,更要密切注意运输能力动态变化。

3. 市场数据

为了满足从宏观上进行决策的需求,必须对市场动态数据进行分析,注意掌握有关的市场信息,并提取分析出正确的决策依据。这是大数据擅长的领域之一。因为市场是经常变化的,这些变化不仅会直接影响智能物流系统的正确性,更为重要的是,市场的变化趋势具有信号的超前性和表现的滞后性,人的经验判断在决策效率和准确性上远远不如大数据决策合理、准确。

通常市场数据主要包括流通渠道的变化和竞争数据;市场价格变动和趋势数据;生产计划及成品的运输数据;仓储货物状态数据;道路安全天气状况等管理信息等。

4. 企业运营数据

企业物流系统是一个动态系统,由于商品在系统内各环节流转,每个环节都会产生在本环节有哪些商品、每种商品的性能和状态如何、每种商品有多少、在某个时期可以向下一个环节输出多少商品,以及在本环节内某个时期需要上一个环节供应多少商品等信息,因此,企业物流系统的各子系统都会产生商品的动态数据。

5. 物流行业数据

物流行业数据的采集分析包括全国社会物流总额、区域经济发展数据、竞争对手公开运营数据、网络商务舆情等。例如,某快递集团抓取全网相关快递行业信息上亿条,信息主体为 2017 年使用过快递服务的用户对延误、丢失损毁、违规收费、代收货款、性价比、送货上门、上门揽件、客服、配送员、传播力 10 项基本指标的评价。大数据系统通过大数据处理方法,对不同维度进行加权分析,为企业自身经营战略的判断提供依据。

二、物流大数据的类型

随着大数据的广泛应用,物流大数据的分类与整理成为物流行业智能化的重要依据。同样,在智能物流中,对于智能物流大数据的分类与整理也是智能物流发展与应用的重要部分。随着大数据发挥的作用越来越明显,对智能物流过程中海量的数据进行采集、存储和分析,是大数据技术应用到智能物流中的关键。在进行智能物流大数据处理之前,需要将智能物流中的海量数据进行分类梳理,进而为大数据在智能物流中的应用提供基础。将智能物流大数据按照业务数据进行分类,可以实现对智能物流大数据进行分析、整理的目的。

(一) 轨迹型数据

感知设备记录的数据反映了整个物流过程,其数据的时间序列轨迹映射了物流的配送轨迹、仓储中转轨迹、流通加工轨迹等。从道路的拥堵情况、红绿灯分布情况等维度分析数据的轨迹,寻求物流路径优化、仓储中心选址、物流调度优化的方法,以满足资源合理配置的需求。

(二) 动态型数据

物流大数据的空间时效性特征主要来自大感知数据,在物流全过程中,所有的传感数据和监控数据都具有较强的空间时效性,数据的采集过程是在特定时间、地点和设备上发生的。运输车辆的车载 GPS 测量、记录的数据,表示车辆在当下时间的位置信息,每个订单包裹的 RFID 传输的数据也表示其目前的节点信息。

(三) 即时型数据

大数据的处理能力要求其快速、及时地计算出结果,并且及时用于指导物流过程,否则可能失去计算意义。车辆动态配送过程要求系统的调度优化和及时响应。配送车辆在提供服务时,度量空间中的任意节点在任何时间提出的服务请求均有服务期限,若在规定的时间内某一服务请求不能被满足则将被取消。

(四) 高增长型数据

高增长型数据不同于海量数据，前者强调未来的数据空间，后者表示过去的数据积累。物流领域未来数据量的大小不仅决定物流大数据实现的难易程度，还影响物流大数据发展的空间。基于物联网技术的感知数据急速增长，截至2022年物联网设备激增到144亿台。物联网设备的增长带来的是感知数据的激增。国内国际物流市场持续增长的需求带来的是物流的商机和由此产生的大量潜在数据。

任务四 大数据应用于物流领域的准备

物流行业是一个产生海量数据的行业。伴随着大数据、互联网的应用，当下的模式和理论已经不能完全跟上物流行业的发展增速。物流行业进入一个创新和变革的时代，大数据已经渗透到物流行业各方面，发展速度很快，价值也很高。随着经济和社会的发展，人们将有海量包裹物流需求，机器与智能在物流领域的应用与实践将越来越广泛。

一、支撑环境分析

（一）内部支撑环境分析

内部支撑包括设施、装备、技术、管理和标准。在基于大数据背景的物流业务体系中，内部支撑因素有如下改善。

物流基础设施通过应用大数据相关技术，使仓库、公路、铁路、港口等可以实时与物品进行信息交互，为物流感知提供基础性服务；物流装备中的传感设备，尤其是现有物流信息采集与传输设备及接收设备的衔接，具体包括物品标签、读写器、传感器、服务器、网络设备和终端设备等；大数据及其相关技术的应用将促进物流系统规划技术、现代物流管理技术、物流系统评价技术和物流信息化技术等物流技术的进一步发展；依靠大数据背景下智能物流的网络特性和个性化的配套软件系统，提供供应链资源优化配置的信息服务，优化供应链管理；物流标准制定包括基于大数据背景的智能物流标准体系构建及其与物流标准的融合，以便在企业级、行业级、区域级和国际级数据支撑下实现不同物流系统的对接服务。

（二）外部支撑环境分析

外部支撑包括法规、金融、电子商务、信用和安全。在大数据背景下的物流业务体系中，外部支撑因素有如下改善。

除完善物流法规之外，还应建立相应的智能物流法规，为大数据及其相关技术在物流领域的应用提供良好的法律制度环境，拓展增值服务范围。大数据环境对信用和安全提出了更高的要求，因此，在深化安全技术研究的同时，必须加强对人的安全意识和信用教育，创造安全、可信的大数据环境，保证物流业务体系再造的顺利进行。

二、"数据质押"构建供应链金融生态核

供应链金融是指构建以"数据质押"为核心的生态。供应链金融作为一种金融创新业务在我国得到了迅猛发展，成为商业银行拓展业务空间、增强竞争力的一个重要领域，其服务理念从最初的线下发展到现在线上化的"三流合一"，即信息流、物流、资金流合一。

（一）构建以"数据质押"为核心的金融服务生态圈是大势所趋

当前，供应链金融的环境出现了新的变化。一是供应链的全链条信息化正在进行，二是金融服务越来越重视交易数据和行为数据的收集和挖掘，三是平台建设更加重要。在这样的背景下，商业银行依托供应链构建金融服务生态圈，并以"数据质押"为核心开展综合服务是大势所趋。

1. 客户行为转变：供应链全链条信息化

商业银行供应链金融环境出现了新的变化，应整合供应链管理，达到信息共享、流程细化、过程透明的效果。通过在线订单、配送、资金清算等系统的信息化管理，实现对物流、信息流和资金流的全程掌控，提升销售、准入、评级和精细化管理水平。

2. 新型质押行为："数据质押"

在供应链全链条信息化过程中，出现了依靠交易数据进行金融服务的新型融资方式。"数据质押"指以供应链中数年积累的真实交易数据为评级和授信主要依据，服务供应链上下游，希望借此弥补贷款风险短板。这对解决金融服务风险大、成本高的问题进行了有益探索。

总体来看，融资的各个环节均以真实的交易数据为基础和核心。第一，核心企业根据供应链下游积累了数年的真实交易数据（客户的合作年限、历年销售额、销售潜

力和客户评级等）推荐优势企业；第二，商业银行同样根据上述数据，通过网络融资平台系统筛选，进行评级和授信。这种做法可归纳为以"数据质押"为核心的融资方式。在掌握了足够长度的、可持续的、完整的真实交易数据和行为数据后，可以采用经过挖掘的真实交易数据和行为数据替代传统的质押形式，这种形式称为"数据质押"；运用大数据分析技术，对交易过程中形成的能够交叉验证的真实交易数据和行为数据进行评级和授信。

（二）以数据为基础的互联网融资活动

当前，所有以数据为基础的互联网融资活动都有"数据质押"的特征，其均以真实交易数据或行为数据为基础同客户提供金融服务，将客户积累的交易数据、行为数据和信用数据引入网络数据模型，通过交叉验证技术和第三方验证判断客户信息的真实性，将客户的行为数据映射为客户的信用评价。其中，客户的行为数据是信用评级的重要依据。

1. "数据质押"银行服务回归交易本质

"数据质押"银行服务优势如下：一是摆脱了传统模式，实现了风险可控；二是无须核心企业对其上下游中小企业进行信用捆绑，大大降低了因核心企业产生的系统性风险；三是能够根据真实交易数据和行为数据，为服务对象设计有针对性的综合金融服务；四是服务对象可大可小，使普惠金融能够扎实落地。

2. 形成以"数据质押"为核心的金融服务生态圈

银行可利用平台整合数据生态链形成数据生态圈。从纵向看，供应链上下游的信息流、资金流和物流"三流合一"正在推进。从横向看，各企业之间的信息流、资金流和物流"三流合一"也在进行。假以时日，这将形成全链条的数据生态链。称其为数据生态链，是因为数据的产生是交易双方自动、自发的，具有动态调整、实时更新和可持续积累等特点。银行可通过一个平台将所有的数据生态链进行整合，并扩展为数据生态圈。在数据生态圈内，借助信息技术，无论规模大小，每家企业都可以形成以自身为中心的供应链，都有上下游企业。每家企业都是核心和节点，在其周围形成一个可以交叉验证、持续积累、360度全覆盖的真实交易数据和行为数据集合。

在数据生态圈的基础上，商业银行可构建金融服务生态圈，以"数据质押"为核心开展综合服务。在基于商业生态圈形成的数据生态圈中，每个客户都是核心，其交易数据和行为数据的可持续、可循环、全覆盖和交叉验证的可行性保证了交易背景的真实性和交易行为的稳定性。商业银行可以依托此构建金融服务生态圈。金融服务生态圈面对客户的一端,是一个完整覆盖企业客户和个人客户的、集合了企业对企业(Business-to-Business,B2B)、商对客电子商务模式(Business-to-Consumor,B2C)、个人与个人间的电子商务(Customer-to-Customer,C2C)和O2O等功能的综合电商服务平台;金融服务生态圈面对银行的一端,是集合了海量的、可持续积累的真实交易数据和行为数据的数据挖掘平台,银行利用此平台可为客户提供综合金融服务和非金融服务。

3. 金融服务生态圈对银行的作用

基于金融服务生态圈,商业银行能够获取客户足够时长、真实、可持续、可交叉验证的交易数据和行为数据,从而使用线上以"数据质押"为核心与线下实际抵押、质押为补充相结合的方式,提供以客户为中心的各种金融服务和非金融服务。

(1)开展综合金融服务。在数据完备的金融服务生态圈内,通过数据质押可以实现如下功能:第一,可有效解决小微、涉农等金融活动成本高、风险大的问题,将成本和风险降低至正常水平之下,是一条高效、批量拓展三农、小微客户的新途径;第二,使银行能够从多方面、多角度了解客户的资金动向和金融需求,实现基于真实交易和"数据质押"的结算、融资、理财、保险、租赁等一站式综合金融服务,促进产品交叉销售;第三,能够在平台上搭载互联网借贷平台(Peer-to-Peer,P2P)、众筹等新型互联网金融服务,在平台积累了足够多的客户和数据之后,完全可以开展P2P、众筹之类的新型互联网金融产品和服务,挖掘低经济资本占用的新兴利润增长点。

(2)开展非金融服务。金融服务生态圈不仅能够获取客户的金融需求数据,还能够获取非金融的物流、品牌偏好等数据,可以基于这些数据开展自身的以及与第三方合作的非金融服务。

(3)提供综合资讯。通过金融服务生态圈,银行能够真实、充分地掌握客户的生产、经营和消费等数据。基于这些数据,银行可以多方面、多角度地发布行业的、区域的乃至整个经济和社会的经济运行先行指数、预警指数和实时指数等数据和资讯。对内,有助于洞察市场变化,提前防范和化解系统性风险;对外,既能提升自身品牌价值和市场影响力,又能为政府监管部门的决策提供重要参考。

(三)未来供应链金融服务的重要趋势

构建以"数据质押"为核心的金融服务生态圈,将成为未来供应链金融服务的重要趋势。对于商业银行而言,应以供应链为切入点,以互联网金融服务平台为基础,分两个层次构建以"数据质押"为核心的金融服务生态圈。

1. 纵向以核心企业为基础

将整个供应链上的企业纳入互联网金融服务平台，构建金融服务生态链平台。通过"银行搭台＋信息共享＋交易撮合"的方式，推动核心企业进入电子商务服务平台，进而将其上下游企业都纳入，使整个供应链上的企业都在此平台上进行交易活动，从而构建金融生态链服务平台。借助此平台，充分利用大数据技术带来的多维数据比对和信息对称优势，以整个供应链上形成的交易数据为基础，尝试采用线上"数据质押"与线下实际抵押、质押相结合的方式提供金融综合服务。

（1）借助真实交易数据，降低风险和成本。从数据分析入手，主动掌握业务背景的真实性，只要贷款客户与核心企业具有长期、稳定的供销关系，具备合格的交易数据，经核心企业推荐和银行审核，就可以获得贷款资格，有助于解决小微企业贷款风险大、成本高的问题。

（2）借助网络在线操作，流程处理高效。通过在线平台，实现客户贷款全流程网上作业，改善客户体验，满足客户"融资急"的需求。

（3）探索以"数据质押"为核心的融资服务。改变传统注重贷款客户抵质押物的模式，利用合格的交易数据对客户进行信用评级，对产品进行定价。

2. 纵横结合，以金融服务生态链平台为基础，构建金融服务生态圈

第一步，从纵向供应链角度构建数据流转的金融服务生态链平台；第二步，以金融服务生态链平台为支撑，从横向供应链角度，使链条与链条之间的数据交互、融合；第三步，以链上所有企业为出发点聚拢链外客户，以开放、共享的理念与其他平台合作，构建金融服务生态圈。

（1）链环上相互融合的聚集效应。聚拢外围客户群体。一方面，将供应链上下游中小微企业的外围客户群体吸引至平台，通过辐射效应扩大客户群体规模；另一方面，借助交易信息发布和撮合机制，吸引更多的有交易意愿的中小微客户加入平台。以此探索基于真实交易数据的、以"数据质押"为核心的结算、融资、保险、理财、租赁等一站式金融综合服务。

（2）开放的理念聚合客户群体。广泛与第三方平台合作，获取更广泛的客户群体。与物流企业、电子商务企业、第三方支付平台等对接，与会计、法律、商务代理等生产性服务平台对接，与经济金融相关的政府公共服务平台对接，吸纳更广泛的客户群体。

任务五　高端物流和智慧物流的探索

一、高端物流的探索

高端物流刚开始受到社会各界的关注和重视，其整合与提升成为中国现代物流的主旋律。高端物流成为物流业探索与研究的新重点，高端物流的优势在于综合技能、集成技能、战略策划、区域及全球拓展能力等方面。发展高端物流，应构建高端物流研究组织或高端物流联盟协作机构，形成并推进高端物流发展优势，从多个方面加强供应链及物流系统策划整合、实施能力的培养和投入；从专业化、系统化、开放性、连续性出发，使高端物流能够承上启下地投入实践应用中去，从而推动物流业不断向高端迈进。目前，我国高端物流提供商很少，规模和影响力都不大。普通物流提供商提升并转化为高端物流提供商的关键在于，供应链及物流系统策划整合和实施能力。

（一）高端物流的概念、特征及特点

1. 高端物流的概念

高端物流的狭义概念为"物品价值相对比较贵重，物品运输要求比较严格，物流的特殊性需要特殊器材或有特殊限制或特殊服务要求，以及特种技术服务或采用高科技手段等因素的物流活动"。

高端物流的广义概念："物流过程中资源整合、优势互补、物流一体化、分工协作的产业链，是一个以供应链为核心的物流集成系统。其包含物流策划与供应链的管理咨询服务；物流与供应链解决方案的设计；物流与供应链的实施与控制；物流与供应链的运作与管理；全球化的网络服务；物流信息化及信息网络服务；供应链上多个环节的资源整合服务；物流的特殊服务。"

2. 高端物流的特征

第一，现代物流业的发展，具有高附加值、高效益、高时效、高科技含量、高人力成本、高开放度产业带动力、低资源消耗和低环境污染"六高两低"的特征，体现了物流系统的核心，使物流业在各方面实现了质的飞跃。

第二，高端物流以供应链一体化为竞争手段，突出"高端品质"的服务流程，规

模化运营，技术性、操作性强。在高端物流的系统运营和流程优化过程中，需要不断提高满足高端客户需求的能力和高端物流运作的能力。信息系统是高端物流业务模式最集中的体现，先进的信息技术成为服务高端物流的重要支持手段。

3.高端物流的特点

第一，高端物流服务不是目的而是手段，对于企业来说希望达到的目标是节约物流费用，从物流中挖掘最后的利润。

第二，高端物流服务的目标是高端产业领域，高端产业附加值高，对物流服务质量有更高的要求，因此服务功能和服务能力显得特别重要，具体如下：

快：引进了一体化概念，保证了敏捷的应变反应以及最快的速度，可提供所有最新技术和科技手段的服务。

专：为现代高端产业着想，为现代高端产业服务。

高时效：保证了时效性和服务效率。在高质量的服务中获得竞争优势，以最快速度、最佳时间、最优组合完成商品从生产领域向消费领域、流通领域的转移过程，同时为高端物流服务商带来丰厚的利润。

高效益：保证了经济效益和社会效益的双丰收。

第三，高端物流基于"物流信息化"来支撑整个活动，要做到这一点，需要现代信息技术的支持。

4.高端物流"九链"环原则

一是需求链原则。需求链是高端物流的前提和基础。

二是资源链原则。资源链是支撑高端物流发展的条件。

三是资金链原则。资金链是高端物流运作与发展的根本。

四是人流链原则。针对高级人才流向的特点，更应该抓好高级人才资源工作，营造具有强大吸引力的人才环境。

五是商流链原则。商流链是指高端物流环境的活跃程度。

六是信息链原则。高端物流必须做好信息资源这个"链"，利用信息化增强高端物流的竞争力。

七是经营链原则。经营的重要目的是经济效益，因此，高端物流在服务增值方面谋求经济效益。

八是持续链原则。高端物流持续发展依靠不断创新，注重技术向高层次、高附加值方向发展。

九是价值链原则。价值是衡量价值链的标准,最终以经济价值和社会价值来评价高端物流。

高端物流实质上就是通过实现"九链环"原则,实现了需求链与价值链的完美结合。

(二)高端产品的概念、特点及特征

发展高端制造业与发展高端物流业不是割裂的,而是相辅相成的关系。高端物流自然涉及高端产品,因此有必要对其基本概念、特点及特征进行探讨。

1.高端产品的概念

高端产品通常是指技术性很强的、高科技的、性能优异的、功能较好的、安全性和附加值相对较高的商品,通常还有质量保障和售后服务保障体系。

2.高端产品的特点

高端产品通常是附加价值高的商品,附加价值高的商品都具有独特的优势,具备一种或多种特点。

一是产品的科技含量高,在新产品设计和旧产品改造中,采用高新技术成果,或者采用了新技术、新材料、新工艺、新设备等。

二是产品性能优异,款式新颖,功能完美,信誉度、商誉度、品牌知名度高。

三是具有较高的文化品位和人文艺术元素,在设计、造型、色彩和表面处理上令人赏心悦目,或者具有特殊意义或功能价值,或者具有鲜明的历史、文化特点。

四是绿色环保安全产品,对环境无害或危害甚微,材料、资源利用程度较优,对人类、环境、社会贡献较大。

3.高端产品的特征

一是高端产品是一种与市场需求状况有强烈反应和互动作用的、投入少的、产出多的、功能性比较强的、价值偏高的产品。

二是高端产品随着需求变化变成某种珍贵性或稀缺性的产品。

三是高端产品的利润从制造环节转向销售环节,进而转向消费环节。

四是高端产品也不一定完全等同于高科技、高消费、高档次产品。

五是高端产品通过某个加工环节后,产品大幅增值,产品的绝对价值高,产品利润较高。

六是高端产品可承受的物流服务费用通常空间较大。

（三）高端物流成为物流探索新的重点

高端物流的运作模式分为自营提升模式、协作经营模式、行业创新模式、产业革新模式。

高端物流的机制包括物流策划、基础设施、服务内容、行业经验、营销能力、技术能力、网络服务、人力资源管理、资源应用、管理与整合、行业定位、创新能力、物流咨询和培训、企业机制等。

高端物流服务体系主要包括高端物流服务和高端物流服务提供组织。

1. 高端物流服务

物流服务的提供从运作层面来看可以分为初级、中级和高级；物流服务的提供从演变层次来看可以分为粗放型、精细型和智能型；从物流服务的能力来看，物流服务有弱、强之分；从物流服务的发展空间来看，物流服务有大、小之分；物流服务的提供从技术层面来看，可以分为低端物流服务、中端物流服务和高端物流服务。

2. 高端物流服务提供组织

高端物流服务提供组织是指有一定经济实力，建立了强大的物流服务网络，具备信息技术、物流策划和增值服务能力，提供物流咨询和培训，物流整合、实施运作实战，多方关系协调管理的组织。

第一，高端物流服务具备物流研究策划能力。

第二，高端物流实施运作包括业务流程管理、业务流程具体运作、物流运作行业经验、全球化网络及其管理支持。

第三，高端物流技术包括信息系统的设计、开发、集成与实施，供应链系统集成及 IT 培训。通过物流信息化系统可以有效开展物流业务，信息化、集成化、规模化、技术化、实时化、网络化、数据化和智能化是高端物流信息系统的主要特点。

供应链集成方案的目标是增强供应链各环节速度的持续性，以及提高从采购到分销环节运输的透明度，同时为客户和合作伙伴提供高效率、低成本、有竞争优势的客户服务和物流过程管理，以及数据采集等信息服务，实现运作的规模化及具备迅速进入市场的能力。因此，信息化能力对高端物流十分重要。

(四)高端物流存在的不足和建议

1. 高端物流存在的不足

(1)供应链和物流系统策划整合能力不足,不能为客户提供一整套综合的、高效的供应链解决方案,难以获得高端客户的信赖。

(2)供应链管理和运作能力不足,难以为高端客户提供供应链和物流解决方案,无法形成竞争能力。

(3)服务网络的地域覆盖能力和信息技术支持能力不足,国际服务网络的地域覆盖能力和信息技术支持能力不足。

(4)我国高端物流提供商明显缺乏在市场竞争中保持持续竞争优势的能力,直接导致高端物流提供商在规模、市场和业务拓展等方面发展缓慢,严重阻碍了我国高端物流的发展。

2. 高端物流发展的建议与措施

(1)企业组织结构的改善甚至重组是改革企业核心和运作流程的根本所在。

(2)改革企业的运作及业务流程,使供应链与物流系统整合,使系统顺畅、高效运行。

(3)供应链及物流系统策划整合、实施能力的获得最终体现在人的方面。

(4)高端物流大致有4种运作模式,各运作模式所要求的高端物流服务提供商的规模、能力特点各不同,必须审慎选择合适的高端物流运作模式。

(5)我国已经初步形成的高端物流提供商必须根据自身的实力与特点,以及所处市场特点和客户特征来适应市场竞争,从而形成在供应链及物流系统策划整合能力上的优势。

(6)我国目前高端物流提供商很少,而且规模影响都不大,因此,我国物流提供商尚需要努力以提升转化为高端物流提供商,并积极参与国际竞争。

(7)高端物流是个新兴概念,高端物流建设是科学、系统的过程,高端物流自然成为物流这个朝阳产业的骄子。发展高端物流,应从专业化、系统化、开放性、连续性出发,使高端物流能够承上启下,并且投入实践应用中去,从而推动现代物流不断向高端物流迈进。

(五)高端物流的前景展望

高层次的服务功能是高端物流的重要基础和重要支持力量,应从市场因素出发,创建有利条件，发展高端物流，争取高得各级政府更大力度的支持。

发展高端物流，培育高端物流，创新促进建立流通服务体系，创新服务模式，营造一流的高端物流发展和运营环境，促进内外贸进出口量增长。

高端物流通过产业聚集，提高服务质量，使高端企业能方便地寻找到不同特色的高端物流提供商，这些高端物流提供商之间因为有较多的合作关系而形成了默契的一体化物流服务体系，这在产业链中体现出来的正是高端物流的作用和优势。

高端物流对于我国物流产业的发展和成熟起到巨大的推动作用，有利于我国本土物流企业获得与国际物流巨头竞争的公平环境和良好的发展氛围，对于本土物流企业快速发展起到催化剂的作用。

增强物流企业的竞争能力，实现优势互补，形成集合优势和竞争优势，从而将社会上的优良物流资源有效地吸引到一起，使高端物流进一步有序地运作和竞争，有效地配置社会物流资源。

我们正处在变革的时代，以科技为主体的进步、全球经济结构调整、国际分工中的作用与物流迅速发展日益突出是时代的大潮流，中国高端物流必将发展成为全球供应链体系的重要组成部分。

二、开启智慧物流新时代

2013年11月10日，中国物流学术年会在福建省福州市西湖宾馆召开，中国首届智慧物流和智慧物流产业园区发展论坛由中物策（北京）工程技术研究院和IBM公司承办，论坛上提出了智慧物流和智慧物流产业园区的概念与特征。

（一）智慧物流开启物流行业一个崭新的时代

智慧与物流合称"智慧物流"，随着信息、金融、电子商务、物联网、人工智能等要素的注入，物流发展向高级形态演进。"智慧物流"不是晦涩的概念，而是一种思维与趋势。从智慧物流到智慧物流产业园区，就像市场细分一样不断细化，宏观理论被不断理解和细化，最终指导实践，这是历史不断发展的结果，也是人们思维不断探索和创新演进的结果。

物流从来没有离开智慧。近年来，智慧物流的概念随着智慧城市、大数据、云计算和电子商务等热点词汇，以一个全新的面貌呈现在人们的视野中。智慧物流是技术成熟和配套完善积累的结果，也是资本逐利的结果。物流行业对成本具有天然的敏感性，因此，以物流技术驱动智慧物流发展的道路并不完全通畅，市场才是真正的推手，力量来自思想外的资本追捧。

1. 智慧物流的概念

智慧物流是指将互联网与新一代信息技术应用于物流业，实现物流的自动化、可视化、可控化、智能化、信息化、网络化，从而提高资源利用率的服务模式，以及提高生产力水平的创新形态。

2. 智慧物流的含义

智慧物流的含义是优化的高效运作模式促进资源配置，实现管理订单化，合理优化库存，降低经营风险和物流成本。借助智慧物流连接数据模式和体验，可以推动供应链升级，促进社会产品的生产与流通。

3. 智慧物流的特征

智慧物流的特征：从企业层面看，智慧物流是一种创新模式；从技术层面看，智慧物流是新技术改变行业的驱动力；从行业层面看，未来的智慧物流是一种社会化的、颠覆性的高效物流系统；从时间层面看，未来的智慧物流是一种可持续发展的物流状态。智慧物流开辟物流行业的新时代，推动协同物流模式创新管理，引入先进管理经验和体系，将智慧融入科学管理之中。

4. 物流作业效率的提高

智慧物流通过对数据采集、跟踪分析并建模，运用新技术对业务流程进行优化升级。结合北斗导航定位系统实现智能管理和可视化管控。在库存管理中充分发挥数据的力量，完善各类预案，实现智慧物流管理。智慧物流的发展趋势是信息化、智能化、集约化和小批量定制，互联网及时反馈需求信息，需求信息将快速到达系统，从而提升物流作业效率、降低运营成本。通过创新引领，充分发挥技术优势，建立智慧物流生态体系，促进中国物流业的飞跃发展。

（二）智能物流

1. 智能物流的含义

利用先进的物联网技术，对收集的大数据进行处理，对物流各个流程实现精准监控，提高物流作业效率，降低物流成本。

2.智慧物流与智能物流的区别

(1)智慧物流能够实现从感知到决策的流程。

(2)智能物流不等于智慧物流,关键在于其不能代替人做决策。

(3)智能物流的能力聚焦于"知晓",聚焦于系统执行形成的闭环。系统只知其然,不知其所以然,还不具备智慧能力。

(4)智慧物流的优势在于执行与感知能力。

(三)物流园区是衔接智慧物流的重要载体

物流园区强调资源整合,以及智慧物流要素的构建,其发展具有极强的实质作用。物流园区未来发展的必然趋势是提高资源开发利用水平,加快信息化体系建设。

智慧物流产业园是智慧物流由理论落到实地的最佳着手点。物联网技术、智慧科技融合于物流园区,使物流园区成为物品、信息、物质、资金交流的"大舞台"。近年来,智慧物流相关领域研究不断深入,为相关项目运营提供了智力支撑。

1.智慧物流产业园区的概念

智慧物流产业园区是指以"智慧化"的创意状态和"智能化"的科学技术策划、规划、开发、建设、提升、管理和运营的物流企业集结聚合服务基地。

2.建设智慧物流产业园区的目的

智慧物流产业园区的建设,是为了让物流园区更加充分地发挥价值,以智慧化的方法来解决投资者、行业和政府关心的核心问题、疑难问题,最终让人和物、企业和市场、园区更加和谐,以促进社会的和谐发展。总而言之,"智慧"是为了更好地开发、建设物流园区,以更好地为社会服务。

新时期要有新思路,更要有新作为,应发挥智能化优势,实现订单的便捷管理,以及全流程的可视化和智能化;应关注客户需求的新变化,开发体验式服务。

3.物流园区的发展

物流园区的升级改造是当前的重要探索领域,面临技术、物流仓储、产销等方面制约电子商各行业快速发展的挑战。智慧物流园区为电子商务行业物流难题解决提出了重要思路,物流园区的升级转型成为国家物流与供应链枢纽城市的载体。

智慧物流产业园区开启电子商务和产业园区发展新时代。智慧物流产业园区将是未来发展的趋热。"电子商务"和"资本"两大推动力,在一定程度上正在倒逼传统物流产业园区加速转型升级。基于传统物流产业园区转型升级的需求，运用智慧化的思维，不断探索智慧物流产业园区建设的技术方案。智慧物流产业园区强调的是以智慧化思维贯彻服务产业，推动新一轮产业发展。

智慧物流产业园区能够利用产业及其土地的物业服务、增值服务等资源，通过策划建设价值最大化的资源整合体。无论对于具体项目还是智慧物流大环境，科学设计、合理布局、升级创新物流园区都远远比"空谈形式"和"空置园区"有意义。物流园区智慧化需要探路者，应该用智慧大脑去创造智慧物流的明天。

（四）积极推动智慧物流项目

智慧物流园区建设应发挥示范引领作用；应鼓励智慧物流设施设备与信息系统建设，推动企业与社会智慧物流系统融合，积极推进智慧物流产业发展；制定科学的人才培养方案，推动智慧物流专业建设，运用联合模式加强智慧物流人才培育。

智慧物流仓储系统以立体仓库满足物流需求。随着机器人等新技术的应用，智慧物流仓储系统成为解决智慧物流存在问题的最佳方案。

在新零售时代，"线上线下一盘货，服务产品一体化"。在智慧物流体系中，物流资源参与物流环节，大数据促进供应链优化，以提高物流配送效率；智能仓储就近出库，根据订单装车，自动将货物运输到指定位置。未来，大数据分析形成数据后，品牌商发货的模式将更改为直发，货物不动数据动，使路径最优。依托"互联网"云仓，电子商务发展了智能化仓储模式，基于智能自动化装备和信息化软件集成应用，智能云仓成为智慧物流的中坚力量。

（五）智慧供应链的特点及发展

全球经济已进入供应链时代，在数字化智能背景下，打造智慧供应链是竞争中获得优势的关键。

（1）智慧供应链的概念是指整合人工智能技术，集服务各类产品、智能化于一体的供应链服务体系。

（2）智慧供应链的模式是通过数字化与智能化的整合，利用动态的管理方式，发挥智慧供应链的智能化优势，推动供应链创新协同和程控化模式发展。

（3）智慧供应链的特征：在整条供应链中，能深入洞察新势能和新格局，主动谋求创新发展、优化产业结构，为供应链发展创造新机遇。

（4）智慧供应链的特点。市场要素、技术要素和服务要素是智慧供应链具有的特点，具体包括：①侧重全局系统优化，注重供应链的绩效；②强调信息分享和协同，通过感知形成计划聚焦流程端到端整合形成智慧供应链；③提升服务精准性和有效性，促进服务迭代升级；④强调切入平台功能，涉及供应链全流程要素；⑤基于全价值链流程再造，推动动物流、采购、配送精益化。

（5）智慧供应链对制造企业的影响。随着智能制造技术的发展，智慧供应链与生产系统连接，物联网融合智慧供应链，通过智慧供应链提供智能服务，这将从根本上改变制造业的运作流程。人工智能、云计算等技术的发展，将提高智慧供应链管理效率，进而促使智慧供应链发展迈入新阶段。

（6）智慧供应链未来发展的具体表现：①努力在极其有限的空间里传达最大量的信息；②用最小的空间有效存放更多的货物；③用最短的时间以最快的方式传递更多的货物；④用最快、最有效的方式推动市场兴旺和繁荣；⑤供应链将以"智慧化"状态和"智能化"技术为主；⑥电子商务企业、快递、物流、仓储、信息、金融融合联动发展；⑦有利于全球供应链带动生产和消费的发展。

（六）智慧供应链建设当前挑战及未来路径

目前，智慧供应链缺少整体战略策划，智慧供应链的构建可推动智能制造行业的发展。

1. 强化供应链战略

我国供应链系统基础薄弱，对供应链的本质认识尚需提高。没有智慧供应链战略，就没有价值引导。应制定智慧供应链发展战略，明确物流产业发展方向，引领物流产业迭代升级，以实现智能化发展目标。

2. 协同合作打造智慧供应链平台

供应链上下游企业协同互动，通过物联网技术融合，构建智慧供应链平台，实现与上下游资源的联动，集成形成共享智慧供应链生态圈。

3. 培养和引进供应链人才

人才是智慧供应链系统构建的关键。应注重供应链人才的培养，着重从人才建设角度出发，一是培训，为供应链系统的构建提供保障；二是与高校院所合作，形成产学研用人才培养模式，为智慧供应链注入新鲜血液。

4.上下游深度协同合作,加快智慧供应链建设步伐

在大趋势下,上下游深度协同合作,加快智慧供应链建设,加快转型升级,推动物联网技术落地应用。

【思考题】

(1)大数据的发展历程?

(2)大数据技术与物流的结合有怎样的必要性?并分析其可行性。

(3)物流大数据有哪些类型?

(4)物流大数据有哪些应用模式?

(5)简述高端物流与智慧物流在新时代的发展趋势?

项目二　物流大数据技术支撑

【案例导入】

AI 在顺丰速运的应用

一、"天网+地网+信息网"背后 AI 赋能智慧物流布局

顺丰已形成拥有"天网+地网+信息网"三网合一、可覆盖国内外的综合物流服务网络。其中，天网方面，顺丰提前布局，储备了空侧场地、飞行员资源、航权时刻等稀缺资源，地网方面，顺丰还提前布局了物流场地资源，致力于打造"快递+"和"互联网+"双核驱动的物流场地及产业园服务生态圈；信息网方面，顺丰地图的精度比人们日常使用的互联网地图更高，可根据车辆的不同高度精确设计路线。

在这三个网，尤其是地网和信息网的构建中，顺丰已经部署了人工智能，以新技术打造智慧物流，通过大数据、云计算、智能硬件等智慧化技术与手段，提高物流系统思维、感知、学习、分析决策和智能执行的能力，提升整个物流系统的智能化、自动化水平，从而推动物流的发展，降低物流成本，提高效率。

这个过程中，顺丰在做的不是裁撤快递员等员工职位，而是基于为快递员减负的目标去部署人机交互和机器人作业，运用人工智能的技术，打造数字化快递员，减轻员工工作负担，提升工作效率，让员工更开心、更轻松地工作。

正如顺丰科技人工智能首席科学家刘志欣在网易经济学家年会上发表的演讲所言："我们研究 AI，研究大数据等，都是用来减轻员工的负担，以人工智能为驱动的机器来大幅提高员工的工作效率，只是人类的工具而已。"刘志欣表示："我们也一再表明，顺丰是不会因为人工智能、机器人等技术减少顺丰员工的就业机会的。"

可以说，顺丰智慧物流的布局虽然已经越来越常态化地使用人工智能技术赋能，但是其目标是与快递员等员工进行融合，减轻人的体力劳动，增加人工的科技含量。

二、帮助更多人就业、守业——顺丰可持续的 AI 玩法

经过人工智能武装的智慧物流系统能够助力快递员的数字化，在减轻快递员工作负担、提升配送效率的同时，带来用户体验的提升，进而形成员工＋用户＋顺丰的共赢。人工智能可以把人从重复性的工作中释放出来，让人能够去做更有价值和意义的工作，提升用户的体验，创造更高的价值。除了在收派环节的终端，在快递员装车、卸车、分拣等环节中，套在快递员手指上的智能指环都可轻松扫描快件运单，解决了手持着终端进行扫描而影响搬运的问题，提升了工作效率。此外，诸如机械臂、实时路径规划等技术的落地也让顺丰的仓配效率得到了有效提升。

任务一　智能物流的现代先进技术依托

一、智能物流对大数据的功能要求

物流产业的智能化在一定程度上提高了物流企业的效率和竞争力，但仍然存在不少困难和问题。当前，我国智能物流业还处在初级阶段，应着力解决其发展过程中遇到的困难，最终促进我国智能物流产业的发展和进步。

（一）感知功能

"感知"是对事物、人物、环境或想法的感知，即获取信息、收集信息的方式。

感知功能是指运用各种现代先进技术获取运输、仓储、装卸搬运、流通加工、配送、信息服务等各环节的大量信息，实现实时数据收集，使各方能准确掌握货物、车辆和仓库等的相关信息，初步实现感知智慧。

（二）规整功能

"规整"指规范、调整，使合乎规范、合乎标准。规整智慧指运用现有的规则调整、梳理、矫正、改变已经存在的东西。具有规整功能的装置包括输送机构、输送连接装置、连接控制装置。

规整功能是指在感知之后将采集的信息通过网络传输到数据中心，用于数据归档，建立强大的数据库，并分门别类地整理，使各类数据按要求规整，实现数据的联系性、开放性、动态性。通过标准化数据和流程，推进跨网络的系统整合，实现规整智慧。

(三)智能分析功能

智能分析功能是指运用智能的模拟器、模型等分析物流问题,根据物流问题提出假设,并在实践过程中不断验证问题、发现新问题,做到理论与实践相结合。在物流作业过程中,系统会自行调用原有经验数据,随时发现物流作业活动中的漏洞或薄弱环节,从而实现发现智慧。

(四)优化决策功能

优化能力是指在对比分析中进行优劣排序、好坏分等,抑制落后、提携先进的能力。当决策对象众多时,决策主体需要权衡比较,将不满意的对象剔除,将满意的对象保留。优化能力以认识能力为基础,对决策对象进行全面观察、深刻了解,以实现有的放矢。

确定标准和运用标准是优化能力的关键。优化的标准可以是事前已制定的规范,也可以是事中决策主体临时树立的标杆,后者能体现决策主体的素质高低。运用已确定的标准对决策对象进行优化有3种方法:一是主观判断,谁好谁坏由决策主体的意志选定;二是逻辑分析,用科学思维排出好坏次序;三是定量衡量,采取科学方法对决策对象进行定量分析,并分出优劣。决策者优化能力的高低反映在如何灵活应用以上3种方法也反映在应用时间和成本上。3种方法结合得好,优化速度快,耗费成本低,优化能力就强;否则,优化能力就弱。

优化决策功能是指结合特定需要,根据不同标准评估成本、时间、质量、服务、碳排放等情况,并进行预测分析,以协同制定决策,提出最合理、最有效的解决方案,使决策更加准确、更加科学,从而实现创新智慧。

(五)协同功能

在大数据作用下,物流生态系统呈现新的发展态势。运用协同理论,在大数据生产要素的推动下,可实现物流生态系统环境协同、种群协同和个体协同,为物流企业构建良好的生态系统。协同系统是以自有产品和技术为核心,整合国内外知名技术服务商的优势技术实现的,旨在提供成熟、高效、完美的解决途径。

协同效应就是"1+1>2"的效应。协同效应分为外部协同和内部协同两种:外部协同是指一个集群中的企业由于相互协作共享业务行为和特定资源,能够获得比一家单独运作的企业更高的盈利能力;内部协同是指企业生产、营销、管理的不同环节、不同阶段、不同方面共同利用同一项资源而产生的整体效应。

系统智慧集中表现在智慧物流系统并不是各环节各自独立、毫不相关的物流系统，而是各环节相互联系、互通有无、共享数据、优化资源配置的系统。智慧物流系统可为物流各环节提供最强大的支持，使各环节协作、协调、协同。

（六）自动修正功能

自动修正功能是指在前面各项功能的基础上，按照最有效的解决方案，使系统自动遵循最快捷、最有效的路线运行，在发现问题后自动修正，并将问题及修正方案记录在案，方便日后查询。

（七）及时反馈功能

物流系统是一个实时更新的系统，反馈是实现系统修正、完善必不可少的环节。反馈贯穿智慧物流系统的各环节，为物流相关作业者了解物流运行情况、及时解决系统问题提供了强大的保障。

（八）数据挖掘功能

1. 数据分类

数据分类是数据挖掘最常见的功能之一，即将分析对象以不同的属性进行分类、定义，建立不同的类组。数据分类是指针对未发生的结果进行预测分类，主要包括归纳和推论两个步骤，其主要目的在于提高分类的准确度，建立分类规则，再评估准则的优劣。数据分类常用"判定树"算法。

2. 数据估计

数据估计是指根据不同相关属性数据的连续性数值，找出各属性之间的关联性，以了解并获得某一特定属性未知的连续性数值。数据估计常用"回归分析""类神经网络算法"。

3. 数据预测

数据预测的目的在于以其他属性的值为基础来预测特定属性的值。这个被预测属性的值通常被称为目标变量或因变量；而其他属性的值则被称为解释变量或自变量。数据预测的主要方法在于建立数据中因变量与自变量之间的关系。

4. 数据关联分组

数据关联分组主要是用来发现数据中特征属性间具有高度关联性的一种模式，其所发现的模式通常使用规则来表现。

5. 数据聚类

数据聚类主要是利用数据中类似或相同的项目,将同构型较高的数据区隔为不同的聚类,聚类内数据相似度越高越好,聚类间差异度越大越好。在一大群的研究对象中,由于研究目的不同,必定会有异质化的现象,但异质化的现象可能是几个同质化的群组所造成的。数据聚类的主要目的就是将不同的同质化的组别差异找出来。数据聚类常用"判别分析""聚类分析算法"。

6. 数据循序

用物流数据库的若干已知字段预测或验证其他未知字段值就称为数据循序。数据循序是循序渐进的一个过程,应坚持分期分类,根据资源优势、社会生活、经济发展水平等,使物流数据库的智慧程度有序推进,更好地满足大数据的技能要求,准确找到描述数据的可理解模式。数据循序的方法包括数据分类、回归分析、簇聚、概括、构造依赖模式、变化和偏差分析、模式发现、路径发现等。

二、智能物流对大数据的技术要求

大数据技术应用越来越广泛,对各行各业的发展带来了巨大的影响,物流行业也不例外,智能物流模式应运而生。智能物流在海量数据和分布式处理需求的推动下,发展越来越迅速,其中,海量数据需要大数据技术作为支撑,分布式处理能够很好地处理现代物流遇到的复杂问题。人工智能与设备的结合将取代大部分物流作业,机器的智能会大幅发展,做出更"聪明"的决策,追求效率与成本的最优化。大数据涉及的信息量规模巨大,大数据技术使人类认识世界的思想和方法发生改变。智能物流利用集成化、智能化、移动化技术,使物流系统具有思维、感知能力,智能物流已成为现代物流经济发展的必然趋势。

(一)先进的、可靠的数据传输技术

数据源与数据宿之间通过一个或多个数据信道或链路,共同遵循一个通信协议而进行数据传输。在情报技术中,传输技术主要用于计算机与计算机之间、计算机与数据库之间、计算机与终端之间、终端与终端之间的信息通信或情报检索。典型的数据传输系统由主计算机或数据终端设备、数据电路终端设备及数据传输信道(专线或交换网)组成。数据传输过程是指将人们要传送的文字、图像或语言信息经机电转换、光电转换或声电转换的人机接口变成设备内的电信号,再变成适合信道传输的信号,送到数据传输信道。移动互联网发展越来越快,其能在与其他网络融合的基础上,依靠可靠的数据传输技术为智能物流提供信息交流和共享的可靠通道。

(二)有效的物流过程控制技术

随着市场经济的发展和物流管理水平的提升,物流过程控制更加受到企业的重视。物联网先进的信息流通能力与有效的控制能力使产品运输过程涉及的各项运输活动和环节都处于受控制状态下,可确保产品安全、快速地送达客户指定的地点。

(三)物流信息资源的安全保障及数据管理技术

物流业不同于制造业,其经济效益完全依赖信息的流畅,如何有效利用信息资源是物流业的重要问题。物流信息系统点多面广、结构复杂,应基于数据安全保障和数据管理机制,结合物流管理技术,实现面向行业的智能数据交换。对于采购、生产、物流及仓储管理等环节存在的问题,应运用安全、高效、及时的数据采集方式,提高资源利用效率和有效性,支持和改善采购和经营流程,同时保证系统之间信息资源的安全性。物流信息监管系统能够在分析物流行业的管理数据的同时利用大数据技术对海量信息资源进行集中化管理,从而提升物流企业数据资源的利用率。

(四)流畅的物流大数据交换技术

大数据技术挖掘隐藏在数据资源中的价值。物流大数据技术能够将所有数据有效结合,形成即时信息平台,在供应链系统详细分析后,提出有指导意义的解决方案。智能物流系统需要具备一套与其他信息系统实现互联和信息共享的标准化通信和传输协议,以实现多个异构系统的交互。目前,不同智能系统的数据交互主要应用Web Service 技术,使用开放的标准来描述、发布、发现、协调和配置相关应用程序,实现数据相互交换或集成。

三、大数据在智能物流领域应用的技术趋势

在大数据时代下,传统的物流信息系统中的配送模式已不能满足物流行业的发展需求,因此需要不断进行技术创新,以大数据技术为支撑,掌握配送流程的详细情况,以对此类信息进行采集、分析、比较,进而选择最佳的方案,促进物流产业高质量发展。物流产业发展已经走进智能化阶段,国内各大物流企业都在深化探索物联网在物流领域的智能化解决方案。物联网发散式、规模化扩展为物流产业智能化发展奠定了

坚实的理论和现实基础。

（一）移动化

移动化是指在由现代移动通信技术、移动互联网技术构成的综合通信平台的基础上，实现管理和服务的移动化电子互动的过程。移动化是指行业特定的软件可以移植到终端使用，移植模式灵活、方便，能够满足应急突发性事件与信息体系的全方位顺畅沟通需求。

伴随着移动互联网、智能手机的广泛应用，智能物流数据应用的便捷性需求不断提升。利用智能终端设备，随时随地在平台上进行信息和服务的发布、获取，以及车辆、人员的跟踪定位等操作，需要平台为使用主体提供网站、客户端、App等多渠道、多方式的交互方式，借助移动设备提高服务的便捷性。移动互联网是互联网的技术、平台、商业模式和应用与移动通信技术结合并实践的活动的总称，是智能移动终端高效、便捷的服务模式。

（二）实时化

世界正在走向交流实时化。大数据通常分为两类：一类是批式大数据，另一类是流式大数据。如果将数据当成库，库里面存在的就是批式大数据，进来的就是流式大数据。当前，越来越多的企业选择流处理。流处理打破了传统的数据分析和处理模式，即在数据最终积累和落地后，再针对海量数据进行拆分处理，然后进行分析统计。传统的数据处理模式很难真正达到实时化要求，这让流计算成为大数据实时化的代名词。

（三）智能化

智能化是指在大数据技术的支持下，能动地满足人的各种需求的属性。例如，自动驾驶汽车就是一种智能化的事物，它将传感器、物联网、移动互联网、大数据分析等融为一体，能动地满足人们的出行需求。自动驾驶汽车之所以是能动的，是因为它不像传统的汽车需要人为操作驾驶。

（四）云计算化

云计算是指通过大量在云端的计算资源进行计算。例如，用户通过自己的计算机发送指令给提供云计算的服务商，服务商提供的大量服务器进行"核爆炸"计算，再将结果返回用户。

互联网相关服务通常涉及动态、易扩展、虚拟化的资源。"云"是网络、互联网的一种比喻说法，后来也用来表示互联网和底层基础设施的抽象。云计算甚至具备每秒10万亿次的计算能力，这么强大的计算能力可以模拟核爆炸，以及预测气候变化和市场发展趋势。用户可以通过计算机、笔记本电脑、手机等方式接入数据中心，按自己的需求进行计算。

云计算、标准化等技术的发展促进了资源在不同平台间的共享。使用主体之间、不同信息平台之间需要借助智能物流公共服务平台这一载体，实现资源共享，使信息的利用价值最大化。针对企业信息化建设需求，平台应用云服务技术开展应用托管服务供中小企业租用或购买。平台提供标准化接口，实现与其他信息平台的互联互通。

（五）信用保障

信用保障就是保障信用正常运动的制度，信用保障是信用运动的客观要求。各企业为了使信用能够正常运动，通过建立信用保障制度来保障数据的安全，但数据被错误利用扰乱物流市场的恶性竞争行为仍然时有发生。这就对物流数据的真实性、主体的信用等级有了更高的要求。应基于物流大数据建立信用保障体系，对数据提供者和数据使用者进行信用审核和评价跟踪，同时加强平台安全技术保障，提供可靠的交易环境。信用保障服务是指中立的第三方交易担保服务平台根据用户真实贸易数据评估使用者的信用等级，帮助买卖双方解决交易过程中的信任问题，为买卖双方提供贸易安全保障及服务。

（六）可视化

对物流大数据应用服务的需求已从掌握信息上升为"一目了然"，这就是数据的可视化需求。近年来，物流行业大数据分析结果的可视化服务需求不断提升：一是需要大数据可视化平台集成不同运输方式的信息和服务；二是需要大数据可视化平台提供动态实时查询、订单服务跟踪环节链式化等功能。科学技术的发展极大地推动了智能物流可视化的发展。

（七）共享化

共享化是未来经济发展的一种趋势。共享经济的发展意味着可以利用更少的资源消耗满足更多人群的使用需求，创造可持续发展条件。共享经济风潮袭来，为我国经济增长注入一股强大的新动能。标准化、云计算等技术在物流行业的应用实现了智能物流云数据的共享最大化。

任务二　物流大数据的应用技术

在这个信息爆炸的时代，物流行业每天都需处理海量的数据，运输、仓储、搬运、配送、包装、再加工等环节产生的信息流量都非常巨大，物流企业很难对这些数据进行及时、准确的处理。通过数据挖掘、数据分析、数据转化等技术，物流大数据可用于物流规划、物流跟踪、仓储预测、市场预测等。

一、物流仿真与物流跟踪技术

（一）物流仿真技术

物流仿真技术是指借助计算机技术、网络技术和数学手段，采用虚拟现实方法对物流系统进行实际模拟的一项应用技术。借助计算机仿真技术对现实物流系统进行系统建模与求解算法分析，通过仿真实验得到各种物流动态活动及其过程的瞬间仿效记录，可以研究物流系统的性能和输出效果。物流仿真是评估物流系统配送中心、仓库存储系统、拣货系统、运输系统等整体能力的一种方法。

1. 物流仿真技术验证目标

物流仿真技术最大的优点是不需要实际设备的安装，不需要实际实施相应的方案即可验证目标，包括验证增加新设备后给企业带来的效应和设计新生产线的好坏、比较各种设计方案的优劣等。

2. 物流仿真技术分类

（1）物流系统中"流"的仿真。对于物流系统中的多种流，如货流、车流、信息流、资金流等，可以采用动态仿真描述"流"的产生、流动、消失、积累和转换等。

（2）物流系统中排队的仿真。由一个或多个服务台和等待服务的顾客组成的离散系统称为排队系统。物流系统是复杂的离散事件系统，各种设施、设备可以看作服务台，各种实体货物可以看作顾客等待接收服务。

（3）物流系统中资源的因素仿真。物流系统是通过各种人员和设备的参与实现的，这些都是物流系统中的资源。由于对各种资源的规划不同，物流服务质量和运作效率也各有差异。利用计算机仿真技术描述人和设备的行为过程，可以得出较优的物流系统组织方案。

构建物流系统投资巨大，存在一定的投资风险，若物流系统建成后有不合理的地方需要改造，成本将非常高。利用物流仿真技术可以模拟物流系统各模块的运行状况，并得出适应发展、经济有效的设计方案。

3.物流系统仿真技术的主要优点

复杂的物流系统可以利用仿真技术构建模型；构建新的物流系统时，无须实际建设投资，可先利用计算机仿真模拟对新的物流系统进行可行性和效率评估，可以通过调整目标函数和约束条件来优化方案，降低投资风险，也可以对多个方案进行分析对比，从中选择最优方案。

在满足客户服务质量的前提下，要在庞大的人员、车辆配置和成本之间取得最佳平衡，可以借助物流仿真技术。例如，要设计一个覆盖广泛地区的、高效的供应链网络，其不仅要满足客户的日常订单处理和配送要求，还要具有极强的抗波动性，采用的解决办法也是物流仿真技术。物流仿真技术在复杂物流系统的分析和决策中的价值已是不争的事实，创造着巨大的经济效益。

（二）物流动态实时跟踪技术

物流动态实时跟踪技术是在货物运输过程中利用现代信息技术及时获取有关货物运输状态的信息（如货物的品种、数量、在途情况、到达时间、到达地点、运输责任车辆和人员等），以提高运输服务水平的一种技术。

物流或运输企业的工作人员在向货主取货时、在物流中心重新集装运输时、在向顾客配送交货时，利用扫描仪自动读取货物包装或货物发票上的物流条形码等货物信息，通过公共通信网络、专用通信线路或卫星通信线路将货物信息传送到总部中心计算机进行汇总整理。物流动态实时跟踪系统提高了物流或运输企业的服务水平，使用物流动态实时跟踪系统可以随时查询货物的位置和状态。

物流动态实时跟踪系统具体作用表现在以下几个方面。

1.货物信息查询

当客户需要对货物状态进行查询时，只需要输入货物订单号或提货单号，就可以知道货物的状态信息。货物信息查询流程简便、迅速，查询信息及时、准确。

通过货物信息可以确认货物是否能在规定的时间内送到客户手中，可以及时发现没有在规定时间内将货物交付给客户的情况，便于查明原因并及时改正，从而提高运送货物的准确性和及时性，提高服务水平。通过物流动态实时跟踪系统得到的货物运送状态信息丰富了供应链的信息分享源，有利于客户做好装货及后续准备工作。

2. 运输车辆和货物实时定位、监控和跟踪

当货物需要通过最佳路径、最优安排及时准确到达目的地时；当货物需要经过长距离、大范围、跨省区的运输及边贸运输时；当贵重物品、特大物品、危险品、军用品等特种货物在运输时，都需要对货物配送路线进行实时跟踪、优化规划。由 GPS 组成的全程跟踪网可以在出车后就立即掌握其行踪，当发现车辆存在偏离路线、停滞、超速、危险等异常现象时，监控中心立即报警，避免人、车、货发生危险。

另外，个性化物流配送服务要求越来越高，"小批量、多品种、多批次"已成为现代物流配送系统的特点。为了提高物流服务水平和配送效率，降低配送成本，各大物流服务部门积极利用现代高科技手段展开激烈竞争。公路货物运输动态跟踪系统就是为了解决货物在公路运输过程中位置信息不畅而建立的系统。它利用 GPS 技术对运输车辆和货物进行实时定位、监控和跟踪，同时可对车辆进行调度（文本调度和语音调度），并提供车辆报警功能，保证整个运输过程的正常运转，同时使货物的安全得到保障。通过该系统，运输企业可实时掌握货物在途信息，并根据变化调整运输计划，有效地利用公司车辆资源降低经营成本。

二、库存调拨与物流运输调度技术

智能硬件设备研发使物流行业从人工分拣向自动化、智能化分拣方向快速发展，智能感知技术、信息传输技术、机械臂、机器人、自动化分拣带、无人机等智能硬件设备将在物流运作各环节广泛应用。

智能物流云平台的建设能够实现对供应链、实体物流的数字化、智能化、标准化和一体化综合管理。以综合物流为出发点，应用现代人工智能技术及物流技术，使供应链各环节的信息流与实体物流同步，能够优化流程、协同作业，实现货物就近入仓、就近配送，提升产业链效能。

通过人工智能、云计算、大数据、物联网等技术，可实现铁路、公路、航空"三位一体"的智能多式联运。依托铁路网络、公路网络、航空网络、水运网络及实体物流园区，充分利用云计算、大数据、物联网、人工智能等技术，为线上线下物流运输、仓储配送、商品交易、金融服务、物流诚信等业务提供一站式、全方位服务，形成覆盖线上线下的物流生态系统，积极服务经济和社会发展。

(一)网络化分布式仓储与预测技术

分布式库存调拨系统是一个由多个仓库和一个仓储信息中心构成的系统。其中,各仓库在地理位置上可以位于同一个区域,也可以位于不同的区域;各仓库可以属于同一家企业,也可以属于不同的企业。仓储信息中心根据市场需求和各仓库的库存情况指派相应的仓库进行出货和进货操作。在分布式库存调拨系统中,仓库不再直接向供应商申请货物,而改为直接向仓储信息中心提交申请,仓储信息中心收到申请后会按照合适的仓储管理策略在各仓库与供应商之间进行货物调拨。相对于传统的独立式库存调拨系统,分布式库存调拨系统很好地应用了网络信息技术,降低了库存管理成本,缩短了市场响应时间。

(二)物流运输调度系统的调度与优化技术

物流运输调度是所有涉及线下运输能力调配应用的最核心环节,物流运输调度系统是关联诸多因素的综合系统。物流运输调度系统的目标是依托海量历史订单数据、配送/驾驶员定位数据、精准商户特征数据,针对配送/驾驶员实时情景(任务量、配送距离、并单情况、评级),对订单进行智能化匹配,实现自动化调度及资源的全局最优配置,在保证系统效率的前提下,最大限度地提升用户体验。

具体来说,物流运输调度系统包括以下几部分的内容。

1. 综合交通数据采集平台

综合交通数据采集平台主要提供多元异构数据的采集与清洗功能,解决数据的不一致性问题,有效提高数据采集质量。

综合交通数据采集平台的主要功能为根据业务范围及应用类型提供数据采集中间件与信息采集工具;实现连续、实时、高效、准确的交通运输领域中结构化与非结构化大数据的获取与采集;通过互联网和卫星定位技术智能终端,实现在动态环境下的交通数据实时采集;实现数据清洗和预处理功能,解决数据冗余和不相容性问题,并消除噪声。

2. 物流运输调度决策平台

物流运输调度决策平台主要提供实时数据环境下物流调度规划、下发、反馈、评估和追踪定位等服务。

物流运输调度决策平台的主要功能包括采集并计算所在地区道路、桥梁、河流、障碍物等地理经纬度和距离信息;实时采集点对点物流运输需求数据和物流配送人员的动态信息；进行物流运输路径规划和配送任务指派的决策判断；结合应用场景，模拟真实物流运输的多维指标及演进状态；设计并实现分布式、高并发、大容量的流式计算框架，采集并存储所有调度参数信息，提供历史调度场景的追踪定位服务。

3. 物流运输能力预警及分配平台

物流运输能力预警及分配平台主要提供跨平台数据环境下物流运输能力警报的评估、发布和关闭功能，并在相应级别下分配物流运输能力。

物流运输能力预警及分配平台的主要功能包括多维度采集公共平台和行业领域业务数据，如天气、节假日、重大社会活动、运输能力资源等；实时采集目标区域内的运输能力指标数据，评判行业运输能力紧张状况，预估时间、空间、持续范围及程度；结合智能终端设备，下发并适时调整运输能力警报分级，通报实时状态；针对不同警报分级状态，差异化地采取降级应对措施，提供运输能力灾备和最低限度服务能力。

【思考题】

（1）智能物流对大数据的功能要求有哪些？

（2）智能物流对大数据的技术要求有哪些？

（3）大数据在智能物流领域应用的技术呈现怎样的趋势？

（4）简述物流大数据的应用技术。

项目三 物流大数据分析之术

【案例导入】

远望谷利用 RFID 技术助力智慧港口建设

远望谷提供的 RFID 硬件解决方案实时自动采集集装箱卡车进出港口数据，实现对货运车辆的自动识别和监控，追踪车辆在港动态，即时满足对相关车辆实时信息的掌握，大大提高了集装箱卡车通关效率，确保港口码头的生产作业、交通疏导、物流存储有序，为货主在港口货物的安全性提供了更强有力的保障。

港口作为交通运输的枢纽，在促进国际贸易和地区发展中起着举足轻重的作用，全球贸易中约 90% 的贸易由海运业承载，作业效率对于港口至关重要。随着我国港口物流行业的快速发展，港口的物资种类及数量不断增加、移动频率剧增，港口管理作业也已十分复杂和多样化，在"工业 4.0""互联网＋"大发展的时代背景下，港口也在进行数字化、全自动化的转型升级。

一、港口车辆管理

传统港口码头的车辆管理主要通过信息管理系统结合人工操控非实时性数据录入来实现，有些先进的管理系统采用图像识别技术，利用摄像头来识别进港车辆。这些传统的对车辆的跟踪、管理和调度方法存在效率低、人力成本高、出错率高、实时性差等问题。

随着智慧港口建设潮的到来，远望谷协同全球合作伙伴，共同帮助港口进行自动化、智能化的持续升级，利用 RFID 技术推动港口车辆管理信息化、自动化，打造安全、环保、高效的智慧港口。

二、智能车辆定位管理

当前，远望谷的 RFID 产品已在舟山港、广州港、青岛港、天津港、连云港港、妈湾港、蛇口港、宁波港、日照港、大连港等国内多个大型港口的车辆智能定位场景得到成功应用。

远望谷提供的RFID硬件解决方案主要是通过RFID标签绑定每一辆进出港口的集装箱卡车，详细记录车辆的基本信息、报关信息、货物信息等业务明细，通过RFID读写器、RFID天线等设备的综合布设，实时自动采集集装箱卡车进出港口的数据，起到车辆精准定位的作用。

远望谷合作伙伴通过运用远望谷成熟的RFID技术和产品，结合GPS、BD、视频定位等技术，成功搭建了车辆智能定位管理系统，对入港装卸货车辆的位置、行驶速度、路径、监控视频画面等信息进行实时监测，实现了港口集装箱卡车进出港、装卸、堆存及在港动态的全过程管理和监控。

三、应用分析

基于RFID技术的硬件设备应用于港口码头车辆定位管控后，集装箱卡车的在港操作效率大有提升，物流成本相应有所降低。智能车辆定位场景的应用对加快集装箱卡车在港的周转效率，提升专业汽车滚装码头的服务水平有着重要的推动作用。同时，对船公司和货主港口服务质量的提升可稳固港口所在地区的整车进出口市场份额，并可吸引更多的滚装运输班轮挂靠，推动整车进出口业务，从而进一步增加整车进出口的市场份额。

对于承担物流运输的航运码头来说，提升港口科技水平以及实现港口信息化、数字化不仅是发展经济、提升服务质量的必经之路，也是港口行业未来发展方向。

任务一　物流大数据的数据源与技术

物流大数据的数据源是指提供物流大数据的原始媒体。发展物流大数据是物流行业智能化水平提升的关键路径，而数据源的分析和管理是物流大数据的基础，理顺数据源也是实施物流大数据分析的第一步。

一、常用的数据源

（1）观测数据：即现场获取的实测数据，包括实地勘测、量算的数据，以及台站的观测数据、遥测数据，等等。

（2）分析测定数据：即利用物理方法分析测定的数据。

（3）图形数据：包括各种地形图、专题地图等。

（4）统计调查数据：如各类统计报表、社会调查数据等。

（5）遥感数据：即由地面、航空或航天遥感获得的数据。

二、条形码技术

条形码技术最早出现在 20 世纪 40 年代。最早的条形码由几个黑色和白色的同心圆组成，被形象地叫作牛眼式条形码。这种条形码与现在广泛应用的一维条形码原理一致，它们都用深色的条和浅色的空来表示二进制数的"1"和"0"。条形码扫描器又叫作条形码扫描枪或条形码阅读器，是读取条形码所包含信息的阅读设备。其利用光学原理，将条形码的内容解码后通过数据线或无线的方式传输到计算机。

条形码技术是在计算机应用和实践中产生并发展起来的，广泛应用于商业、邮政、图书管理、仓储、工业生产过程控制、交通等领域的自动识别，具有输入速度快、准确度高、成本低、可靠性高等优点，在当今的自动识别技术中占有重要的地位。

随着条形码技术应用领域的扩大，人们对条形码技术的需求层次也在不断提高。人们不仅要求条形码技术能够解决数据输入速度、正确性等问题，还希望能将更多信息印刷在更小面积的条形码上。20 世纪 80 年代后期，一种能够在更小面积上表示更多信息的条形码产生了，这就是二维条形码。二维条形码在平面的横向和纵向上都能表示信息，与一维条形码相比，其携带的信息量和信息密度都提高了几倍，可以表示图像、文字、声音等。二维条形码的出现使条形码技术从简单地标识物品转化为描述物品，它的功能发生了质的变化，应用领域也随之扩大。

条形码技术对于物流行业有十分重要的作用。电子商务的兴起使网上购物成为一种趋势，这就促进了物流行业的发展。每天都有成千上万件商品需要经过物流转运到各地，为了使商品管理有序化，物流行业开始应用条形码来管理商品流通，这让混乱的物流管理变得井然有序。

条形码管理系统有利于物流企业对产品进行溯源管理，有利于产品的有序流通，也有利于产品的数据采集管理。物流人员只需要用专用条形码打印机打印好标签，并将标签对应粘贴在仓库包装箱上，条形码标签因为具有唯一性，所以就使每件产品都具有了自己的标识，这就很好地解决了产品太多带来的管理混乱的问题。

条形码数据采集是目前应用较广泛的数据采集通道，是物流信息化的重要基础之一。一家大型物流企业每天经手的商品交易超过百万,传统的物流管理方式是物流人员对商品进行记录,容易出现记录错误的问题,物流人员要花费大量的精力和时间来记录和总结这些数据,在记录的某个环节出现小小的错误就有可能危及其他环节。条形码管理方案能够解决这个问题。数据采集器可以采集庞大的数据,然后将数据传输到计算机终端,形成一个数据体系。大数据技术的应用意义在于使这个数据体系由静态记录变成动态分析。

三、射频识别技术

射频识别技术折应用是将射频电子标签贴在存放物品的托盘或叉车上,电子标签中存放了托盘或叉车上所有物品的信息,阅读器则安置在仓库的进出口。每当物品进库时,阅读器自动识别电子标签上的物品信息,并将信息存储到与之相连的管理系统中;当物品出库时,同样由阅读器自动识别物品信息。

射频识别技术相对于条形码技术最大的改进在于效率,特别是免除了人工干预,使生成的业务数据准确率达到100%。业务数据更加及时、精确,可以准确掌握目前有多少货箱处于转运途中、转运始发地、转运目的地,进而准确预测货箱到达时间等。

四、物联网技术

物流行业是物联网技术的重要应用领域之一,物联网技术是实现智能物流的重要基础之一。物联网技术能够将以往生产中独立的物品通过互联网联系起来,智能物流服务需求方通过物联网技术随时随地获取商品的各类有关信息,进而实现对物品的定位、跟踪与监控。

在感知端,物流生产、运输、储存等各环节的信息感知设备自动采集相关物流信息,并自动进行信息归类、汇总,从而能够及时掌控物流产销存的状况及流通数据信息。

在传输端,各种通信网络及时、安全地传输感知设备收集的信息数据,从而能够及时掌控物流信息,提高效率,节约成本。

在云端,物流信息、物流公司信息、供应方信息能够实现实时共享,为相关决策提供依据,提高管理、服务的质量和效率。

当前,物流行业以物联网技术为基础,以信息化、智能化设备为载体,推动物流行业与互联网、移动互联网、物联网、车联网的融合,以提高效率、降低成本,提升物流行业综合服务能力和整体发展水平。

五、地理信息技术

基于 GIS 可以实现货物的跟踪和车辆的运输管理，并进行线路规划、分析，以及物流基地的规划和建模分析等。

GIS 是现代化智能物流系统的重要支撑，它以强大的地理数据处理功能，实现了物流运转过程中的自动定位、跟踪显示等。GIS 技术可以根据道路交通状况向移动目标发出指令，这在物流运输的调度方面具有重大意义。将 GIS 技术、全球卫星定位系统及无线射频技术结合起来，再辅以车辆线路模型、最短路径模型、分配集合模型、网络物流模型和设施定位模型等，就可以使物流变得高效且成本最低。GIS 技术具有采集、分析、管理地理空间信息的能力，具有动态预测和区域空间分析能力，能够为科学决策提供依据。

GIS 技术能完善物流分析技术。在物流管理中，GIS 技术可以将地理信息数据和企业业务数据结合起来，通过各业务之间数据的整合提取，为企业提供市场分析、选址分析和路径优化等空间解析，有效提高决策能力和精准度。

强大的智能车辆监控系统可实时掌握车辆的位置、轨迹信息，进行车辆在途监控，并使用运输轨迹回放，对一些特殊货物的运输加强监控。地理围栏技术可实现目的地到达提醒，有效便利物流运输，及时通知配送状态下的车辆信息。车辆轨迹数据记录了车主用户的行驶轨迹，能够通过对车主行驶轨迹数据的分析，实现车辆可控、可查、可追溯，配合实时、有效的车载自诊断系统，能够监测车辆温度、油耗、速度等，实现安全行车监控。从多维度对车辆各种行驶数据进行统计分析可得出驾驶行为情况，以监控急刹、超速等不良驾驶行为。驾驶行为分析可以辅助安全驾驶、保险等级推荐、贷款信用评估等服务。

六、数据挖掘技术

数据挖掘又称为资料探勘、数据采矿，它是指在数据库中通过算法搜索隐藏于其中信息的过程，它将人们运用数据的方式从原本简单的查询提升至在数据中挖掘。例如，在运输环节的数据挖掘是挖掘物流车辆的海量大数据，包括交通路况、车辆运行状况，甚至社会经济发展的动态信息。通过统计分析车辆行驶距离、停车时间、地理位置、车辆特征等多个维度的信息，可以发现货运车辆的行为特征、区域物流的流量分布等，为物流企业基于时间、成本、路线等的车辆调度的应用服务提供了可靠的理论依据和技术支持，同时可以为政府提供物流运价指数、货运效率指数等经济指标。

七、其他相关技术

人工智能平台采用目前比较成熟的机器学习算法，利用机器学习提供的技术来分析海量数据，从海量数据中可自动提取隐含的、过去未知的、有价值的潜在信息。可通过机器学习来设计和分析让计算机自动"学习"的算法，利用分析功能对未知数据进行预测。

大数据分析是指人工套用一些数学建模算法来对大数据进行分析，并得出相关结论，用于指导实践。物流大数据分析通常有很强的即时性。例如，需要结合交通拥堵数据、及时补货需求数据、即时物流资源数据等，快速做出决策并及时响应。因此，在实际应用中需要引入AI、机器学习、深度学习等技术，获得对物流大数据即时分析及处理的能力，从而为企业提供决策信息，并快速、直接对经济活动进行指导。

任务二　智能物流的基础控制技术

一方面仓库在接收新的物料，另一方面仓库的下游也要消耗库存。消耗库存意味着仓库出库业务的运行。

近几年来随着国内电商的迅猛发展，智能物流系统在一些头部电商公司的物流配送中心发挥了巨大的作用，如京东的"亚洲一号"、菜鸟联盟的大型综合智能仓、苏宁的智能仓储中心等。

这些高效运转的智能物流中心由成千上万不同种类的物流装备和子系统组成，在整个物流系统里有数量庞大的物料单元被输送、搬运、存储、拣选、包装等。在复杂的设备组成、海量的物料和多变的物流订单作业下，智能物流系统的每个设备究竟是如何运作的？每个物料单元是如何被移动到各处的？庞大的智能物流系统究竟是通过什么方式使这么多的子系统、设备、物料、人工有效地协同运行的？这是本章要探讨的主要问题——智能物流系统的底层技术。

通常来讲，一个完整的智能物流系统主要解决两大方面的问题：物料流和信息流。

物料流主要解决物料的存放和搬运问题。具体问题包括如何让物料单元动起来；何种条件下让物料单元动和停；如何让物料单元按照各种搬运工艺要求去移动，如加速、减速、匀速等；如何让物料能准确地到达目的位置；等等。

信息流主要是能对物流系统所含有的设备、子系统及其所有物料单元的状态、位置、数量、历史数据、任务记录等数据进行跟踪和管理，也包含物流业务层面的订单、库存等数据管理。

物料流管理由各类基础控制技术来实现，信息流管理由各类基础信息技术来实现。

解决物料流问题的关键是如何控制物料准确地进行"动""静"活动。智能物流系统既然要做的是替代人完成物料搬运作业，那么可以先从分析人的具体作业过程入手。人的作业过程如下。

（1）人接收到上级发送来的一个搬运任务订单（信息流）。

（2）读取订单任务，接收命令（信息流）。

（3）人开始移动（驱动）。

（4）搜索需要搬运的物料（感知）。

（5）移动到物料对应的位置（导航和定位）。

（6）确认是正确的物料（闭环控制）。

（7）搬运物料继续移动到目的地并放置好物料单元。

（8）将搬运的物料和发生的搬运过程记录在册（信息流）。

智能物流系统要替代人完成以上的所有环节，就需要通过一定的技术手段。排除与信息流相关的部分，驱动、感知、导航和定位、闭环控制基本上涵盖了智能物流系统所需要的各类基础控制技术。

一、驱动技术

随着第二次工业革命的兴起，电力逐步成为机械式生产的动力源。一直到今天，电力仍旧是各制造行业的主要驱动能源。智能物流装备的驱动方式也以电力驱动为主。

（一）电动机驱动

在智能物流系统中，物料的移动和设备的移动是厂内物流最基本的活动。从物理学的角度来看，物体被移动，一定要有外界对其做功才能实现。而在智能物流系统中，究其各类物料被做功的根源，绝大部分都是电动机的驱动。

（1）水平输送。电动机驱动皮带、链板或者滚筒沿着型材旋转，从而带动位于其上的物料单元往前移动。

（2）垂直提升。减速电动机带动钢丝绳配合配重，将提升机载货台上下拉动，起到提升或下降的作用。

（3）搬运机器人。搬运机器人结构内含有电动机，电动机通过多组齿轮传动从而驱动相应的轮子转动。如果是双舵轮的组合，同一时刻对不同的轮采取不同速度和方向的驱动可以使机器人前进、后退、转弯等。

（4）机械手。以多轴工业机械手为例，机械手的每个关节都由单独的伺服电动机来驱动，多个伺服电动机互相配合驱动各自的轴，最后完成机械手想要的整体动作。

（二）基本驱动回路

电动机的转动经过各种机械传动机构转变成需要的各种形式的搬运动作。而搬运不是一直发生的，要有启停的动作。因此，控制系统要能够对电动机进行启停控制。

对于启停的控制最简单的办法就是控制电路回路的通断。同样的道理，要控制现场某些物流自动化设备的启停，也可以通过这种方式来进行。工业中通常采用的是交流电380伏的三相电来驱动电动机，控制三相电接通还是断开所采用的开关在工业中被称为接触器。

接触器接通后，电动机就启动进而带动设备进行物流作业。常见的设备中皮带输送机、滚筒输送机的启停回路就采用接触器控制。

一些智能物流装备中的电动机动作不是简单启动后运行在工频50赫兹就可以的，而是需要更加细致的运动控制，如搬运机器人需要加速、减速或者维持某个指定的速度。这样的使用场景下，普通的启停控制就无法满足类似的要求了。要更精确地控制电动机的动作，就需要不仅能控制电动机启停，还能控制电动机的转速的装置，而变频器就是为此而生的装置。

变频器在智能物流系统中有大量的应用，堆垛机的运行、提升机的提升、搬运机器人的移动等都是由变频器根据动作的需求，实时地控制电动机的速度，从而使设备能够按照需要来实现复杂的搬运过程。

二、可编程控制技术

控制电路何时接通或者何时该输出多大的电流给电动机，不论是接触器还是变频器，它们都无法自主决定。"是否接通"这一决策问题在没有各类智能技术之前，只能通过人工输入的方式解决。比如，在电路中设置一个启动按钮，人对外界进行判断后做出决策，按下启动按钮，电动机就可以执行动作。

通过自动化控制器来代替人对物流设备电动机的启停或者速度的设定是实现智能

物流系统的底层基本要求。而为实现这个功能，最常见的是采用工业可编程逻辑控制器（Programmable Logic Controller，PLC）或者专用的嵌入式系统，或者采用工控机对电路中的执行器如接触器、变频器等进行控制。

以最常用的可编程控制器PLC为例，将位于设备现场的一些信号采集并接入PLC模块作为数据输入，PLC根据输入信号和实际搬运的逻辑要求，按照在PLC内提前设置好的程序进行运算后，动态输出数字信号和模拟信号。将这些信号经过一些中间电器件再连接到电气控制器诸如接触器或变频器等，最后达到控制启停和设定速度的目的。这样PLC就可以自主地根据外部的信号和条件对物流设备进行驱动控制，最终达到预想的物流搬运效果。

三、感知技术

要使控制器的输出正确，就需要建立在一定的输入条件上。如果一段输送机的电动机无条件地不停转动，不考虑与下游对接，就可能会发生物料跌落或者物料积压损坏的情况。

因此，物流设备先要知道当前自身的状态和外部的条件，即需要"感知"。对于自动化设备，感知主要是通过各种传感器来实现的。传感器通过一定的感应原理将外界的变化转化成电子信号，并作为控制器的输入数据。

（一）传感器信息获取

传感器对外界感知后的结果通常有两种：离散的状态量和连续的数字量。

1. 离散的状态量

返回状态量的传感器在物流自动化系统里通常被称为开关，因为开关的反馈结果只有0或1，所以常用的光电开关就是状态量传感器。在输送机上的光电开关可以检测到当前输送机上有无货物，"有""无"返回的是1或0的状态量。

常见的开关类型有光电开关、微动开关、接近开关、行程开关。

2. 连续的数字量

实际物理世界中，绝大部分的变量都是连续变化的，并非"非1即0"的双态突变。这种连续变化的变量可以通过数字来量化，如长度有多少米，重量有多少千克等。

有很多智能物流装备的搬运动作是需要将一定的数字量作为执行的依据的。比如，在物料分拣的过程中，分拣机需要根据当前物料的条码号来决定是否要将本物料由特定机构排出主线到某一个格口；搬运机器人在行走过程中，要根据当前读取的激光测距值来判断是否抵达运行目的地而做出停止动作。

在智能物流系统中，经常应用的连续数字量有编码器返回的编码值、测距仪返回的距离值、称重仪返回的重量值、条码阅读器返回的条码号、RFID阅读到的标签内容等。

（二）感知的处理

不管是状态量还是数字量，都是由外界感应而得到的一种信号。信号通常会有噪声和干扰。物流搬运的应用场景下，各类传感器可能会受到一些外部的干扰导致错误的信号输入。比如，现场灰尘和杂物可能会引起光电开关的误感应，现场搬运过程中对各类传感器的损坏可能会引起误感应。

对于信号的干扰，在工业自动化系统中，最常见的有两种处理办法：滤波和工艺逻辑处理。

1. 滤波

为了避免当前的信号是由于瞬时的干扰造成的，对于状态量通常可以采用延时滤波的方式，对于连续的数字量可以采用均值滤波的方法。

2. 工艺逻辑处理

实际的物流活动都是无法违背工艺逻辑的。比如，一台输送机通常在头部和尾部各有一个光电开关，每次输送物料的时候，必定是靠近上游的光电开关先感应到货物，靠近下游的光电开关后感应到货物，如果在实际中发现感应顺序颠倒，这种情况就是不符合工艺逻辑的，系统就应该提示光电开关感应异常，输送机应及时停止运行，以免造成对后续物料正常输送的影响，甚至带来安全上的隐患。因此，对于设备上的各个传感器，都可以在控制程序中设定其必须符合的工艺逻辑，从而达到间接滤波的目的。

（三）其他

（1）除了状态量和数字量，还有一类传感器可以输出模拟量，这些传感器对外界进行感知后将电流、电压或者电阻的模拟量作为控制系统的输入信号。

（2）各类感知传感器通过某种物理或者化学原理，获取外界的信息后传递给电子信息系统。人本身也可以获取信息，甚至可以做更高级的滤波，因此人也可以作为感知源,通过人机界面(Human Machine Interface,HMI)等将感知信息输入到智能物流系统中。

(3)由于传感器类似于人的眼睛,为智能物流系统不断地获取外界的重要信息。为了保证其能长期正常工作,需要在安装的时候选择能长期保护传感器本体的位置或者采取一些措施来保证传感器不受损坏。

(4)上下游的情况也可以互为感知源,通过控制系统或者通信系统作为彼此的信号输入。

四、定位导航技术

智能物流系统需要在实际应用场景中解决设备的运行和物料的移动问题,设备的运行包含诸如 AGV 的离散式搬运设备的移动,物料是伴随着离散式设备的移动而移动的。另一类设备的运行诸如皮带输送机的连续搬运设备的输送,物料是被连续式搬运设备带动而移动的。不论是设备的运行还是物料的移动,都需要解决定位和导航的问题。

(1)定位。简单来讲,定位要知道物体当前在哪里。"在哪里"需要有个参考,一般将"地图"作为物体定位的参考,定位就需要找到物体当前在地图里的具体位置。

(2)导航。导航是用来解决如下的问题:目的地在当前位置的什么方向?当前的物体该往哪个方向移动?

物料的定位导航问题主要出现在连续式搬运设备的搬运作业过程中,设备的定位导航问题主要出现在离散式搬运设备本身的移动过程中。因此,以下着重分析连续式搬运设备上物料的定位导航和离散式搬运设备本身的定位导航。

(一)连续式搬运设备上物料的定位导航

如前文所述,物料的定位导航问题主要集中在连续式搬运设备上。连续式搬运设备最常见的是各类输送机,包括皮带输送机、链式输送机、滚筒输送机、链板输送机等。下面以分析输送机上的物料定位导航问题为例进行阐述。

1.定位

由于物料一直都在输送机上,因此在分析定位时的参考就是输送机本身。通常要定位物料在输送机上的位置,可以从如下几个方面入手。

(1)区间定位。标准输送机由于一般不配置定位类传感器,因此无法准确定位物科的具体位置。但可以借用输送机上的光电开关来进行区间定位，即可以大致定位物料是否进入到某个范围。

（2）顺序定位。也可以通过判断输送机上的物料与其他物料之间的先后顺序来定位，通过获取某个物料单元排在当前物料队列里的位置来判断这个物料的大致位置。

（3）编码器定位。由于物料是随着输送机的输送而移动的，如果物料相对于输送机没有由于滑动造成的相对位移，并且知道输送机往前输送的实际距离，就可以精确定位每个物料单元位于输送机上的具体位置。配置有编码器的输送机即可实现这样的物料定位。

2. 导航

对于连续性搬运而言，设备本身是固定的，因此大部分的使用场景下，其上的物料单元并不需要"导航"，原因是输送方向只有一个，沿着设备的型材方向向前输送即可。沿着输送方向行走的物料在往前移动的过程中可能会遇到分支，此时系统需要告知输送机该物料应往哪个分支输送。这种应用场景在连续分拣机中最常见。

物料单元在连续式搬运设备上面对分支的选择是离散的，且分支的数量也是有限的，因此导航比较简单。只需要依据一定的条件，选择要去的分支方向后，由特定的执行机构将物料过渡到该分支方向就可完成。

选择方向的依据比较常见的有状态量（0或1）和连续数字量（如条码、二维码或RFID等）信息，主要包括如下三个方面。

（1）物料单元在输送过程中，积累了一些逻辑状态量或者传感器检测结果数据，可以将这些历史状态量或者数据作为导航选择去向的依据。比如，物料在经过由几组光电开关组成的外形检测装置后，被判定的状态为合格或不合格，系统根据这一状态结果选择当前物料对应的下游去向。

（2）可以根据一定的数据去决定该将物料导航到下游的哪条支路，最常见的为根据物料上的条码信息进行物料的多支路分拣，不同的条码信息按照既定规则分配到不同的下游支路。

（3）也可以根据物料在输送过程中生成的逻辑意义上的数值来导航物料该去的下游支路。按照物料进入顺序依次选择下游去向，系统依次给物料单元赋予逻辑数字 $1\sim 3$，物料单元根据所分配的逻辑数字，移动到不同的下游分支。

（二）离散式搬运设备本身的定位导航

智能物流系统中的离散搬运设备主要有两大类，一类是沿固定轨道运行的离散搬运设备，另一类是无轨道直接运行的离散搬运设备。轨道限制了搬运机器人，使其只能在固定的路线上行进，因此轨道就变成了"地图"。下面分别讨论有轨道和无轨道两种情形的定位导航。

1.沿轨道运行

（1）定位。由于设备只能沿着既定轨道行进，要找当前设备在轨道（地图）上的位置，只需要算出当前位置距离起始原点有多远即可。计算当前位置常见的有如下几种方式。

第一，状态传感器逻辑计数。通过在既定轨道按照一定的规则设置一系列地标介质（如钢片），搬运设备沿着轨道行走的过程中，设备上的传感器在经过地标介质时会有感应。每次感应时累加逻辑计数，如感应5次，即认为走过5个地标介质位置。后退时相反，逐次递减。

由于传感器和地标介质可能会发生损坏或受到外界干扰，则在计数过程中，可能会发生误计数，因此可以在地标介质外再加一组校验的介质。比如，在偶数介质处再加一组介质，或者在特定的某些关键点再加一组介质，比如原点或者轨道的末端。

传统堆垛机的定位技术就是基于以上原理而实现的。堆垛机在运行时，由于一直沿着固定轨道行走，堆垛机本体上安装感应传感器，在其运行轨道上安装有地标介质。每次堆垛机经过这些介质时，传感器都会感应到介质并发生状态变化。记录传感器的变化并进行计算后就可以知道堆垛机当前位于轨道区域内的哪两个地标介质之间。堆垛机水平运行方向上安装的传感器通常叫作水平认址传感器（认址器），沿着轨道安装的地标介质通常叫作认址片。

由于堆垛机要在准确的位置去存取货物，因此在水平运行方向上，堆垛机需要能够准确定位，以便在出入库输送机位置和每个货架货格位置能够精准地存取货物。要沿着水平轨道方向在每个货格和输送机位置上安装好固定的认址片，堆垛机在每次经过这些认址片的时候，传感器就会有感应信号的变化。堆垛机从轨道起始点开始运行，运行过程中，记录传感器变化的次数，就可以计算出堆垛机当前位于哪个货格的位置。

在垂直方向上运行的堆垛机也是按照这种方式来完成高度上的定位的。

第二，旋转编码器。认址传感器定位方式是属于离散式的，设备只能知道当前位于哪两个认址片之间，却不知道处于两个认址片之间的具体哪个位置。而旋转编码器就是一种可以输出连续位置的定位传感器。一般旋转编码器会安装在前后行走机构的轮子的轴上，搬运设备行走时轮子转动使旋转编码器的值发生变化。这样从起点开始，往前行走 1 米就对应旋转编码器值 X，按照对应关系，通过旋转编码器值就可以间接地计算出搬运设备行进了多少米，也就完成了对设备的定位。

旋转编码器可以用在设备沿直线行走的布局上，也可以用在设备沿弯道行走的布局上。

第三，激光测距仪。激光测距仪是一种连续定位仪器，且精度非常高。通常是将激光测距仪安装在搬运设备机身上，在直线轨道的一头安装有激光反光板，反光板的位置要能保证激光测距仪在设备行走全过程中都能将光线投射到反光板上。

激光投射到反光板时，根据光线的反射时间就可以间接计算出测距仪距离反光板的距离，也就间接计算出当前设备在固定轨道上的实时位置。由于激光的光线是直线的，所以激光测距仪通常用在直线轨道运行的自动化搬运设备上。

第四，条码定位仪。在固定轨道行走的搬运设备上，有一种定位方式是条码定位。这种条码定位技术通过读取提前安装在轨道上的条码标签就可以获取当前设备的位置值。条码标签本身是沿着轨道贴的一整条，在搬运设备上对应安装一台特殊的条码阅读器。这样搬运设备在沿着轨道行走时，条码阅读器就会连续读取这个长条码。与编码器类似，条码值对应一定的距离值，这样就可以实时获取搬运设备当前在轨道上的位置了。

（2）导航。沿轨道运行的搬运设备的导航更准确地说是选择向前行进还是向后退。通过比较目的地位置与当前位置可以得出设备是该向前还是向后更靠近目的地。在设备运行过程中，导航不断地进行位置差的计算，直至到达最终目的地。

有些应用场景下可能有轨道分支，对于搬运设备在分支口的导航，主要通过当前任务的目的地位于哪条分支来决定，这可以由搬运系统的控制系统来实现。

2. 无轨道运行

无轨道运行的搬运设备由于不受固定轨道的约束，具有更强的柔性和机动性。无轨道搬运设备的定位导航应用技术种类很多，这里主要探讨在 AGV 和搬运机器人中常见的两种方式。

（1）定位。定位方式所涉及的具体技术种类如下所示。

第一。磁感应传感器加编码器。最早的 AGV 是基于磁导引技术来实现的，需要在 AGV 所有可能的行走路线中提前沿着路线布置磁条或者在地面预埋磁钉。AGV 车体上装有磁感应传感器，AGV 只能沿着磁条运行。

AGV 车体上的磁感应传感器会一直与地面的磁介质发生感应并实时将感应数据传递给 AGV 控制器。随着感应值的动态变化，AGV 调整自身的角度保证车体往前行进的过程中一直沿着磁条路线行驶。保证 AGV 在固定的线路上行走就解决了定位的第一步。而 AGV 当前具体行走到了这条路线上的哪个位置点上，通常是由 AGV 上安装的其他的辅助定位器（比如车轮耦合连接安装的编码器）确定的。

AGV 行走时，编码器随着车轮的转动实时反映行走的距离。一般 AGV 会设置一个起始点，这样有了起始点、固定路线和行走路程值，就可以确定 AGV 当前在什么位置。

第二，激光。传统的磁导引 AGV 系统，一旦安装调试后，AGV 只能沿着固定的磁条行进。如果增加了搬运工位或者某段搬运路线要改变，那就需要重新安装磁条。如果是磁钉，则需要重新在翻修的地面上打入磁钉。因此，磁导引 AGV 柔性比较低。

随着定位导航技术的不断发展，目前叉车 AGV 广泛地应用了激光定位技术。在激光 AGV 行走的区域内简单安装若干激光反光板即可完成 AGV 定位部署工作。AGV 车身上安装旋转的激光定位器不停地进行 360 度旋转扫描，激光光线投射到事先安装的激光反光板上，就可以计算出激光源与这些反光板之间的位置关系。

在 AGV 行走范围内，只要保证在同一时刻能有 3～4 个反光板有反射，就可以通过定位算法来确定当前 AGV 所处的实际位置。

第三，二维码。亚马逊配送中心的 Kiva 机器人以其突出的创意和卓越的优点在国内外的仓储物流领域引起了广泛的关注。国内也有不少公司研发出了类似的仓储搬运机器人并已经投入实际应用中。

此类搬运机器人主要集中应用在电商行业的订单拣选场景中。

Kiva 机器人采用惯性导航和二维码定位的方式来控制每台 Kiva 机器人在仓库里准确地行走。Kiva 系统需要事先在地面上粘贴代表位置信息的二维码标签，所有的二维码标签在 Kiva 机器人工作范围内组成一个标签矩阵网。每个标签上都有唯一的位置信息，也代表了标签所在的整个矩阵网络里的位置坐标。

Kiva 机器人车身安装有一个高分辨率长焦摄像头并朝地面实时进行拍摄。当 Kiva 机器人经过地面的二维码标签时，摄像头会读取到二维码里内含的坐标信息，即刻计算出当前 Kiva 机器人所在的位置。同时二维码标签中特有的边角位置也可以被用来调整 Kiva 机器人行走的用度，从而精确保障 Kiva 机器人的走向。

第四，自主定位。以上的几种方式都需要在设备投入运行前进行较大工作量的安装、标定和调试,来使搬运设备将虚拟数据和实际物理信息进行对应。而采用自主定位的方式可以节省这些过程。

自主定位通过扫描周围环境的方式,对运行的实际环境进行虚拟建模,从而建立全面的虚拟地图。这样搬运设备参考地图和当前扫描到的环境就可以知道设备本身在虚拟地图中的具体位置。

(2)导航。与沿轨道运行的搬运设备的固定路径不同,机动性更强的无轨道搬运设备在运行中的导航更加偏重于动态的路径规划,即搬运设备在运行时,系统根据当前的位置,实时地计算出一条最佳路线的虚拟轨道,并告知搬运设备沿着这条虚拟轨道运行。

磁导引的方式中,虚拟轨道是磁条铺设后的既定路径,其他几种导引方式都是通过软件结合地图并经过一定的路径算法,生成一条合理的虚拟轨道通向最终目的地。

五、闭环控制技术

1948 年,诺伯特·维纳提出了控制论,一直到今天,现代科学技术都或多或少受到了控制论的影响。而控制论中的反馈和闭环控制在工业领域的应用最为广泛。

仓储物流系统中,很多应用场景都需要实现物料搬运到正确的目的地。在物料未到达目的地的运输过程中,需要机器不停地将当前的位置与目的地的差值作为反馈信息,并不停地修正搬运动作,直至物料到达目的地。

(一)连续搬运设备的控制此处以输送机为例

1. 输送机的目标

从下游接收托盘,并通过输送机的机构如皮带、链条或者轮道等将托盘输送到下游单元。

2. 执行过程

电气控制柜发送启动信号给输送机的电动机,电动机转动带动输送机上的物料单元向前移动,将物料输送到目的地。

3. 反馈修正

输送机在接收上游的物料单元时,系统会检测上游的物料是否已到达输送机的输入口附近,到达时才启动电动机接收物料。同样在向下游输送物料时,系统会检测物料是否已经到达本段输送机的末端，如果检测出下游输送机不能接收物料，控制系统要做出停止电动机运行的动作；如果下游输送机可以接收当前物料，控制系统继续控制电动机转动，向下游输送物料。

输送机的反馈闭环系统一般是由位于输送机身上的光电传感器和控制系统组成的。控制系统没有闭环，就可能会发生物料单元与前后设备无法正常衔接的情况，如果物料是吨级以上的重载单元，没有闭环系统，输送机一味地执行输送可能会发生载重碰撞或直接落地的危险。

（二）离散搬运设备的控制

以 AGV 为例，AGV 小车身上的各种传感器可感知周边环境和当前所处的位置，从而能够自我调度并运行到正确的起始位置，进行物料捡取后，再运行到放货位置完成物料卸货。

1.AGV 的目标

AGV 自动运行到起点 A 获取物料单元，自动运行到正确的目标位置后，将物料单元卸载到存放位置 B 点。

2.执行过程

AGV 本体控制自己的运行电动机和转向机构行走到正确的 A 点或者 B 点，到起始点或终点时完成物料的上货或卸载工作。

3.反馈修正

AGV 通过激光定位器或者编码器等各种传感器实时记录当前运行的位置，并不断地比对与目的地址的位置关系，通过调整 AGV 的驱动单元和转向单元逐步地驱使车体不断靠近目的地址。从车体的表现上来看就是前进后退、加速减速或左转右转等一系列动作。整个连贯的动作过程中，AGV 的控制系统一直在不停地扫描位置、计算位置偏差，进而不停地修正车身的方向和位置，直至运行到系统指定的 A 点或者 B 点。

AGV 的闭环控制系统是依靠导航技术、定位技术、驱动技术、电子地图等一系列综合技术手段完成的。通过不停地输出动作和比对目标位置并进行修正，AGV 最终可以完成物料单元从 A 点到 B 点的搬运。

任务三　智能物流的基础信息技术

物流是社会化生产环节的一部分，而现代化生产的每个环节都需要信息化管理，物流环节自然也不例外。物流业务要记录的信息包含物料的数量和内容以及物流业务发生的事件、责任人、事件流水、订单信息等。如果完成这个业务的过程有设备参与，那对设备执行情况的信息化跟踪和管理也是必不可少的。

如果物流系统只是一台皮带输送机将一批物料从一端搬运到另外一端，那这个过程的物流事件所伴随的信息完全可以由人工进行记录。比如，早上10点到11点，输送机搬运了5个袋子，分别是编号A、B、C、D、E，由张三负责上料，由李四负责下料。而如果物流系统由成百上千个离散搬运设备和连续搬运设备组成，每天要服务几千个物流业务，一天的物料移动量达到万、十万级别，同时众多物料单元有静有动、设备有动有停、搬运业务有始有终，这样复杂的物流系统，人工是无论如何也无法做到对所有的信息进行跟踪和管理的。

此时就需要采取先进的技术手段对庞大、复杂的物流信息进行有效的管理。

一、智能物流信息系统的整体架构

一个大型智能物流系统中可能有几万个设备，包括同时在线的电动机、控制器、传感器等，同时要掌控多达几百万的SKU的移动任务和当前状态，从而以最合理化的资源去服务当前和即将要履行的物流订单业务。要使得大量的单元、设备、子系统、软件能互相协调配合，需要一套强大的神经网络和中枢系统来控制所有的物流相关资源设施，这就是智能物流系统中的数字化信息管理系统，即智能物流信息系统。

智能物流信息系统的整体框架通常采用的是工业中经典的自动化金字塔结构。

智能物流信息系统的金字塔结构主要包括由现场执行机构和各类传感器组成的最底层、由（仓库控制系统 Warehouse Control System，WCS）、（机器人控制系统 Robot Control System，RCS）组成的中间层、由（仓库管理系统 Warehouse Management System，WMS）、（订单管理系统 Order Management System，OMS）组成的上层和由（生产执行系统 ManufacturingExecution System，MES）、（企业资源计划 Enterprise Resource Planning，ERP）组成的最高层。

结构中的元素越位于高层，该层关注的数据越偏重物流业务层面，与现场的物理实物结合越不紧密。同时，高层的数据往往更加偏向宏观数据，更加侧重物流业务的办理和总体业务数据的统计与分析。

对于智能物流信息系统，上层 WMS 相当于人体的大脑中枢神经，中间层的 WCS 相当于周围神经网络。上层 WMS 在物流系统设计时，应更加偏重于业务数据管理，而尽量不去与现场硬件和实物发生直接的连接关系。WMS 与底层物理世界要经过中间的 WCS 来进行信息衔接。

如果 WMS 直接管理现场设备，WMS 中的数据逻辑与现场设备信息交融在一起，互相影响和牵制的因素必然较多。比如，现场某个设备停机或者出现故障，这个异常的状态可能与 WMS 某个出库的逻辑嵌套在一起，在异常情况被处理前，可能会导致 WMS 的某些其他功能停滞。而被停滞的功能很可能是与现场的这个异常状态没有直接关系的，但还是会影响其他环节的物流信息管理甚至是具体现场作业的执行。

另外，现场的某个设备升级或者更换厂家后，由于现有的接口和使用方式发生了变化，此时也需要对 WMS 进行相应的程序修改和调试以匹配新的设备。这样很大程度上会影响现有 WMS 的正常使用，并间接地降低整个物流系统的效率。

在调试智能物流信息系统期间，如果 WMS 的开发人员只有在现场所有设备正常运行的时候才能测试，就不便于单独测试业务方面的功能。因此，WMS 与现场的实际设备必须进行分离，通过增加一个中间层 WCS，使物流管理业务与底层的设备运行和信息采集分离，互不影响。WCS 充当连接两者的桥梁。

WCS 的基本功能包括接收 WMS 的作业指令，整理、组合、拆分后，形成各自动化子系统或现场设备的作业任务，并分发下去；同时，将各自动化子系统和设备的现场状态实时反馈给 WMS。

事实上，WCS 内部也是按照金字塔结构组成的。WCS 作为上层，各设备的控制器如 PLC、嵌入式控制系统等作为中间层，各执行机构和传感器作为最底层。WCS 内部构架与上述的金字塔结构类似，这样可以将各子系统和设备进行分离，便于各系统分别进行调试、维修、运行。

通过自上而下的金字塔结构，智能物流信息系统将物流中心内的设备、物流环节都串联在一起，潜移默化地形成了一个数字化的网络，这个网络可以控制整个物流系统内的各节点和各环节。

从节点来看，不论是底层设备、物料状态、人员操作订单情况，还是搬运任务执行情况，所有业务每个时刻发生的数据都被捕捉到系统中，并被上传到物流信息管理系统。

从业务流程来看，从收货、验货、入库一直到出库发货，所有的环节都被拆分成一步步的逻辑关系嵌套。每个业务环节都必须经过前后业务逻辑验证才能办理完成，因此业务流程能够被全程管理和跟踪。

物流本质上是针对物料提供的一种服务，追求服务质量是核心。"人、机、料、法、环"是影响质量的五个最重要的因素。由金字塔搭建的这个数字化网络对于"人、机、料、法、环"都进行了控制和跟踪，这样可以有效地保证智能物流信息系统提供的服务质量。

（1）人。数字化信息管理系统将物流系统中的业务操作标准化，一方面极大地降低了人的操作难度，另一方面通过数字化的形式直接辅助相关人员进行约束。同时也对人员自身的角色进行了定义、分配和管理，如 WMS 使工作人员无须记住库内每个员位的分区，也无须考虑任务优先级，所有这些信息类的工作都可以交给 WMS 完成。

（2）机。智能仓储物流中心里的设备主要是各种搬运、输送设备，自动化金字塔结构将底层设备与中间层 WCS 与上层 WMS 串在一起。现场所有设备不仅实时被监控，还一定会按照上层的指令进行动作。设备出现故障和异常后，可以直接以虚拟化的形式直接呈现给维护人员，便于及时维护和修复设备。

（3）料。物料借助条码、二维码、RFID 等介质，通过各类传感器的信息采集，实现信息管理系统全流程跟踪。

（4）法。智能物流信息系统将收货、验货、入库一直到出库发货一系列完整物流环节拆分成一步步的逻辑嵌套关系，因此自动化设备负责的物料处理则一定会按照严格的程序执行。需要人工处理的业务，信息系统也会按照逻辑嵌套关系将其拆分成可执行的单个步骤供工作人员执行。

（5）环。物料的存放位置、搬运过程都是系统提前设定好的，如不同工艺要求的物料被自动存放到不同的库房位置。至于对于环境控制较为敏感的仓储物流环节，可通过现场传感器直接并入现有数字化网络中，并实时地将环境数据上传到上位信息终端（如监控系统），以供工作人员对现场的环境进行实时监控管理。

二、三类智能物流数据

一个完整的智能物流系统在运行时，参与这个过程的所有资源，包括人力、设备、物料、客户、第三方系统等，都在随着系统的运行不停地产生数据。对物流作业过程产生的数据进行有效全面的收集是对物流信息数字化管理的第一步。在智能物流系统里，关注的数据通常有如下三大类。

（一）生产工艺数据

对于各行业的工业生产而言，由于生产工艺不同，各工业系统关注的数据是不一样的，都集中在与各行业最核心工艺相关的数据上。比如，钢铁厂关注的数据是与搬运、存储相关的核心工艺数据。主要包括如下几个方面。

1. 设备状态数据

在智能物流系统中，由于物料单元是由设备自动完成搬运或存储的，因此需要密切关注所有仓储物流设备的当前状态。比如，设备的各种传感器是否正常，当前是否有负载、是否有报警，系统采集的各种现场数据是否合乎逻辑，是否在执行任务，等等。设备各项状态数据是上下游设备之间互相配合的接口依据，也是上位机对物流装备资源进行调度和下发任务的数据基础。

2. 设备运行数据

要保证物料单元平稳顺畅地被各设备或子系统搬运，物流系统对设备的搬运任务执行情况的实时数据监控和跟踪必不可少。监控跟踪内容包括设备运行的主要参数，如速度、高度、装载量等，还包括设备接收任务的执行状态、时长、完成度等，也包括上下游的供给情况、任务的优先级、当前行走的路线等。对设备运行数据的跟踪采集有助于评估智能物流装备的执行能力，为物流业务变化带来的智能物流系统升级改造方案提供数据支持。

3. 物流量

物流系统是通过完成各类物料的移动和存储达到物流服务的目的的，与物料流动相关的数据是物流行业最核心的工艺数据。对应到物流系统各物流设备或者子系统中，相关物流量主要包含一段时间内上游物料进入量、输出到下游的物料量、自身处理的物料量、物料容器的进出量和处理量、缓存量等。对应到物流作业的各流程，相关物流量主要包括收货、入库、盘点、出库、拣选、分拣、打包、发货等各环节的任务量、吞吐量等。

物流量能最直接地反映实际业务情况，物流量数据也是在智能物流系统规划阶段最主要的数据分析源之一。

4.库存数据

仓库是物流系统中特殊且非常重要的一个环节,除了关注仓库本身物流量,还要对仓库内的每个物料单元的信息进行关注,包括库存量、库存分布、每个物料的存放位置、入库时间、具体属性,等等。

5.操作人员信息

不论是现场的 HMI,还是上位机信息管理软件所在的个人计算机(Personal Computer,PC)终端,都需要通过人为操作对某些物流过程进行判断、管理、决策。而人的操作过程就成为系统输入的一部分,包括主要人员身份数据、人员角色数据等。

6.操作日志

操作人员以系统信息输入者的角色参与仓储物流业务过程中发生的所有操作,系统生成日志数据并对其进行记录跟踪。

(二)物料数据

物料数据最常见的管理方式是采用条码、二维码或 RFID 来标定物料单元,通过读码器获取物料单元信息,结合物流信息管理软件实现物料单元信息的管理和跟踪。

(三)物料数据的载体

1.条码

条码技术是基于光学原理来完成对数据的标定和解析的。条码阅读器通常要与条码保持非常近的距离,通过直条光线的捕获来读取数据。条码要被贴在物料包裹或者容器的最外侧才能方便被读取到,同时条码外观要完整,条码标签打印质量要好,否则容易引起读取失败。通常条码污浊、模糊或有折痕都会严重影响读取效果。

2.RFID

RFID 是一种基于射频技术的物料标识方案。与条码的数据内容固定和只读性不同,RFID 的数据内容是动态可编辑的,既能被读取、更新,又能与外界进行数据交换。使用 RFID 标签便于追溯每个物料单元的整个生命周期。RIFD 标签可擦写、可存储、可重复利用。RFID 可以通过加密或者密码保护的方式来保证数据的安全性,因此,RFID 标签很难被篡改和仿造。

RFID 标签分为有源和无源两种,主要的区别在于是否需要外部电源来供电以完成数据传递。

由于 RFID 具有很高的读取速度，如果需要对大批物料进行快速数据读取和标定，则 RFID 优于条码。RFID 技术可以通过部署阅读器和天线，在无人参与的情况下，轻松批量读取多个标签信息。

（四）物料数据内容

通过条码和 RFID 标签标定物料单元，从而能够赋予每个物料单元唯一的"身份证明"。物料本身的属性数据与各自的身份标签关联，物流信息管理系统通过检索标签可间接获取每项物料的所有属性数据。

物料的基本属性数据如下。

（1）物料编号。

（2）物料描述。

（3）包装码。

（4）装箱组别。

（5）标准毛重。

（6）标准净重。

（7）标准体积。

（8）其他属性。

（五）人为数据

上文提及的生产工艺数据和物料标签信息都是客观存在的或者是按照一定的逻辑关系自动生成的数据。另外一类数据是决策输入数据，多数决策输入数据由于现有技术的限制无法依靠常规的逻辑生成，此时人来辅助自动化系统即可轻松完成任务。常见的各类综合性的决策输入就需要人工来处理。

人工输入决策数据需要通过 HMI 软硬件来实现。在智能物流系统中，最常见的有如下几类。

1. 按钮类

按钮是最简单直接的一种 HMI 输入方式。人接收来自现场复杂的多样信息，结合物流信息系统提供的决策依据数据，综合评估后生成最终决策，最终通过按钮将决策值 1 或 0 输入到系统中。在智能物流装备的控制系统中，按钮常常被布局到现场设备周边。常见的按钮功能有手自动切换、启动/停止、急停、加速减速等。

2. 工控PC类

PC作为最通用的计算机硬件在智能物流系统中被广泛地部署在信息处理系统的硬件构架中，如部署在中央控制室里用来操作WMS、设备健康系统的PC终端。在PC上往往可以输入更加复杂的决策数据，此类决策数据也往往更加偏重于物流业务层面，如在PC的物流信息管理系统上输入下一次拣选的波次分配原则，输入本次要出库的物料规格，等等。

3. 工业触摸屏

由于物流设备广泛地分布在仓储物流中心各环节作业区，有些设备需要人为地在现场干预或者输入指令。而由于执行机构众多，不可能给所有的设备都配备一套实体的物理按钮，此时工业触摸屏是一种非常好的替代方案。

常见的工控巨头公司，如西门子、罗克韦尔、施耐德等，都有自家的工业触摸屏产品，通过在工业触摸屏上配置专用工业软件就可实现与现场设备的连接，快速实现对设备的操作。

4. 手持终端类

有些应用场景下，系统的信息输入更加方便快捷，如工作人员如果能随身携带输入设备就不必每次走到指定的PC或者按钮处才能输入。如果操作员要在现场核实实物后才能输入某项决策数据并开启后续的物流作业，就可以采用PDA作为信息输入的数据终端，而不再需要每次都返回到PC端处理。这样既能方便人员在现场灵活处理问题，又能有效地提高整体物流系统的效率。

三、智能物流网络通信技术

（一）工业通信方式

智能物流系统中各物流装备和子系统在运行时会产生海量动态数据，众多的物流装备能根据搬运存储工艺正常运转，其中各单元之间的数据通信互联是必要的前提。

在智能物流系统中，常见的互联通信有如下几类。

（1）上下游子系统、设备之间的通信。

（2）人机通信。

（3）上位机与现场物流装备的通信。

正是由于有不同的设备与设备（或子系统）之间的互相通信，所有的要素才能组成一个有机的整体,才能完成智能物流系统一体性的要求。

以单向通信为例,若 A 有数据要传递给 B,AB 之间需要先建立通信链路。

不同终端之间的通信链路主要有如下几种。

1. 低压控制电缆

分布于现场的众多开关传感器经环境感应后有不同的状态的变化,表现为 0 和 1 的变化,如感应到有货物为 1,无货物为 0。在工业中,这样的 0 和 1 在传感器上的输出通常是通过有无 24 的直流电压来反馈的。比如,输送机上的光电传感器通过控制电缆接入 PLC 的输入端,这样就将光电传感器的状态信息实时地传给了 PIC。

与二进制的数据构成原理类似,要传递更多的信息量,就可以通过传递由多个 0 或 1 的组合来实现,比如有 3 个状态位,则最多可以传递出 8 个不同的数据。

2. 工业总线

数据通信的内容往往不止几个状态位就能解决,原因是一方面系统包含更复杂的数据信息,另一方面自动化系统中往往不止有 A 和 B 两者之间的通信。这样就需要更加高效且能支持多终端同时通信的数据通信方式。这样,各种基于标准协议的工业总线就派上了用场。多数的工业总线都由主站、从站构成,经过一定的系统配置后,各站点之间就可以互相传递数据了。

在智能物流系统中,应用较广泛的有 Profibus、Modbus、Can、ASI、RS232/485 总线。

3. 物理传递

人与人之间的信息交流主要通过语言,除此之外还有文字以及特殊人群所使用的手语等。文字和手语的交流实质上是通过视觉识别系统来完成的。在智能物流系统里,也有类似的信息通信方式,最常见的就是物料信息传递给自动化控制系统的过程。比如,输送线上的物料条码信息通过扫描的方式传递给输送机控制系统。

当然,这种物理的信息通信方式只能是单向的,一方主动地读取,另一方等待信息被动地传递出去。

(二)工业以太网

工业以太网在工业界也经常被认为是一种工业总线。以太网是办公场景下各类计算机终端的主流通信标准网络。在智能物流系统的典型自动化金字塔结构中,上位监控管理层往往都是建立在 PC 终端上的，因此上位信息管理系统与下位各层通信适合采用以太网。为通信便利，从金字塔底层到最高层，如果能用统一的通信方式将各层串联到一起，则在很大程度上可以加快系统网络搭建速度，也能降低通信故障发生的风险。

另外，在智能物流自动化系统中，有相当一批设备是机动性较高的搬运设备，如 AGV、搬运机器人等。对于机动性较高的设备，采用无线以太网的通信方式无疑是较好的方案。因此，在智能物流系统中，工业以太网应用广泛，通常被当作整个 IT 系统的主干通信网络方式。工业以太网除了有以上的优势，还具有通信速度高，系统扩展性强的优点。

工业以太网有线的连接方式通常采用交换机、双绞线、光纤、网卡等的组合达成通信连接；无线的连接方式通常采用无线接入点与无线网卡达成通信连接。

通过各种工业网络技术，将控制器、传感器、子系统、PC、服务器、手持终端、移动设备、AGV、机器人等直接或者间接（通过转换）地连接到总的工业以太网络中。这样，底层系统所有单元产生的实时数据就可以通过一定的链路上传到控制层和 WMS 层。同时，WMS 层也可以将指令通过一定的链路下发到底层各执行器或者控制器。

四、智能物流数据处理技术

从自动化金字塔结构来看，各类信息由下而上传递的过程也是数据集中的过程，集中的数据可以用来控制设备、管理物料和执行物流任务，也可以用来对关键信息进行挖掘和汇总分析，最终达到对物流业务全方位的信息管理。在智能物流系统中的信息管理主要有以下几个关键技术的应用。

（一）计算机应用技术

各行业、各应用场景下的数据管理一定是依赖于计算机科学的。厂内仓储物流业务的数据管理就是计算机技术的一个具体行业应用。不论是现场的 PLC 控制，还是 WCS 和 WMS 都是基于计算机科学的应用技术。

在智能物流系统中，根据物流现场具体的业务要求，基于成熟的开发工具或平台可以有针对性地设计出各种具体的控制程序和软件。常用的开发工具包含主流 PLC 编程开发套件、Visual Studio、Java 类开发平台等。应根据具体的应用场景选取合适的结构。

为了快速部署对现场运行的自动化物流设备的实时监控，可以采用工业组态软件开发应用程序，在对应的 HMI 终端展示出来。

（二）数据库技术

与物料存储需要仓库类似，数据的长期、安全、高效可检索的存储也需要数据库。事实上，数据库在智能仓储物流系统的信息管理中起到举足轻重的作用。

要对数据进行管理，就要有足够的数据。在完整的智能仓储物流系统中，众多的物料单元、设备、搬运任务、子系统、人员、业务等都是数据的源头。庞杂的数据只有要依附专业的数据库进行整理和存储才能进行后续的统计和分析。

另外，以上提及的所有数据并非只是记录当前某一时刻即可，要做到完善的管理，就要将所有的历史数据一并存入数据库中。

在智能仓储物流系统中，小型系统可以采用 Excel、Access，中型和大型系统通常采用 SQL Server、MySQL 和 Oracle。

（三）数据处理技术

自动化金字塔结构中，底层的所有数据都汇集到了管理监控层，依托强大的数据库技术，结合一定的算法可以将物流业务中的所有关键要素以数据统计结果和分析结果的形式展现出来。

常见的各类数据统计有库存统计、物料单元统计、出入库业务统计、搬运历史数据统计、上下游进出物流量统计、处理量统计、操作统计等。常见的数据分析有设备潜在隐患点、库存业务预期、库存周转率、物料资金分析、各类业务预警、物料完好率等。

智能物流信息系统中的算法是整个物流管理的核心，以 WMS 为例，WMS 中的算法主要分为两大类。一类是通用逻辑规则算法，如物料存放不能超过库容、先进入的物料系统先录入、大件物料不能存放到小物件立体库等。另外一类是业务逻辑规则算法，具体如下。

1. 入库规则

（1）ABC 原则。

（2）最短路径原则。

（3）产品属性原则（重量、体积）。

（4）产品相对集中原则。

（5）包装规则。

（6）订单类型规则。

（7）递进式寻找库位。

（8）库存合并规则。

2. 出库规则

（1）先入先出。

（2）先到期先出货。

（3）指定批次出货。

（4）包装规则。

（5）库位利用率优先。

（6）动态拣选。

3. 波次规则

（1）定时规则。

（2）路线规则。

（3）订单数量规则。

（4）订单行数规则。

（5）产品数量规则。

另外还有质检规则、周转规则、盘库规则、分配规则、补货规则、序列号规则、配送规则等。

【思考题】

（1）物流大数据的数据源有哪些？

（2）智能物流常用的大数据技术有哪些？

（3）简述智能物流的基础控制技术。

（4）简述智能物流的基础信息技术。

模块三

物流大数据应用与实训

项目一　物流企业的"数据觉醒"

【案例导入】

数据灯塔

数据灯塔作为顺丰第一款对外的大数据产品，一方面基于顺丰20余年的数据沉淀，另一方面展示了其为合作商业伙伴提供更好服务的愿景。

A品牌手机商家是数据灯塔的首批合作客户，双方已开展多次合作。A品牌在一次新品发布时，面对即将到来的大量曝光，以及销售量的剧增，广告投放和物流配送是其面临的主要问题。如何将广告投放到合适的人群中，并在买家下单后以最短的距离、最快的速度将手机送到买家手中成为一大难题。

在此次合作中，数据灯塔不仅对A品牌的客户群体进行画像，提出合适的广告投放区域建议，还通过手机终端消费者的订单、地域分布情况、购买行为等大数据提出分仓备货方案、紧急补货方案等，在新品发布活动结束后数据灯塔还提供了该款手机的消费者口碑分析。这次合作为A品牌带来出乎意料的效果，不仅送货时效有所提升，广告的覆盖精准度也有明显提高。

作为一款大数据服务产品，数据灯塔融合了顺丰内外部数据，数据来源主要包括30多万名收派员、5亿多个个人用户、150多万个企业客户、300万条楼盘/社区信息、10亿条电子商务数据、10亿条社交网络数据等。数据灯塔已覆盖各个行业。

数据灯塔提供的服务包括如下几方面。

实时快递监控：提供快递揽收、在途、派送、签收全流程状态，帮助实时跟踪、监控快递，及时发现问题快件并处理。

个性化预警：支持不同地域自定义设置快递服务质量、快递件量下滑预警，对用户关注的问题提前预警，方便客户基于自身情况定制服务。

快递件量预测：结合内外部影响因素，利用数据挖掘技术，批量化精准预测商品的未来订单走势，助力商家提前备货。除了考虑商家发件历史情况外，还综合考虑了节假日、促销活动、地域情况等因素。

分仓模拟：数据灯塔根据商家在顺丰的历史数据或商家销售计划进行模拟分仓计算，精确显示不同分仓场景下的快递时效和物流成本，以及安全库存等数据，直观呈现分仓前后的快递时效、物流成本等对比结果，指导商家更好地进行分仓备货，提高快递时效、降低物流成本，实现"单未下，货先行"。

库存健康：基于商家的库存结构、库存周转天数及SKU所处的生命周期等，通过查看当前的库存情况并进行综合分析，得出库存当前状态（呆滞/缺货/正常）。同时，对库存进行评分，根据库存所处的不同分数区间，提供库存优化建议，包括智能补货、手工补货等，商家可进行相应操作。

洞察同行：第一时间掌握市场行情，关注同行动态，轻松应对快递件量高峰和低谷；了解哪些属性的商品畅销，关注竞争对手品牌销售动态及用户口碑情况，助力商家优化产品运营，调整营销策略。

洞察消费者：融合顺丰精准、全面的运单数据和外部地址信息，通过挖掘海量的"最后一公里"地址数据，利用大数据技术基于地理位置对商业环境进行分析，结合小区的属性特征，让商家更清楚地掌握消费者的购买偏好及人群画像信息，提供完整的商业落地方案，协助商家更好地进行O2O运营、精准营销，进一步定位目标客户。

洞察供应链：供应链分析立足于揭开行业"黑匣子"，揭露行业内部交流密度，洞悉供应链上游（分销商、代理商、生产企业、原料供应商）活跃程度与下游市场动态（流行趋势、购物偏好、商品热点），帮助商家在生产、采购、销售活动中及时把握市场潮流，及早调整，有效应对，规避供应链风险。

任务一　物流行业大数据

一、物流企业的数据嗅觉

在大数据时代，数据被许多权威人士比作"新型石油"，日益成为一种战略性资源和企业的核心资产。大数据及其所承载的知识和信息作为一种较具战略价值的经济资源，通过参与企业的经济活动和营运过程，正在充分发挥其独特的整合效应，促进物流企业提高组织效率、降低成本、创新服务、维护良好的品牌形象和客户关系、增进经济效益等。

（一）充分发挥大数据给物流企业带来的发展优势

（1）信息对接，掌握企业运作信息数据。在信息化时代，网购呈现不断增长的趋势，网购规模已经达到了空前巨大的地步，这给物流带来了沉重的负担，对每个节点的信息需求越来越多。每个节点产生的数据都是海量的，过去传统的数据收集、分析处理方式已经不能满足物流企业对每个节点的信息需求，这就需要通过大数据技术把信息对接起来，将每个节点的数据收集、整合，通过数据中心分析、处理转化为有价值的信息，从而掌握物流企业的整体运作情况。

（2）为物流企业做出正确的决策提供依据。传统的根据市场调研和个人经验进行决策已经不能适应数据化时代的要求，只有真实的、海量的数据才能真正反映市场的需求变化。通过对市场数据的收集、分析处理，物流企业可以了解具体的业务运作情况，能够清楚地判断哪些业务带来的利润率高、增长速度较快等，把主要精力放在真正能给企业带来高额利润的业务上，避免浪费。同时，通过对数据的实时掌控，物流企业可以随时对业务进行调整，确保每个业务都可以盈利，从而实现高效运营。

（3）培养客户黏性，避免客户流失。网购人群的急剧增加，使客户越来越重视物流服务体验，希望物流企业能够提供较好的服务，甚至掌控物流业务运作过程中商品配送的所有信息。这就需要物流企业以数据中心为支撑，通过对数据进行挖掘和分析，合理地运用这些分析成果，进一步巩固和客户之间的关系，赢得客户的信赖，提高客户的黏性，避免客户流失。

（4）对数据进行"加工"，实现数据"增值"。在物流企业运营的每个环节中，只有一小部分结构化数据是可以直接分析利用的，绝大部分非结构化数据必须转化为结构化数据才能储存分析。这就导致并不是所有数据都是准确的、有效的，很大一部分数据都是延迟的、无效的，甚至是错误的。物流企业的数据中心必须对这些数据进行"加工"，从而筛选出有价值的信息，实现数据的"增值"。

大数据的开发利用包括数据收集、数据储存、数据计算和数据分析等方面，最重要的是收集整理、筛选出有用的信息。京东、阿里巴巴等都有自己的数据库和完善的数据运营系统，它们将收集到的物流信息进行筛选、整合，并进行专业分析，了解客户需求、产品的出库位置、各工作人员的位置，及时、准确地进行订单的配货、运送，以及货品的物流信息采集、跟踪等工作。除物流配送及时外，整个配送过程都是可查的、可视的，如此人性化的设计，得益于大数据的支撑。

（二）大数据技术在物流企业应用的意义

对于企业管理来说，大数据已成为有潜在价值的财富，企业将大数据应用于物流管理，物流管理的内部环境也必然受到大数据的影响。

（1）高透明度。在大数据时代，物流信息的交流更开放，信息共享程度更高。为了帮助客户做出更合理的选择，物流服务商应公开、透明地发布绩效和物流质量方面的信息，要做到这一点离不开大数据技术。同时，大数据技术可以促使物流服务商提高绩效，确保企业可持续发展。

（2）提高决策水平。海量的环境数据在经过大数据技术处理之后，可以为物流企业领导者提供更加快捷、及时、准确、科学，以及更有价值的外部环境综合数据信息。依据大数据的决策可以客观地避免思维定式的消极影响，帮助企业提升战略决策能力，掌握行业发展的新动向，从而达到优化服务、避免浪费和提高物流效率的目的。

（3）制定市场策略。物流行业网络数据量大、信息价值高，通过对这些数据的加工、深度分析，可以实现系统数据实时更新，并基于大数据技术对市场实际需求进行预测，进而制定更加符合市场的策略，提高企业的知名度。

（4）降低管理成本。数据挖掘和智能分析等技术，对物流行业各环节有重要的影响。例如，对识别、定位、感知、移动、互联、应用、开发等环节大数据的充分利用，可以有效管理公司，制定高效、合理的物流方案，优化运输交通线路并进行实时监控，降低物流配送的成本，提高物流效率，提供高效、便捷的服务，构建双赢格局。

（5）提高利润率。近几年，电子商务行业迅速发展，市场竞争越来越激烈。要在竞争中占据市场、获得利益，必须从价格竞争转向价值竞争，提升服务质量、保证利润率。

二、大数据对物流企业要素的影响

大数据通过对物流企业资源、能力的影响，提升物流企业的竞争力，进而改变企业的竞争机制。因此，物流企业需要根据时代发展特点，不断改变物流企业的竞争理念，使物流企业表现更加稳定可靠、反应更加迅速。

（一）大数据对物流企业资源要素的影响

1.不断盘活物流企业的人力资本

通过信息化建筑的不断推进，大数据对物流人才的测评及甄选更加有效、便利，甄选出来的物流人才也更有价值。

2. 优化物流企业的结构资本

大数据的应用不断加大资源的协调力度，不断完善协调机制，使内外市场紧密结合，同时在一定程度上增强物流企业对环境的适应性。

3. 为企业赢得更多关系资本

大数据技术和应用不断推进完善，使物流企业的管理模式得到改革及创新。

4. 注重企业的文化建设

大数据技术的应用有效推进了物流企业的文化建设，使员工更能体验物流企业的人性化管理模式。

（二）大数据对物流企业能力要素的影响

1. 提升物流企业的战略管理、战略决策能力

大数据的推进有利于消除主观偏见及思维定式的影响，可在一定程度上帮助企业把握行业发展的新趋势，进而抓住战略性的投资机会，从而在一定程度上提升物流企业的经济效益。

2. 增强物流企业的运作管理能力

大数据的应用可有效地推动知识的内部共享，进而帮助企业有效、合理地分配并利用资源，从而使业务的运营更加主动。

3. 提升物流企业的市场营销能力

通过大数据的分析、解释，可有效掌握顾客的偏好、消费体验等信息，进而在一定程度上提升物流企业的市场营销能力，实施更加精准的营销模式，降低营销成本，为物流企业创造一定的效益。

4. 提升物流企业的品牌管理能力

通过对物流大数据的分析可有效管理品牌的声誉，及时处理负面消息，以此提升物流企业的品牌管理能力。

5. 增强物流企业客户管理和客户关系维护能力

物流企业服务的对象是客户，因此增强物流企业的客户管理、客户关系维护能力至关重要。通过大数据反映的信息可有效对客户信息进行了解，进而及时发现问题，及时与客户进行沟通，提高客户对物流企业的信任度。

6.提高企业创新发展能力

大数据的应用可有效地将搜索者、创意者、解决者联系在一起，进而不断发展新的合作伙伴，并且集思广益，推动物流企业创新发展。

三、物流企业对大数据技术的反向适应

物流领域是物联网、大数据技术应用的重要领域之一，基于大数据技术的智能物流管理模式的构建进一步提升了物流智能化、信息化和自动化水平。物流企业推动物流功能整合，不仅在生产、运输、仓储等技术环节进行调整和适应，还在技术、管理、制度等方面主动变革，以适应大数据时代的发展。

（一）技术方面

物流管理信息化技术是物流管理的关键，智能物流的管理模式使物流在技术应用方面偏向高科技信息技术的应用，走在信息技术应用的前端。智能物流管理模式的构建基础在于感知端、传输端、云端、应用端"四端"的联动，而"四端"的联动需要物联网技术的支撑，如感知端传感技术的使用、云端大数据的使用。智能物流给传统物流的技术使用明确改革的方向，例如，在运输环节 GPS 技术的应用，帮助企业实现智能化调度，提前预测和安排最优行车路线，缩短运输时间，提高运输效率。智能物流应用建立在传统物流已有技术设备的基础上，并向物联网技术发展。传统物流的信息设备是构建智能物流管理模式的基础，但这些设备的应用远远未达到智能物流全面感知、实时传输、智能处理等要求。因此，构建智能物流管理模式必然改变传统物流技术，通过物联网技术对各类信息进行处理，实现对物流的有效控制和管理，提高物流运作效率。

（二）管理方面

智能物流管理模式的构建，为物流企业带来管理上的改变。在管理手段方面，管理者改变过去"面对面"的交流模式，运用物联网技术，在应用端搭建决策管理模块，为管理者提供决策支撑。例如，在仓储环节，加强分销管理系统建设，建立库存管理系统，将全国各地的库存在逻辑上拿到公司总部进行管理，这样可以充分发挥计算机网络的优势，实现"零距离"管理。在管理对象方面，对物流的管理不仅局限在货物、

设备、人员的简单管理上，智能物流管理模式的构建使物流管理侧重专业人才的聘用、管理，以及信息技术的管理、信息的管理等方面。

（三）制度方面

智能物流管理模式的构建在一定程度上解决了企业管理制度的问题，为管理制度提供新的方法。在物流成本管理制度方面，为有效进行物流成本控制，通过云计算专业团队对整个物流运行过程进行成本预测、分析、计算，支持管理者进行有效决策，实现综合成本控制。在智能物流管理模式下，在生产环节，通过感知端收集信息，并实时传送到云端，降低人力信息传递、人工识别的成本和出错率，并自动形成详细补货信息，从而实现流水线均衡、稳步生产，节约人力资源成本、信息统计成本等，形成物流成本控制信息化制度。

在大数据时代，任何行业、组织及个人都会受大数据的影响，要么成为数据贡献者，要么成为数据采集者。挖掘数据价值的管理者，能有效利用信息分析手段优化组织运营管理模式，提高对组织内部人、财、物等资源的分配能力，提高组织创新能力。

（四）安全方面

数据安全是指需要制定科学的安全防护措施，针对业务安全等级及网络密级等进行审查核定。通过物理隔离技术、防火墙技术等，努力做到对核心网络进行安全隔断，关注物流企业网络边界，保障数据信息安全，从而提升内外网的保护效果。如果数据信息安全得不到保障，那么企业将出现业务被扰乱、数据失真等问题，并造成一定的损失。

（五）个人隐私方面

企业在搭建物流大数据管理平台时把数据安全作为核心考虑因素，毕竟对于企业级客户，这是最重要的关注点。另外，基于大数据应用的分析颗粒度，数据安全不会精确到定位个人，只会定位到群体。个人数据在物流大数据管理平台上应该是脱敏的，应屏蔽涉及隐私的个人信息。物流大数据服务的云端获取，有严格的校验机制，除了登录账号体系，还有不同的区域、月结账号、基础信息匹配等处理机制，不同层面的人看到的信息不同，只有企业总部才能获取全局信息。

任务二　物流企业构建大数据策略

当前，部分物流企业高层管理者对大数据技术缺乏高度的重视和支持，只有得到物流企业高层管理者的重视，一系列与大数据有关的战略发展规划才有望推进，大数据的价值才能在物流运营过程中真正被挖掘出来。

大数据市场仍不成熟，再加上大数据的多样性和复杂性，大数据的质量无法得到有效的、全面的保证。因此，物流企业高层管理者应当清楚大数据在信息时代的真正价值，抓住大数据带来的机遇，主动借力大数据提升企业竞争力；建设完善的数据中心和数据质量保证制度，带领企业迎接这场没有硝烟的大数据战争。

一、大数据战略实施的模型模式

从战略角度来看，通过大数据预测可以让企业从众多杂乱的信息中轻松地挑选出有效、可靠的信息，摆脱过去烦琐的搜索监测与分辨信息的业务，将大量数据变成引导行动的洞察力，节省了大量的时间，从而更加高效、准确地做出合适的决策。

（一）大数据战略模型模式展开

1.建立数据资产管理战略

作为物流企业总体战略的一部分，围绕"资源管控"和"服务优化"两个基本命题，在企业整体战略中要有大数据应用的总体方案。这个方案既要着眼于企业的实际情况，又要有长远的规划，在软件和硬件投入方面都要有指导性的日程安排。在保障机制方面，要通过有效的"顶层设计"打破组织壁垒，促进数据资产的沟通、融合。

2.大数据的应用是"一把手"领导工程

领导的重视是成败的关键。企业领导层应主动变革思维模式，进行实质性的资源投入，支持大数据技术的深入应用；应摒弃那种仅用数据来粉饰决策、支撑既有观点的做法，从战略高度对数据资产价值进行再思考、再认识，将大数据、云计算等作为战略实施的有力推手，而不是将其视为传统IT管理的一个方面。

3.优化数据资产管理和大数据应用流程

在数据收集和处理方面,要做好整合,认真发掘组织内部的"休眠数据",并认真评估其价值;同时,要高度重视外部数据对企业的战略价值,推动企业内部数据处理系统与合作伙伴相关系统的集成,实现数据交换和信息交流。在数据存储与处理方面,优化企业的服务器、存储设备和网络设备,引入能与硬件设施设备无缝对接、合乎大数据应用需求的数据管理和分析软件,在必要时要借力基于开发架构的、具有灵活扩展能力的、性能卓越的第三方平台,不断深化大数据的应用,实现人、机、系统等要素的有机结合。

4.大数据应用技术向内扩散,内化为组织整体技能

员工应熟悉在数据驱动决策下的业务运作,将数据应用视为业务运营的工具和助手,采取措施推动员工应用数据技能的持续进步,促进企业决策者、管理者、业务人员和数据工程师基于数据分析和数据应用的沟通、共享、协同,消除"数据孤岛"现象。

5.有计划地培养大数据应用专业人员

专业人士应成为"数据工程师",兼具数学知识、IT技能、业务知识,并能够作为大数据应用的"先锋",引领企业跨越"数据鸿沟",提供专业的数据应用技术服务。

物流企业应用大数据分析方法和分析技术处理海量数据,可以有效地进行信息整合,优化资源配置,促进企业内部和企业之间的合作,从而降低运作成本,提高客户服务水平,提升客户价值。

(二)大数据应用在企业战略层面着重发力

应用大数据技术提升企业内部及企业之间信息交流的质量和时效性;发展基于大数据的管理技能,挖掘具有洞察力的信息以指导企业决策;利用强大的数据挖掘和信息检索能力实时洞察市场走向,获得更加精细、客观的客户反馈;提高物流服务交易信息化水平,利用实时追踪技术监督市场行为,构建业务数据评价体系,降低市场交易成本。

物流企业获得大数据的管理技能,培养区别于竞争对手的优势,获得成本优势,开发一系列增值服务;增强市场感知能力,及时洞察市场情况,改进服务;建立监督和信誉机制,降低市场交易成本,从而促进长期合作关系的建立和改善,以专业的物流能力帮助客户获得成功。

二、物流企业应用大数据的主要步骤

目前，受限于物流企业的数据量，其运用智能物流大数据的主流思路是联合共享、个性定制。云物流和大数据对物流模式的变革体现为，运用大数据技术在物流公共信息平台收集、处理客户订单，抓取、分析客户需求信息，提交物流管理平台调度和整合各类物流资源，以快捷的速度交付货物。智能物流联合大数据充分体现了高效协同物流资源、降低物流成本、绿色环保节能、信息安全保障、竞争力提升等方面的优势。各物流企业整合资源、优势互补、团结协作，才能够创建智能物流和生态物流的环境。

（一）实现数据的"增值"

大数据物流汇聚海量信息、订单全生命周期可视、业务紧密衔接且可追溯，业务活动按实时需求调整，促成多方交易，智能分析企业物流成本、预估订单收入，实现企业精细化管理，为客户提供个性化的物流解决方案。

在企业物流中应用大数据技术，通过大数据将信息对接起来，充分发挥大数据给企业物流管理带来的优势，把大数据作为数据分析的基础，挖掘数据隐藏价值，为企业提供信息决策基础。在企业物流管理体系中，基于大数据技术，以数据为中心，在客户需要时能及时提供物料，满足客户的需求，通过对数据的分析和挖掘，合理地运用大数据分析成果，进一步巩固企业和客户之间的关系，提高客户黏性。在企业物流管理中，应用大数据技术，对物流运营各环节的数据进行深度"加工"，筛选出有价值的信息，从而实现数据的"增值"。通过对企业市场物流数据进行收集、分析、处理，企业可以从这些海量数据中了解到业务运作情况，优化企业物流资源配置。通过数据中心分析、处理转化等方式，帮助企业在物流管理过程中做出正确的决策。

（二）物流企业应用智能物流联合大数据的具体步骤

1. 大数据系统收集数据

基于大数据系统，通过电子商务、呼叫中心、社交网络、传感器等方式收集和提取数据。

2. 进行数据分析

建立大数据仓库，开展高级分析和定制化分析，对数据信息进行整合与处理，为企业提供数据生命周期管控方案，建设智能物流、快捷物流、生态物流。

3.参与物流公共信息平台

一方面，平台通过数据接口端向客户市场开放；另一方面，平台通过数据接口端接收大数据信息。大数据为客户提供了海量物流服务信息，包括各类物流装备资源信息、物流人力资源信息、物流方案设计能力和资源信息、物流公共服务信息、物流政策资源信息、物流保险信息、物流金融信息等，这些信息汇聚成虚拟的物流资源和能力，形成物流公共信息平台上的虚拟资源云，供客户搜索、查询。

4.运行物流大数据管理平台

物流大数据管理平台是数据池，是物流供应商集信息共享、协同工作、资源整合、流程再造、商业智能和决策分析于一体的综合性的物流服务平台，主要任务是通过射频识别技术、全球卫星定位系统、传感器、车辆运输过程管理、车辆运输业务管理、车辆综合运营管理、汽车物联网等技术，准确、快捷地处理客户订单，调度和指挥各类物流资源，规划物流线路和物流方案，提供物流一体化解决方案，缩短物流过程，完成"最后一公里"配送，以快捷的速度按客户要求交付货物，实现物流平台对资源的智能化识别和管控。所有物流供应商在这个平台上聚集，如仓储公司、运输公司、第三方物流企业、第四方物流企业、货代公司、物流方案咨询商、银行及保险公司等，向客户提供订单服务、运输服务、仓储服务、信息服务、金融服务、咨询服务、代理一关三检、保险服务等全方位的物流服务。

（三）物流企业应用大数据的技术路线

大数据技术推陈出新，包括人工神经网络、遗传算法、关联规则、决策树等。大数据技术广泛应用于物流信息系统中，其技术路线如下。

1.待挖掘的物流信息

物流企业涉及的客户信息量十分庞大，并且覆盖面较广。业务交易服务数据涵盖重要客户的核心信息，对该部分信息的有效挖掘利用，可对物流企业起到至关重要的作用。因而，分析影响物流客户消费行为决策的重要影响因素，研究关键性联系，代化物流客户服务方案，可在有效维护老客户的同时，吸引更多新客户。物流企业要想实现这个目标，务必要开展好待挖掘数据的分析工作。

2.数据准备

数据准备是数据挖掘中尤为重要的一环，可将其划分成数据集成、数据选择、数据预处理3个部分。数据集成是指从各操作性数据库、文件或遗留系统中提炼相关数据，并对它们进行集成处理；数据选择是指基于技术人员的指导，采集需要分析的数据，去除无价值的信息，进一步改善数据挖掘质量、提高数据挖掘效率；数据预处理是指在开展数据挖掘前，对所选数据进行缩减、转化处理。例如，物流企业配送效率受配送路径选择的直接影响，物流企业要想改善物流服务水平、控制货运成本，务必要处理好物流配送期间车辆路线选择问题。换言之，应当为专门车辆选择专门的配送路线；同时，应分析车辆的利用能力，控制好物流企业的运输成本。另外，对于车辆运输能力来说，还应分析货物特征、运输收益高低等。

3. 数据挖掘技术选择

在确定数据挖掘目标之后，进一步开展数据挖掘技术选择工作，并逐步开展迭代挖掘，数据集中提炼潜在的、新颖的模式。通过构建数据挖掘模型，可对转换完毕的数据进行挖掘处理。数据挖掘模型的构建，包括学习算法的选择、算法参数的选择等。各种挖掘工具、分析方法的应用特点、应用范围各不相同。例如，关联分析可应用于货品仓储位置安排，定性与对比可应用于客户分析，分类与预测可应用于物流中心选择，聚类分析可应用于市场调查研究，演化分析可应用于配送路线优化，等等。

构建数据挖掘模型是全面挖掘过程中的重要一环。在构建数据挖掘模型过程中，借助数据源中的实体，通过数据挖掘算法、模型表等步骤完成建模任务。

4. 解释及评价

对获取的规则是否可存入知识库开展评定，此过程通常由人机交互、专家经验完成。其中，评价所采用的分析方法通常要结合数据挖掘实际操作进行选择。因为挖掘到的数据并非都有价值，所以应当结合实际情况，科学地对挖掘到的数据进行筛选、分析，获取有效信息。解释及评价过程一方面要对结果进行表达，另一方面要对数据开展筛选分析，此过程要不断重复，直到得到满意的信息。

任务三　企业应用智能物流大数据的障碍与策略

一、企业应用智能物流大数据的障碍

（一）物流大数据标准有待补充

物流行业缺乏统一的管理标准体系，不同地区、不同部门对物流信息管理的角度各不相同，导致物流数据的规则差异较大。各企业主体在物流数据信息平台建设方面存在不同的标准和思路，数据的差异进一步扩大。物流业务的复杂性促使广大用户要求建立物流公共信息平台，虽然投入了大量的人力、物力、财力，但数据基数不足。

物流行业服务的范围较为广泛，能够满足现代物流发展需求的规范较少。物流规则标准尚不能形成体系，不能改善物流管理流程。物流信息采集规定不统一，信息在衔接过程中不能共享，造成资源浪费，使物流企业的成本增加。

（二）数据质量有待提高

数据来源多元化，数据结构差别较大，特别是物流大数据侧重不同格式的半结构化与非结构化数据，如何有效整合数据进而获得有用的信息，对物流企业来说是个不小的挑战。此外，大数据价值较低，数据较易收集且收集成本低廉，这就造成数据量虽然在增加但本身价值却在降低，容易错过真正有用的信息。

（三）信息安全有待加强

物流企业在经营过程中不断与客户交流，因而物流供应链数据中包含用户、商家的私密信息。集中采集、处理这些高价值、敏感的信息，很容易引起不法分子的注意，不法分子利用各种信息手段等攻击、窃取这些信息，会给用户、商家及物流企业带来安全隐患。物流企业要格外重视信息安全问题，一旦信息泄露，除给用户、商家带来损失外，还会影响物流企业的外界形象与未来发展。物流企业应重视用户隐私，合理把握尺度，在排除不能侵犯的信息后，对剩余信息进行汇总、整理并加以分析，避免产生不必要的纠纷。

（四）专业人才有待增加

大数据诞生已久，但大数据的发展近些年才加快速度。这就造成专业化人才不足，懂经营决策的人才不多，不利于物流大数据技术的发展。企业需要懂运营＋数据挖掘的人才，这对技术人员提出了一定的要求。相关企事业单位应该注重信息人才培养，组建专业的人才队伍，以应对大数据给物流行业带来的变革。

二、企业应用智能物流大数据的策略

物流管理信息系统包含大量的用户信息、商家信息、业务运营信息。这些数据信息蕴含着巨大的商业价值，利用大数据技术对这些数据信息进行处理，可以为企业提供重大机遇。但是，在实际应用过程中面临诸多问题，应充分解决这些问题，抓住大数据在物流行业发展的机遇。

（一）提高数据的质量和时效性

人们对提高数据质量的认识经历了一个不断发展和深化的过程，应严把质量关，提高数据时效性、可操作性，使实施效果达到预期目标。

物流数据来源不尽相同，要获取高质量的数据，以及有效地整合数据，面临的挑战较大。物流数据变化快、周期短，若没有所需的实时数据，蕴含在数据中的价值将失效，低质或失效的数据会导致决策错误。物流数据库中的专门数据，应采用先进技术采集，使数据的质量和有效性得以保证。

（二）高度重视和支持大数据技术的应用

各方面应高度重视和支持大数据技术的应用，使大数据质量得到全面、有效的保证。各方面应认识到大数据的真正价值，完善数据中心建设，使物流企业充分利用大数据带来的机遇和商业价值。

（三）配备数据管理人才

应该采取各种手段引进或培养数据管理人才。专业人员的配备是保证大数据质量和应用效果的关键，大数据处理难度较高，迫切需要既懂数据挖掘、数据分析技术，又熟悉运营业务的复合型技术人才。物流企业应结合市场变化，提高物流数据的分析挖掘能力，引进和培养物流人才，加强物流人才队伍建设，提高信息安全保护水平，促进企业稳定发展。

（四）处理好物流数据开放与隐私的关系

物流数据信息在上下游供需关系之间应该具有共享性，但共享的信息应是有利于提高供应链物流效率、降低物流成本的相关数据信息。这就需要企业管理人员科学甄别物流数据，最大限度地公布那些可公布的数据信息，避免泄露与企业生存发展有关的数据信息。

（五）完善智能物流相关标准

经济发展和物流市场发展的加快，对物流行业相关标准有了深层次要求。发展智能物流面临巨大的挑战和机遇，物流标准的完善是其中之一。物流企业应积极参与智能物流标准化平台建设，对物流标准化进行探索，开展物流标准的制定与修订工作。

三、数据系统的应用推演

企业凭借自身海量物流数据和商业数据，通过实时监控快件状态、智能分析仓储数据、研究消费者画像，洞察各行业动态，为更加精准地开拓市场提供更专业的解决方案。大数据资源的开发和利用，可以促进快递企业转型升级，即由同质化竞争向差异化竞争转型，由注重单一的快递服务向注重客户体验的服务转型。

项目二 物流大数据之道

任务一 大数据应用于智能物流交通运输系统

一、大数据运输能力初步应用

（一）运用大数据优化车辆管理

优化管理用车、调度、监控、接单、执行、结算、统计整套服务，对不同类型车辆自定义使用场景。在车辆管理方面，安装远程信息控制系统，采用大数据技术对数据进行分析、处理，获知零部件运行状态，并及时更换；获知驾驶人员情绪等大量信息，利用大数据技术进行有效决策，为制订车辆管理计划提供依据。

（二）运用大数据优化运输能力储备

收集用户消费特征，解决物流运输能力匹配问题。利用算法提前预测用户需求，了解运输能力匹配、服务、区域、线路，再根据运输能力服务信息数据，综合天气、交通、人员等因素，分析出最佳运输能力，实现物流运输能力推送服务。目前，优化运输能力储备在实践中已有初步应用，通过扩充数据量、优化算法、加速系统执行，对订单信息和货物信息进行分析比对，可以提高物流运输能力服务的交互性，实现运输资源利用的最大化。

（三）运用大数据优化运输路线

运用大数据优化运输路线，是节约物流成本的一个重要依据。在物流配送过程中，通过大数据分析产品的特性，了解货运点、客户、货物、交通路线、服务地、网点分布等因素，以及客户的个性化需求，快速对客户需求做出响应。其中，如何安排最佳路线，如何使装载和配送路线有效搭配，成为物流配送的难点。对物流路线的拥堵路段进行预测,通过分析历史中转路线数据,优化车辆行车路线,使运输效率大幅提高,为物流与企业之间搭建沟通的桥梁。

(四)运用大数据优化商业决策

经济全球化导致商业世界日益复杂,竞争环境分析可以助力企业实现利益最大化,因此应运用大数据优越的流程和工具来制定决策。在物流决策中用大数据分析预测,使供给与需求匹配,对资源进行配置,在决策优化中重新定义组织方式,预测未来事件的行为和动向,分析特定时期和特定区域的供给和需求,更好地制定由数据驱动的商业决策。

二、大数据智能物流之应用与决策

分析决策系统为决策层发现管理中的问题、改善管理办法提供有效的支持。运用智能物流大数据分析方法,对系统中离散的、单一的数据按需要进行进一步加工处理,从中取得更有价值的信息,并形成直观的图形资料。

(一)财务分析

从总体财务、往来管理、工资、固定资产4个方面对企业进行财务分析。

(二)经营分析

主要从采购、销售、库存3个角度对企业的经营情况进行分析。另外,基于经营预算分析向导对预算执行情况进行分析,帮助用户深度挖掘数据信息,为企业的经营分析、内部考核等提供信息支持。

(三)领导查询

主要通过财务账册、财务报表、财务稽查、经营账册、经营账表、经营稽查6种方式对企业的财务状况和经营状况进行交叉分析;还提供订购未发货稽查、货位安全储备稽查等,帮助企业领导层了解企业的库存情况,以合理调配资源,保障供应链各环节顺畅流通。

(四)仓配一体化典型应用

仓配一体化要求商家的产品从工厂直接运到第三方物流库房,由第三方企业负责仓储管理,并根据电子商务订单选择合适的快递进行配送。

三、大数据在物流供应链中的应用

（一）物流供应链金融创新型模式

通过大数据技术掌握物流过程中的动产和供应链中贸易的自偿性，以及贸易过程中预付账款和应收账款的真实信息，为物流过程涉及各方提供融资服务。

当前，物流企业对共享数据、共享流程进度有所排斥，但限于订单、资金垫付、回笼周期等因素，物流供应链上下游存在运营资金短缺问题。若物流供应链上各节点不能协同，则单家物流企业的成本结构、响应速度是抵挡不住市场带来的冲击的。因此，谁能做出物流产业的高速连接器、深入管理物流进度、帮助缩减运营成本、提高资金周转效率，谁就能赢得市场，这类创新企业将是关注的重点。

物流供应链金融主要有应收款类、存货类、预付款类3项，以及其下的20多个子项的产品体系，可以开展业务类型如下。

（1）原材料采购金融物流。以生产型企业为服务对象，在实际操作过程中，通过供应链金融物流服务，客户可与物流企业达成合作意向，缴纳一定比例的保证金，解决定向采购原材料垫资问题，并提供物流服务。

（2）产品预购金融物流。将销售、采购移至监管端，分次缴纳款项并提取相应数量的货物，完成销售回款。物流企业并不从中赚取贸易差价，仅收取一定的物流服务费用。

（3）对外贸易金融物流。对外贸易金融物流供应链上、下游都是国外企业的跨国供应链，还没有合适的融资方案。

（二）基于大数据的智能物流供应链系统设计

1. 物品管理与存储管理子系统

实现仓库管理的信息化。立体采购、跟踪反馈、结算统计等实现可视化管理。通过日常化、账单化、统计化、数据化实现高效的智能存储，提高物流效率。高端物流仓可以实现"无人"化操作。

2. 配送调度子系统

简化流程，集成调度仓储、分拣、配送、装卸等服务，通过自动识别技术及射频识别技术的应用，按照顾客的要求进行流通加工，使整个物流系统的操作更加透明、智能。

在配送调度子系统中嵌入地理信息系统、电子数据交换系统、全球定位系统、全球移动通信系统、IC 卡、传感器等，构建智能物流系统。

3. 客户服务与人力资源子系统

实现营销绩效的改进，通过优质服务塑造和强化良好的公共形象，提高顾客的满意度和忠诚度，创造优良的营销环境。

根据大数据技术分析人员的需求，对人力资源进行管理，包括人事事务、薪酬、招聘、培训、考核等，科学、合理地规划和调度人力资源。

4. 财务管理与质量管理子系统

查询包含未记账凭证的所有账表，随时核算和考核，支持业务处理过程决策，满足财务管理对信息及时性的要求。

质量管理子系统面向企业的质量管理，包括来料检验、工序检验、产品检验、品质管理等，功能覆盖企业质量管理全部流程。

任务二　大数据应用于智能物流营销

在大数据技术的支持下，大数据企业向物流系统提供客户消费动态信息，智能物流精准营销以顾客需求为目标，在探析资源和能力的情况下，制定相应的物流配送方案。

一、大数据实现精准物流

（一）运用大数据实现精准物流

选择个性鲜明、有盈利需求的细分市场展开有针对性的营销活动，运用大数据技术分析目标市场个性化需求，建立相对完善的顾客信息系统，实现精准物流。

1. 大力推进精准物流系统建设

随着物流市场竞争的日益激烈，大力推进精准物流系统建设成为必然，而满足个性化需求是实施精准物流的关键。在仓储环节，获取客户的订单信息，做好拣选配置工作，确保物流企业能精准把握客户的个性化需求；在运输环节，统筹订单到各环节，确保准时、安全。

精准物流实施的关键在于,了解目标客户的价值认知过程,通过物流服务降低成本,提供符合客户价值取向的物流产品与服务。在客户的多元化需求被充分满足的情况下,大规模积累客户的历史消费信息,总结目标客户的消费行为与习惯,增强个性化物流服务能力。

2. 物流与营销同步

在大数据时代,加强供给侧和销售侧之间的信息联络。

在存货环节推进系统与营销的整合,确保能同步掌握存货信息变动。大数据技术的普及,提高了系统各环节响应需求变动的灵敏度,可运用信息系统来重新分配存货,减少库存、节约运营成本,优化整个供应链的资源配置,以降低物流运作成本。大数据系统可以帮助企业提高信息对称性及传递效率,制订重新补货和自动补货计划,促进实施零库存管理战略、供应端和销售端存货优化策略,有效降低存货水平和存货成本,在不降低服务水平的同时谋求更高的利润。

在服务环节推进系统与营销的同步整合。在物流企业网站宣传企业及其产品,虽然物流和营销分属不同的职能部门,但可以引导客户参与产品和营销方案设计,引导客户提交个性化订单,打造个性化客户服务交流界面,帮助客户获得个性化产品。

3. 运用大数据融合推进资金流

资金流是重要的资源,资金流整合能力将直接决定企业的发展方向。在传统营销中,资金流、物流、信息流处于分散隔离状态;在互联网电子商务运作中,物流、信息流和资金流存在隐性的数据关系。提高供应链上营销响应需求能力,对物流、信息流和资金流之间的关系进行深入分析:资金流是安全运作的难点;信息流决定企业的经营管理策略,影响企业的资金流向;通过获悉相关数据掌控物流需求变动趋势,可提高跨部门、跨系统的协同能力,降低物流系统的运作成本。

提升物流系统和营销系统的联合响应水平,以物流、信息流和资金流"三流合一"战略确保上下游业务紧密衔接,建立供应、生产和消费联合营销系统,有效降低物流部门的库存水平,加快库存周转,提高资金周转效率。

（二）运用大数据的价值在于创造平台

1.运用大数据实现上下游企业联合营销

全球产业格局高度离散化，运用大数据可改变这一现实，各板块环节交互，其价值在于创造平台。该平台为产业链上下游提供对话交流的机会，使企业发现更多商业亮点。

基于该平台，上游企业认识到下游企业对整条供应链的价值，进而为用户提供功能一体化的综合服务，采取让利措施实现盈利扁平化；使下游企业需求向上游企业反馈，这样企业才能做长、做久。以需求为目标实现跨行业联合，供应链上下游企业合作关系的作用就凸显出来了。供应链协同可满足个性化需求，确保供应链成员的价值链整体性增值，稳定资源与营销渠道。

2.运用大数据实现物流数据的营销再利用

当前，网络平台是产生大量物流和营销数据流的载体，系统难以担负海量数据的处理能力，而传感器、全球定位系统等则构成了数据流的主要内容。在对物流和营销数据流进行处理前，应运用云端数据技术、深度学习算法处理杂乱无章的数据流，以挖掘其潜藏的大量历史消费信息，提高大数据分析精度，帮助企业提升发展质量。

3.运用大数据降低物流成本

运输在整个供应链中起到重要的作用，对运输进行合理安排、科学高效管理，可降低运输成本，有利于提高企业的经济效益。

降低物流成本的方法主要为加快物流速度和提高物流量，在保证运输安全、高效，并且不大量增加成本的前提下，精准管控物流成本。利用大数据技术对物流状态进行预测，采取恰当的工具、路线，实现智能运输，减少运输环节，降低运输成本。

运用大数据在物流环节降低物流成本，是一种全新的战略模式。利用大数据技术降低物流成本，可提升企业的核心竞争力，因此大数据成为一种战略资产。

二、智能物流大数据应用之车货匹配

物联网技术与大数据分析技术互为依托，物联网技术为大数据分析技术提供部分数据来源，大数据分析技术将物联网采集的数据进行业务化处理，智能物流则是大数据分析技术的主要应用场景。

随着大数据应用日益广泛，基于大数据应用的大型车货匹配平台应运而生。纵观整个物流市场,如货车帮、运满满、快狗打车、同城、货拉拉等,同质化竞争激烈,但车货匹配有其独特的特点,大部分由独立公司运营。例如,货源是无库存的唯一非标品。物流企业具有基础货源优势和丰富的经验,每宗货源的运输方案、时间各不相同,高峰期的运输能力不足、低谷期的运输能力闲置,而且一次性成交就立刻下线,导致整体运营成本较高。

广义上,车货匹配不同于热点商品推荐,货源对车辆是有要求的,不同货源的时间、路线、种类、计价方式不同。车货匹配平台的涌现,打破了熟人交易模式,在长时间、大区域内进行匹配,通过海量货源线上匹配,使货主和卡车驾驶员对接,实现返程不再空载,使卡车驾驶员的生存环境得到了较大改善。

在高度分散的货运市场,传统中介模式缺乏信用追踪,并容易出现丢货现象。智能物流大数据能够根据现实条件,基于货源建立数字化货运平台,对车货匹配进行优化,以低价获取社会运输能力,并逐步实现辅助决策或自动决策。基于物流大数据的车货匹配,瞄准区域内非整车市场,通过物流基础设施集聚地,结合货运平台上的社会订单,通过智能调度提高拼货成功率和车辆装载率,聚焦同城货源,使车源和货源高效匹配,满足客户服务要求;打造具有成本优势的区域内配送产品,将物流基础设施集聚地的数据有效结合,利用智能业务逻辑和算法,形成一个巨大的即时信息平台,打造具有成本优势的同城配送产品,从而实现快速、高效的物流经济。

公路物流是中国经济的大动脉,我国公路物流经营主体规模小、数量多。虽然我国公路物流货运量占整体货运量的80%,但行业效率并不高,货运物流信息的不对称性造成的资源错配和浪费是公路物流行业效率低下的症结所在,而大多数车货匹配平台建立的目的就是解决此痛点。

(一)车货匹配的市场格局

利用大数据技术的信息检索能力和匹配效率,车货匹配平台通过线上平台实现去中介化。按运输距离,车货匹配平台可以分为长途、城际、城配3类。近几年,基于智能物流大数据的车货匹配市场格局已经基本成型,节点云信息科技是其中的典型。

(二)车货匹配典型应用

目前,车货匹配市场按照线上、线下区分主要有以下模式。

(1)线下+线上模式。线下在全国范围内布局,建立服务节点,整合当地运输资源,建立可控的运输资源网络,形成一个"运输能力池",并以此为基础在线上提供车货匹配业务。这种模式的核心是，整合车货资源，保证车货匹配平台上车源信息的真实有效，统一服务规则，并以此为基础进行车货匹配。典型代表包括传化物流、卡行天下、安能物流等。

（2）纯平台模式。早期的纯平台模式是简单的货运信息发布网站，如锦程物流网、全国物流信息网。后来，纯平台模式发展为通过研发系统整合货源和车源，打通线上和线下，连接货主和运输能力，作为无车承运人，平台自身不参与物流的实际运营和管理，是以软件为核心的信息传递、匹配和交易平台。典型代表包括满帮、驾驶员驿站、运满满、罗计物流等。

（3）线上大数据与线下实体物流节点相结合的模式。目前，线上大数据与线下实体物流节点相结合的模式，是车货匹配的应用趋势。其实第四方物流的形式，从线上线下分类来看属于线上平台＋线下公路港模式。

另外，未来物流的主要盈利来源可分为基础设施租赁收入、各类物流交易抽佣收入、会员服务收入，以及流量和大数据带来的金融服务收入等。

三、智能物流大数据应用之物流运输管理

物流运输管理包括物流、运输、业务、合同、决策、成本、集装箱、零担、国际运输、智能运输技术、特殊货物运输等。智能物流大数据与供应链系统的无缝集成，可以支持特种运输等服务，具有很强的可扩展性。在供应链一体化架构下，科学管理物流运输，能够与贸易、仓储等供应链环节进行无缝集成。

（一）应用现状

大数据技术被应用于各领域，可以科学管理车辆及货物运输，减少浪费、增加收入，提高企业效益。

交通运输管理系统按交通运输工具分为海、陆、空、铁管理系统，其中汽车在系统中占据重要的地位，交通运输管理系统应做到功能完善、易学易用。

大数据交通运输管理系统利用云平台将信息流实时传送到云端，数据从运输链条前端切入终端无缝连接，让所有参与方都知道货物的运输情况，关注运输管理的全链条，还可以在线结算，形成基于核心流程的平衡生态系统，并且只需要一个账号就可以实现变现管理，解决货物运输全渠道管理需求。大数据交通运输管理系统是开放的，实现了在途运输可视化管理，建立了基于信用体系的社区，在更好地管理业务连接承运商、驾驶员和收货方的同时，其盈利模式面向终端，可以找到更好的资源或新的

业务。

（二）典型应用解析

（1）大数据的交通运输管理系统。车辆调度辅助决策支持系统可以帮助用户管理车辆及货物运输，了解用户现在和未来一段时间的需求。同时，车辆调度辅助决策支持系统还可以解决汽车及货物运输方面管理混乱的问题，如个体用户拥有的车辆少、业务零散等问题。

大数据交通运输管理系统基于移动互联网技术，服务对象涵盖所有类型的货物和车辆，满足物流公司等的公路长途整车运输需求，同时提高车主的配货效率、降低空返率，提高货主的找车效率，以及物流行业的整体运行效率。

（2）第三方物流企业。智能物流运输系统借助网络和通信技术，在规范的运输市场交易系统的支持下，以货物运输权利为标的，按"价格优先、时间优先和系统资源优先"原则，由计算机自动撮合成交。

第三方物流企业的业务核心是为客户提供生产（流通）供应链管理服务。第三方物流企业以运输为主线，应用全球定位系统和电子数据交换技术等，通过对物流全过程的计划管理、过程监控、车辆调度等，实现物流运输的智能化。在智能物流运输系统的辅助下，使货物运输全过程始终处于动态控制中，达到物流过程优化目标。

（3）技术服务平台。向物流企业管理提供的服务主要集中在物流配送管理和车货动态控制两个方面，如提供当前道路交通信息、路线诱导信息，为物流企业优化运输方案提供决策依据；通过对车辆位置状态的实时跟踪，向物流企业及客户提供车辆预计到达时间，为物流中心的配送计划、仓库存货战略的编制提供依据。

（4）智能运输技术。智能运输技术包括移动信息技术、车辆定位技术、车辆识别技术、车辆控制技术、通信与网络技术等。

在物流信息链中，需要使用移动信息系统，该系统和物流企业的信息中心构成统一整体。合同信息、运输路线、车辆行驶状态等数据，需要进行收集、储存、交换和处理；采用车配便携式计算机信息处理装置、无线发射与接收装置，将货运车辆纳入物流信息链。物流行业产生的移动定位信息量是比较大的，其用户主要是跨国物流企业和大型物流企业。随着信息技术的发展及信息费用的下降，许多中小型物流企业对移动信息技术也开始感兴趣。

基于车辆定位技术，物流控制中心可以在任意时刻查询车辆的地理位置，并在电子地图上直观地显现出来。动态掌握车辆所在位置可以帮助物流企业优化车辆配载和车辆调度。另外，车辆定位技术也是搜寻被盗车辆的一种辅助手段，这对运输贵重货物具有重要的意义。GPS是车辆定位比较常见的解决方案。网络GPS的用户还可使用全球移动通信系统（Group Spec1al Mob1te，USM）的通话功能与驾驶员进行通话，或者使用安装在运输工具上的液晶显示屏进行消息收发。

通过车辆识别技术，运输中的货物可通过号码和特殊信息加以区别，方便运输途中货物在任何时刻的地点跟踪与监控；与其他系统衔接，用于控制物流过程中的运输、转运、代销和存储过程。RFID是一项成熟的自动识别技术，其利用射频方式进行非接触式双向通信交换数据，以达到识别的目的。和传统的磁卡、IC卡相比，射频识别卡最大的优点在于非接触，完成识别工作无须人工干预，适合实现系统的自动化，并且不易损坏，可识别高速运动的物体。多个射频识别卡可同时识别，操作快捷、方便。

基于车辆控制技术建立的车辆控制系统，是现代物流系统中货运车辆运营管理的重要组成部分，其提供了支撑物流系统在运输环节对供应链进行全过程管理的基本功能，如货运车队管理、货物运输管理、货运车辆电子通关、货运车辆运输管理、动态承重、车载安全监控、车辆车载安全保障、货车车辆维护、危险货物运输管理等。这些功能可以简化车辆运营注册、车辆技术性能和尺寸检查等手续，提供货物配送、回程载货信息，提高集散作业的可靠性，以及运输生产效率，减少延误。

（5）物流数据网络。物流信息化表现为商品化、数据库化、代码化、数字化、电子化、计算机化、标准化、实时化等。在现代物流运输系统中，数据越来越多地需要远程输送与交换。采用标准化电子数据交换信息网，可使数据具有较好的兼容性、活用性，有利于加速信息交换流程，降低手工输入错误率，减少纸张需求并使教程易于检验等。远程数据通信可利用专门的数据交换网（如X.25），也可借用百联网。由于互联网具有通信成本低、互联率高的优点，近年来越来越多的货运企业将互联网作为数据交换平台进行数据通信。互联网及时、准确的信息传递，满足了物流运输系统高度集约化管理的信息需求，保证了物流数据网络各节点和总部之间，以及各节点之间的信息共享。

四、智能物流大数据应用之终端配送

终端配送就是将货物直接送到消费者手中。终端配送环节是市场服务的窗口之一，也是市场服务的亮点，受到物流企业的广泛重视，各物流企业都在不断增加终端配送站点的数量，以吸引更多的客户前来交易。当下，国内大中型城市终端配送网络已经健全，终端配送站点也不再是越多越好，就需求及意义来说，建立科技含量更高、集约化程度更高的配送终端的应用价值更大。

（一）终端配送领域是关键一环

智能配送中心科技含量较高，被定位为终端配送站点，集约化程度也较高。通过合理的场地规划，应用行业先进的自动化分拣设备，结合多维度数据采集和预分拣技术，建设智能配送中心是大势所趋。未来，智能物流将以智能配送中心为主要节点，应用大型分拣中心的自动化智能分拣系统，同时结合无人机、无人车等智能设备，实现终端货物的集约化分拣，形成立体化、智能化的终端配送网络。

（二）应用现状

物流终端配送涵盖干支线末端、大数据支持系统、到门直送、路线优化、订单处理、同城落地配、多目标决策、调度业务优化、可视化调度等，这些都是大数据与物流结合的应用。随着现代物流产业的发展，商务需求日益增加，人力成本日益攀升，终端配送供给不足，导致仓配产能渐趋不足。大数据成为解决这些问题的重要手段，大数据技术的应用可以降低物流成本、提高客户服务水平，为此电子商务企业和物流企业在应用大数据优化配送方面进行了探索尝试，为城市配送提供支持，满足城市配送发展需要。

例如，针对城市路网复杂问题，用大数据技术将配送订单科学地分配到车辆；针对交通管制拥堵问题，利用地理信息技术对路线进行优化，以车少、里程短、运费低、时间快为目标；针对客户订单数量和地点变动、收取货时间变化问题，利用互联网技术使配送业务完成时间表透明可控，以满足客户配送要求为前提，同时把相关作业信息及时反馈给客户；针对配送车辆增多，造成运输资源管理难度大问题，利用大数据技术生成装车单和派车作业单，协同仓库部门一起完成配送任务；针对车辆利用率低、员工工作强度增加问题，基于大数据技术实现配送订单明细可视化、减轻调度人力劳动强度；针对成本高、盈利水平下降问题，负责串接买家、卖家，及时达成双方的约定，协同订单管理、资源管理、货物接收、货物分拣、货物集拼，建立可视化的新型配送系统，降低总成本，让企业拥有持久竞争力。

典型应用包括天猫小店、达达、盒马鲜生、天猫国际、饿了么等。在饿了么与口碑合并之后，物流终端配送已经打通"最后一公里"的问题。京东在各地也有仓储点，京东及各大电子商务企业与物流企业还在积极探索无人配送模式。

任务三　大数据应用于电子商务物流智能化

一、物流是电子商务企业的生命线

电子商务企业的数据是典型的大数据，电子商务物流无论从数据数量上，还是数据质量上都是大数据技术应用的最佳实践。电子商务企业的商业模式也决定了物流是电子商务企业的生命线，其在物流领域投入的精力、财力也是其他行业无可比拟的。

（一）从大数据角度看，电子商务经历了 3 个时代

（1）基于用户数的时代。基于大量新增用户，不同背景的资本通过各种形式进入产业链上游获得回报。用户基数是电子商务企业追求的目标，电子商务企业的数据管理更多地关注入驻商户或服务人员数据。如今，能够在激烈的电子商务市场竞争中立于不败之地的企业，都是在用户时代完成了用户数量积累的企业。用户数量是单机多用户的重要参数，基本决定了单机多用户的使用范围。

（2）基于销量的时代。基于销量的时代中所说的销量，并不是传统的销量，传统的以纯粹销量为王的时代已经结束了。在这个时代，需要重新定义销量，重构品牌作战体系，认知思维就是这样一个概念：占领心智、占领市场。也就是说，想做品牌，必须成为顾客心智中的首选，这样的品牌才有意义，这样的品牌达成的销量才有质量。因此，在市场上经营"认知"比经营"销量"更重要，一个高质量的销量，一定是顾客主动的选择，心甘情愿地按原价买走你的产品，才算真正的销量。

（3）基于数据的时代。进入以大数据处理能力为核心竞争力的时代，在大数据的推动下电子商务企业发生了变革。例如，电子商务企业可以根据大数据资源为用户打造更为精准的个性化推荐；可以根据商品的购买和浏览数据汇总优质产品信息；可以为消费者提供准确、强大的信息检索服务；可以根据消费人群的不同需求，将营销目标针对某个具体领域，更加细化服务领域。

（二）电子商务智能物流大数据需求的特点

物流需求和物流服务是一种共生关系。随着智能化时代的到来，供应链发展呈现短链化、智能化的新态势。在大数据时代，电子商务智能物流服务需求具有订单履约

期极短化、柔性化、个性化、透明化等特点，企业只有通过电子商务智能物流服务模式的创新才能不断满足客户需求。在网购环境下，订单总数庞大，但每个订单的需求量小、配送地址各异，并且从用户下单到产品送达用户手中存在时间差，这些特点对订单履约方法的柔性化提出了更高的要求。

对订单履约困境的分析显示，订单履约困境的内在根源是价格引起的风险在订单主体之间分担不合理。订单履约具有提升空间，也面临较大的挑战，其中最重要的技术手段就是大数据技术。

目前，京东、阿里巴巴等电子商务企业已经利用大数据技术进行了销量预测，即根据大数据分析潜在购买者的购买意愿，提前对商品进行物流统筹。实际上，订单的变化对经济周期性波动具有预兆意义，订单跨度周期差值包含随时间变化的趋势信息，也包含随机波动成分。正是看到了订单潜在的风险，不少企业采用保护价格的方式来稳定市场。

（三）电子商务物流企业分类

（1）国内电子商务物流企业包括京东物流、苏宁物流、顺丰速运、韵达快递、申通、圆通、宅急送、中通、EMS、中诚、安得智联、百世快递、日日顺、安能物流、菜鸟科技、万翔现代物流、惠尔物流、富士康准时达、云途电商物流、转运四方、国美安迅物流、云鸟科技、小米、乐融商城、国美、华硕商城、亚马逊中国等。

（2）跨境电子商务物流企业包括云途通运物流、顺友物流、卓志物流、易时联国际电子物流、跨境翼物流、中欧保税物流、万邑通信息科技、海带宝、U2C转运、中邮海外购、转运四方、斑马物联网、丰趣海淘、海淘1号、德国BA保镖商城、海狐海淘、海淘免税店海豚家、Feelunique天猫、国际德国W家、莎莎网等。

二、大数据为企业战略制定和企业运营提供重要支持

对物流大数据的归纳、分类和整合分析，可以提高物流配送效率、降低物流成本，可以查看任何一个物流网点的经营现状和业务构成等，更有效地满足客户的服务要求。通过科技手段将所有货物流通的数据，以及快递、供求双方有效结合，可形成一个巨大的即时信息平台，为企业管理和运作提供指导，实现快速、高效、经济的物流配送。

在大数据时代，基于网络技术的普及，收集、处理、分析海量数据，探索海量数据中存在的规律，并利用该规律进行有效预测，从而满足电子商务物流智能化的要求。

（一）智能物流涉及的大数据技术

（1）智能物流信息捕捉技术。电子商务仓储大范围使用了智能物联网技术，除使用传统的 RFID、条形码技术，以及 GPS、GIS 等信息采集技术外，还建立了覆盖全国的仓储、运输、配送网络。在大数据背景下，现代智能物流信息捕捉技术基于商品类型、物流业务角度进行信息捕捉，在更广域的超大体量数据环境下，如企业营销数据、信息检索数据、Web 搜索数据等，对智能物流中的商品数量分布、用户需求分布、商品来源等海量信息进行捕捉，积累了足够数量和质量的数据。

（2）智能物流信息推送技术。移动通信网络、互联网、无线传感器网络等传输技术为信息推送提供了硬件保障，同时在大数据背景下，将实体"物"转化为信息和数据传输到网络环境中，将感知信息传递到智能物流平台，将信息传递到"人"进行处理和应用，使信息在人与物或物与物之间进行传输，从而完成复杂信息交互。在智能手机普遍应用的今天，用户的物流数据智能推送，完成由被动查询到主动推送的过程。

（3）智能物流信息处理技术。通过建立智能物流数据仓库，构建物流云计算平台，对物流信息进行实时处理，为智能物流提供完备的数据准备。云计算模式依托互联网大规模集群，云计算服务负责数据维护与运作，智能物流管理平台对数据资源进行统一调配。建立开放的物流云计算平台，通过智能管理可以减少企业的投资和使用成本，实现智能物流管理信息化，提升智能物流竞争能力。

（4）智能物流信息分析技术。通过对物流数据进行关联分析、聚类分析等，实现物流客户关系分析、商品关联分析、物流市场信息聚类分析等功能，为智能物流的运营与发展提供有效的分析与决策。

（5）智能物流客户关系挖掘技术。对已有海量用户信息与商品数据，如何运用数据挖掘技术对其关联关系、内在规律进行解析，进而为物流企业发展提供正确的决策依据，是大数据背景下智能物流的核心。如今，一线电子商务企业的战略决策均是在数据基础上完成部署的，用户关系也是通过数据处理后的量化指标来衡量的。

（6）智能物流商品分析技术。用数据挖掘技术对海量商品信息间的联系进行关联分析，进而合理安排货架，能够有效提高分拣效率，同时有助于企业制定营销策略。

（7）智能物流市场信息聚类分析技术。商品在进入市场后，并不会永远保持最高销量。在大数据环境下，针对庞大且瞬息万变的市场，利用数据挖掘技术对市场数据进行聚类分析，帮助企业规避风险、做出合理决策。物流数据和商品数据相结合，可以从大数据角度提高销量。

（8）智能物流信息预测技术。用完备的数据基础和先进的运营理念，在大数据信息预测技术的基础上，实现物流配送路线优化、物流预测性运输、仓储预测与动态管理等，真正有效帮助物流企业制定决策。

（9）智能物流业务管理预测技术。大数据背景下，智能物流业务管理预测技术作为一种认识活动，在社会实践中随着生产力和生产关系的发展而不断发展。信息可以按照一定的认识观点转化为数值，信息体系对数值的要求恰好满足需要。智能物流业务管理预测以实现物流各环节业务预测的信息化、数字化、可视化、智能化为目的，涵盖物流配送业务、运输业务、仓储业务等方面，达到物流配送路线优化、预测性运输和仓储动态管理的目标。

（10）智能物流商品预测技术。大数据背景下，通过智能物流商品预测技术，对商品的品类、流量流向、供需平衡等进行预测，帮助调整商品的营销策略，实现商品流量、流向的前瞻性预测，合理构建物流网络，实现对供需市场的快速响应。

（二）大数据智能应用发展赋能物流业

大数据技术的发展，使之在各领域的智能应用迅猛发展，其在物流业也得到广泛应用，如智能办公、智慧金融、智能客服、智能物流创新、物流环节组合创新等。

（1）智能办公。大数据技术和人工智能技术应用于办公领域，只需要通过触碰、手势、语音识别、人脸识别即可实现智能办公。

（2）智慧金融。大数据、云计算、平台经济、移动互联网发展背景下，电子商务企业快速发展，可以通过构建大数据中心挖掘隐藏在电子商务企业数据背后的价值。通过挖掘物流金融市场、风险变化、用户数据规律，可为用户制定个性化服务方案，包括物流金融顾问、物流保险、物流征信等。

（3）智能客服。通过语音识别技术、自然语言处理技术、语音合成技术实现人机交互，并将其应用于客服领域，在业务咨询、专业问题解答、业务办理、投诉反馈等方面替代人工客服，减轻人工客服压力，降低物流企业运营成本，提高客户满意度。

（4）智能物流创新。物流企业只有通过电子商务物流创新，才能不断满足用户需求。电子商务物流在服务产品和服务过程两个方面实现了创新。基于大数据与电子商务企业的内涵和特征，在大数据背景下对电子商务企业管理模式创新提出提高大数据信息综合利用率、推进管理理念有效创新、推进电子商务物流一体化的工作管理等建议，旨在为促进电子商务企业有序、健康发展提供一些思路，为电子商务企业带来商业模式和盈利模式的创新。

（5）物流环节组合创新。利用大数据对资源进行整合，以提供更高效的服务。利用大数据对储存、运输、配送进行组合创新，采用众包模式将资源整合起来，搭建仓储众包及信息化平台，建立硬件与软件双重模式，实现资源共享，打造服务生态。

【思考题】

（1）大数据对物流企业有哪些影响？

（2）物流企业是如何应用大数据的？

（3）物流企业应用大数据有哪些模型模式？

（4）物流企业应用大数据有哪些障碍？并分析应对策略。

项目三　玩转物流大数据

实训一　智慧供应链创新与应用——以京东为例

一、京东供应链现状分析

供应链效率是零售企业核心竞争力的体现。供应链中任何一个环节出现问题，都会对供应链整体产生影响。

供应链运作参考模型是诊断供应链绩效表现的通用工具，运用这一模型可以快速识别供应链存在的问题，并对供应链的表现进行评价，可以让管理者知晓供应链如何改进。

"十节甘蔗理论"是京东提出的针对消费品行业的供应链理念，京东作为零售企业，从原来负责营销、交易、仓储、配送、售后的零售环节向上游渗透，参与创意、设计、研发、制造、定价的生产环节。

此外，新一代信息技术的应用大大改变了传统电商供应链的运转流程，京东的供应链模式更加注重从中转仓到快递末端网点和从快递末端网点到终端用户。

（一）供应商关系管理存在实时协同难题

低价是零售企业之间竞争的制胜法宝。京东长期奉行低价策略和品类扩张策略来获得公司销售收入快速增长和提高市场占有率。京东作为平台型电商企业与上下游的协同涉及制造、定价、营销、交易、仓储、配送、售后等多个环节，对整个供应链管理涉及的环节、企业、部门和岗位数量众多，因此协同难度较大。

例如，由于市场环境复杂多变和行业竞争日趋激烈，商品价格透明化的电商平台价格波动日益剧烈，电商平台的低价策略往往导致上游厂商盈利空间被挤压，上游厂商在促销方面支持京东的积极性减弱。另外，平台全品类扩张对物流产生较大压力，有可能导致物流脱节、服务跟不上，从而影响用户体验。根据公开数据显示，2021年，京东与64.3%的自营供应商实现了智能供应链协同，未来在上下游协同方面有更大潜能需要挖掘。

（二）以库存为目的的采购模式需要优化

传统采购模式中，采购是为了补充库存，采购部门对企业生产和市场需求的关注程度不高，采购过程缺乏主动性和预见性。在互联网时代背景下，消费者对电商平台的时效需求日益提高，已经从天级提高到小时级乃至分钟级。随着商业竞争的日趋激烈和市场环境的不断变化，京东平台集中式规模化的采购需要与碎片化需求相结合，制订统分结合、科学合理的采购计划，将统一集中采购与弹性分散采购的优势有效结合，从而降低采购成本，提高采购效率。

一方面，由于需求是去中心化的，供应也是去中心化的，在一定程度上要求采购也能去中心化，将总部集采与本地采购相结合，人工智能算法与采销人员经验相结合来制订采购计划。另一方面，制订与生产、销售、运营、入库等其他环节相协调的采购计划。例如，可以基于销量预测和库存成本的平衡制订单次多量或者多次少量的采购计划，对热销单品，可在现有的采购基础上加大采购规模，对需求量大且销量稳定的产品采取包销、独家销售等形式合作，增强对供应链的掌控能力。此外，在现有的供应链基础上，为增强渠道话语权，可寻求与替代品品类和品牌厂商的差异化合作，以扩大的业务范围。

（三）企业外部供需信息传导不畅

京东平台商家总数超过27万家，目前经营着超过500万个SKU，每天产生的订单量超过1 000万个，庞大的商家数量、商品和订单管理规模以及业务需求对京东与外部商家之间的信息沟通带来巨大挑战。

一直以来，实现供应链上下游各个环节的信息对称是供需高效对接的重点。因此，在京东商城的信息化建设中，需要将京东的库存和销售等数据向供应商安全开放和共享，减少因"牛鞭效应"造成的供应链整体偏差放大，供应商在快速响应的同时，提高发货的准确率。

（四）低线城市及下沉市场业务拓展存在不足

随着互联网流量红利的逐渐消失，一、二线市场流量红利已经逐渐消退，下沉市场成了各大电商平台的必争之地。下沉市场的特征与大城市存在较大差异，除了电商企业的物流能力外，供应链能力至关重要。

例如，在生鲜电商领域，集种植/养殖/生产、加工、存储、销售、运输、配送等于一体的智慧供应链的缺乏一直是电商企业发展下沉市场的制约因素，也是影响农业发展的重要因素。过去，京东的仓储物流设施主要分布在大城市，在低线城市存在明显的不足。因此，京东进军低线城市和下沉市场需要弥补短板，完善和优化仓储物流布局，着力打造覆盖低线城市和下沉市场的智慧供应链。

（五）仓储物流网络升级和扩展存在优化空间

京东目前在全国拥有超过900个仓库，但是其中现代化程度较高的智能仓、自动分拣中心以及海外仓数量仍然难以满足集团业务快速发展的需要。此外，与供应链解决方案和物流服务相关的先进技术，如自动化技术、数据分析与智能算法等现阶段仍存在不足。

仓储成本一般在零售企业的各项成本构成中占有较高比例。依托先进技术对仓储成本的控制直接影响到企业的现金流以及资金占用成本。例如，根据企业内部数据测算，如果可以将库存周转天数降低1天，每天可释放12.8亿元现金流，全年可节省资金占用成本1.5亿元，仓储成本预计全年可节省2.6亿元，仓储物流网络升级和扩展存在优化空间。

（六）供应链各环节存在信息孤岛

京东同样存在着大企业常见的问题，内部各部门、各层级之间均存在信息流动不畅，具体体现在以下方面：

（1）全量数据存在不足：市场洞察缺乏全量数据，销售策略制定缺乏实时动态数据支持，供应商协同缺乏无缝衔接和精细化运营，需要智能化选品支持决策。

（2）京东与供应链之间协同程度有待提高：京东平台与商家之间目标计划难联动、供应商产能难协同、市场波动供货难响应，需要将计划流程线上化。

（3）计划与执行难贯通：供应商入库难、实物现货率难保障、供货时长难确保，需要将计划与执行流程打通。

与此对比，沃尔玛为解决信息孤岛问题，通过卫星通信建立了自己的数据库和"智慧大脑"，该技术使得沃尔玛对遍布全球的线下门店的进销存等数据进行实时数据采集和信息处理，可以在较短时间内输出经营分析报表并对这些门店进行有效管理。

二、京东智慧供应链改进方案设计

在传统零售时代,供应链管理依赖管理者经验的个人认识能力和管理经验,如根据销售台账手工统计,以及长期积累的经验对用户的消费能力和消费喜好进行主观判断,然后决定采购什么、数量多少,完成选品、采购、定价、入库、出库、销售、配送等环节。

在新零售或者无界零售的发展背景下,供应链管理的智慧化得以实现,改变了过去单纯依靠经验和主观判断,新兴技术的广泛应用使得供应链具备数字化、网络化和智能化的特征,在设计、研发、制造、营销、交易、仓储、配送、售后等方面实现数字化使得数据可以开放与共享,供应链各个环节得以高度协同,真正实现以用户为中心,服务于用户。

(一) 京东智慧供应链改进的基本目标

企业制定智慧供应链发展规划需要从企业战略的高度来对其进行顶层设计和总体规划,与企业整体规划相统一。

京东智慧供应链构建应基于京东的业务需求、阶段性发展目标和中长期发展规划,借助新一代信息技术,在原有的供应链体系基础上借助创新技术进行迭代、优化和改进,制定适应京东集团未来发展的智慧供应链发展规划,并指导京东在未来中长期内的供应链管理体系建设、战略执行和具体业务操作。

在微观层面,京东智慧供应链应适应和服务企业的业务发展,借助新一代信息技术手段,对供应链业务流程进行优化,有效支撑企业的业务运转和经营管理,提高对外部市场的响应速度和内部各部门之间的协作能力,有助于企业提质降本增效和优化用户体验,提升企业的核心竞争力。

在宏观层面,京东智慧供应链应该在供应链整体视角下兼顾到供应链各环节的利益相关方,企业应对供应链各环节利益相关方的资源进行整合,打通跨部门、跨层级、跨体系的数据壁垒,为供应链带来增值和赋能服务,提高供应链效益和社会效率。

1.构建供应链合作伙伴实现平台与上下游深度协同

核心企业供应链管理的目标很难通过命令或者强制性的手段去实现,只能通过共同利益关系来协调。供应链合作伙伴是在一定时期内共享信息、共担风险、共同受益的一种契约关系,有助于建立一种长期的、互惠互利的战略性合作伙伴关系。

在过去,电商平台为了争抢市场份额往往发动价格战,这导致电商平台与供应商的矛盾与冲突加剧,在这种情况下,构建供应链合作伙伴可扩大供应链协作节点的广度与深度,通过利益捆绑提高供应链协作节点之间的联动效率,提高供应链的效率和敏捷性。为解决平台与上下游协同存在的难题,京东可以与更多的品牌商建立中长期战略合作伙伴关系,通过利益捆绑实现长期、稳定和深度的供应链协同。在供应链上游,京东洞察消费者需求,可协助生产工厂进行C2M反向定制,实现新品精准研发和老品快速迭代;在供应链下游,通过遍布全国的线上线下一体化渠道能力,帮助合作伙伴实现多元渠道的精准营销。

不断丰富京东自有品牌是实现与供应商深度协同的重要方式。京东拥有海量消费端大数据资源,通过数据分析把握用户的真实消费需求和潜在消费机会,由此可挖掘消费者偏好并及时发现行业动态及市场趋势,采用京东自有品牌贴牌代加工模式,由传统代工厂负责原料采购、代工生产、质量控制等环节,京东提供产品定位、研发设计、定价、品牌使用、营销推广、渠道销售的全链条解决方案,京东通过赋能和开放的理念,可实现工厂生产和平台营销的专业化分工,与合作伙伴实现深度协同。

2.构建融合人货场数据的需求驱动型供应链

采购管理存在大量的量化指标,如采购成本、库存周转率等,便于第一时间反映零售企业的运营效率。

供应链的理想状态应该是在正确的时间、正确的地点,向正确的用户以正确的方式送达正确价格的产品,即在详细了解用户、商品、场景的基础上,实现成本、效率和用户体验的精细管理并实现动态平衡。

京东拥有完整和精准的消费端大数据资源,同时京东积累了大数据和人工智能技术能力,有条件也有能力打通多渠道数据,对顾客、商品、店铺进行精准画像,与合作伙伴一起为用户提供更加个性化的购物体验。帮助合作伙伴进行科学的供应链管理,实现大数据驱动的供应链感知、认知、预测和决策。

3.用技术驱动建设一体化供应链

京东是一体化供应链技术的探索者和引路人,依靠云计算、大数据和物联网等先进技术,实现了供应链关键环节的自动化和数字化。通过引入机器人、无人车等自动化设备和智能硬件提高作业效率和劳动生产率。在数字化方面,自动化存储搬运系统、机器人拣选及包装系统、仓库管理系统、供应链控制塔等信息化系统的广泛应用,使得京东对商品进销存和供应链进行精细化管理。另外,人工智能算法的应用可以计算最优库存数量,在库存水平最小化和营运资金有效使用及提高库存率之间取得平衡,帮助客户量化决策、精细化运营，提高供应链整体效率。

4. 聚焦下沉市场进行差异化竞争

当前，随着一、二线城市趋于饱和和流量红利逐渐消退，三、四线城市这类下沉市场成为电商的新蓝海。面对新市场广阔的增长空间，京东需要从线上、线下同时展开布局，实现零售与物流的整体下沉。

首先，在组织设置和运行管理方面适时提升京喜事业部、京东新通路等聚焦下沉市场的业务部门的地位，加强集团资源支持以及决策灵活性。其次，由于下沉市场具有收入不高、价格敏感、品牌认知有限、兴趣集中度高的市场特征，京东的差异化竞争需要发挥自身优势，结合与腾讯深度合作带来的社交用户，刺激用户多级分享，赋能商家低成本引流及用户转化，打造"社交＋社群＋社区"的多元购物场景。最后，强调为消费者提供低价不低质、省钱又省心的购物体验，同时帮助更多的门店和线下业态降低成本、提高效率，积极为社会创造更多的就业机会，为下沉市场注入更多的经济活力。

5. 构建自建＋整合相结合的物流基础设施

随着物流行业的不断发展，物流业正在从传统物流向现代智慧物流迅速转型。依托智慧物流的前沿数字技术，围绕应用场景，建立物流和商流、信息流于一体的智慧物流体系，支撑需求预测、智能采购、定制化生产和智能配送网络等全链条的优化，有效承载京东智慧供应链建设。

京东物流独创的仓配一体化模式，为扩大京东供应链服务的优势奠定了坚实的基础。在仓配一体化模式中，仓储和配送的连续服务由一家企业承担，仓配一体化由于减少或简化了商品流通过程中的中间环节，大大减少搬运次数，实现快速交付，促进整个业务流程无缝对接和供应链效率的提高。

但是由于自建仓储物流前期成本投入较高，而且建设速度往往跟不上业务发展速度。为降低重资产带来的风险，支撑业务的快速发展，可以整合共享为基础，面向外部仓储物流合作伙伴输出京东物流的技术和标准，与符合京东物流服务要求的三方物流商开展合作，赋能京东商家与合作伙伴，打造可满足不同仓储需求的分层供给能力和云化物流基础设施，提升京东全方位服务于行业客户的能力。

6. 打造智慧的数字化供应链

基于云计算技术，结合京东十余年供应链技术和业务的沉淀，搭建行业领先的供应链数字化平台，形成商流、物流和信息流的整体合力，实现全链路数字化运营、智能化决策。

供应链数字化旨在以客户为中心，深入剖析客户痛点，优化企业技术架构，助力企业数字化转型，解决多种传统供应链管理系统运行时间慢、流程烦琐等问题。

（1）搭建开放的智慧供应链技术服务平台。基于大数据和人工智能，深度整合行业内垂直领域的知识和实践经验，以整合共享为基础，以系统和数据产品服务为核心，搭建智慧供应链技术服务平台，为企业的生产和流通提供一整套智能物流基础设施和设备，聚合智能科技、前沿技术，将京东物流沉淀的、世界级领先水平的智能仓库"亚洲一号"对外输出，在成本可控的前提下，匹配客户对智能制造、高效物流的追求，推动产业数字化转型升级，打造集业务、技术、运营、规划、资源于一体的供应链生态体系。

（2）构建供应链核心企业智慧金融服务体系。目前，产业链上下游中小企业仍存在贷款难、融资贵、审批慢等问题，尤其针对供应商回笼销售资金和提高资金周转率的压力，核心企业需要提供低利率、随借随还、线上不见面即可获得融资的普惠金融。

因此，可以从供应链核心企业出发，借助多维度大数据和新一代信息技术，构建上下游企业一体化的金融服务体系。基于企业征信数据、行业数据、物权数据、核心企业数据，提供企业信用融资、债权融资、物权融资和资金管理等一站式金融服务，同时创新金融产品与服务，解决供应链上下游企业的融资难题，满足个人消费信贷需求。

7. 构建智慧供应链的阶段性目标和量化目标

长期以来，京东力图将物流成本降低50%，流通效率提高70%，推动社会供应链效率的提高，为实体产业发展乃至整个经济大循环的效益提升做出贡献。

近些年，京东深耕零售业务，带动供应链基础设施建设，而供应链基础设施的对外赋能和升级反过来又推动着零售业务不断做深做精，实现客户、品牌商以及其他合作伙伴之间的合作共赢，形成良性循环。

京东智慧供应链建设长期目标是构建以技术创新驱动的，覆盖商品、价格、计划、库存、协同等领域的智慧供应链体系。

京东智慧供应链的首要目标是建设以销量预测和智能补货为主要功能模块的智慧供应链系统，嵌入合作厂商的供应链体系中，实现系统间互联互通，助力合作厂商通过智能化、自动化的库存计划，满足供应链整体效率提高的需求。

在销量预测方面，京东目前可以预测某个商品当天、一周、两周、一月、半年、全年等不同时间段的备货量，同时将采购的商品按需分配到各地仓库。京东集团2020年销量预测比例达到70%，未来这一比例有望达到100%。

在智能补货方面，智能补货需要结合实际情况完成从仓库到门店、仓库到仓库、门店到门店的配货、补货，将来会覆盖目前所有在平台上销售的商品。

（1）阶段性总体目标。2020年11月，京东集团宣布了未来十年京东智慧供应链的阶段性目标：到2030年，京东平台个人用户规模超过15亿，合作商家总数近1 000万，京东将全面输出供应链技术服务，向商家赋能；京东将依托供应链基础设施带动合作企业库存周转天数降低30%，推动社会物流成本占比降至10%以内。

（2）具体量化目标。履约费用率：2020年，京东的实际履约费用率下降至7.5%，支付手续费后的实际物流相关履约费用率下降至6.6%。未来，京东将依靠智慧供应链，带领和推动更多合作商家提高社会化的供应链效率，力争将社会物流成本降到5%以内。

自动化设备普及：京东注重将自动化设备应用于仓储物流场景，以提高作业效率。目前，京东的自动化仓储设备主要应用于亚洲一号仓等区域物流中心。未来，自动化设备和技术将逐渐普及，覆盖京东中小型物流中心以及供应商仓库，可实现100%普及至供应链的每个环节，包括存储、运输、分拣及配送，大幅提高供应链效率。

末端配送时效：低线城市和下沉市场消费潜力巨大，可重点针对这些区域改善物流基础设施，对配送时效进行提速。公开数据显示，京东平台每天派送的订单现已基本实现了当日或次日送达，但这些区域主要集中在大城市，比例超过90%。未来，京东提供当日达、次日达和限时达服务的城市进一步增加，实现对县、镇区域的100%覆盖。

跨境供应链服务：与亚马逊相比，京东在物流全球化方面还存在不足，为适应未来京东国际供应链的迅速发展，需要在业务布局的重点国家和地区，如"一带一路"沿线国家、欧洲、北美和东南亚等地区搭建属地化的仓配一体化基础设施，实现采购货源地100%的跨境物流网络覆盖，打开进出口双向通道，为合作伙伴提供一站式跨境供应链服务。

（二）京东智慧供应链改进的具体内容

结合京东智慧供应链的发展目标，为了使建设智慧供应链具有落地可行性，需要对京东智慧供应链构建的内在逻辑和建设内容进行说明。

1. 京东智慧供应链改进的具体设计

构建逻辑是智慧供应链建设的一套行之有效的思维体系，可以将智慧供应链体系中看似复杂、无序的条理梳理得更加清晰。

（1）三项建设内容。零售的本质是供应链，零售企业背后的核心能力就是供应链管理能力。未来的零售企业数字化转型的首要目标就是构建智慧供应链，因为只有智慧供应链才能真正地感知和预测用户需求、消费习惯、兴趣偏好，从而获得制胜的核心竞争力。

一方面，智能化作业可以通过物联网传感器和智能硬件采集人、货、场的结构化数据以及图片、视频等非结构化数据，从而为数字化运营和智能化决策提供基础数据和分析依据。

另一方面，智能化决策系统可以进行计算、思考、决策，从而指导企业经营管理，同时可以通过数字化运营平台对无人车、无人仓、无人机等智能设备作业进行控制。

智慧供应链需要依托新一代信息技术对传统供应链进行改造和升级。京东不仅将大数据和人工智能应用于供应链管理的每个环节，指导供应链高效运转，推动成本、效率和用户体验的持续优化，还正在向合作伙伴开放和共享这些技术，以期实现供应链体系的降本增效。

（2）五个发展阶段。采购是供应链的重要部分，也是关键环节，往往是供应链比较薄弱的环节，所以智慧供应链先要做好智慧采购。智慧采购可以分为以下五个阶段：

第一，辅助决策。基于大数据及人工智能实时预测未来销量情况，自动补货系统可自动生成补货辅助建议，经过采销人工审核后生成采购订单。

第二，自动下单。在这个阶段，由于自动补货的准确率已大大提高，系统可以自动生成采购订单。

第三，深度托管。系统几乎不再需要人工干预，可自动对需补货产品入仓，对滞销产品退仓，控制仓储费用，降低库存周转率，提高供应链效率。

第四，自动学习。由于应用人工智能和机器学习，智慧采购系统能够同时兼具计算机的强大功能和采销人员的经验优势，结合这两者的优点，使采购决策更准确、更高效。

第五，实现智慧化决策。对采购、存储、配送等全流程智能化控制和运营。

（3）九类能力构建。京东智慧供应链已经经过了多年的磨炼和创新，可以对外提供完整的端到端的服务能力，结合目前智慧供应链的行业发展，可以将这些服务能力归为以下九大类：

第一，智能预测：通过历史数据对用户无法直接接触的后端供应链进行财务、销量、运营等场景的预测，为优化供应链管理提供决策输入。

第二，一体化销售和运营计划：通过智慧预测，打通销售计划和供应链的联动，建立从销售到财务再到运营的生态一体化需求计划体系。

第三，智能库存：对销售和运营过程中的库存结构进行优化，帮助采销自动下单补货，仓库/门店间自动内配和调拨，实现仓储平衡，快速响应客户需求，全方位提高企业运营效率和竞争力，节约管理成本，提高供应链效率。

第四，智能履约：实现全渠道库存管理，打破订单履约渠道壁垒，通过短链的模式快速满足用户需求，提高现货率和保证畅销品永不缺货，提升用户消费体验。

第五，智慧协同：打通供应链各环节，供应商之间互联互通，从而实现一体化、端到端的供应链管理，共同构成了全链条端到端的服务设施。

第六，消费者洞察：对客户需求进行准确洞察，挖掘并转化潜在客户，帮助打造具有高度针对性的产品和服务；同时，预测和整合潜在客户的未来需求，为市场扩张制定策略。

第七，智能选品：通过消费者决策树和大数据计算商品效用，对促销活动、新品发售等场景进行商品基础布局，合理满足客户需求。

第八，智能定价：根据客流、商品销售目标、促销、竞品等因素综合建模分析，实现实时定价，为消费者提供最优价格，为企业带来销售额的增长。

第九，区块链追溯：应用区块链技术，采集生产企业从原料采购、生产到出厂的全程追溯信息，打造安全、稳定、透明的供应链。

2.借助新一代信息技术实现"五化建设"

智慧供应链是基于大数据和人工智能打造的供应链管理体系，需要借助新一代信息技术实现"五化建设"。

（1）分析可视化。传统供应链向智慧供应链转变，可实现生产、供应、销售、储存、在途、到货等环节数据实时采集和展示，从而对过程进行监管。例如，在仓储环节，通过使用物联网传感器对仓储作业的异常进行感知、识别和预警，如暴力分拣、传送带掉件等，降低货损率。

（2）物流系统化。供应链仓储物流环节涉及的物品数量多，形态各异而且复杂程度高，依靠人工或者叉车等机械设备进行物品的入库、出库和盘点耗时耗力，传统货架编码、扫码难以满足高效物流需要。因此，需要建立智能物流仓储管理系统，对所有物品进行信息化管理，减少物料损失，降低人工成本，提高物流仓储效率，同时信息化系统对整个仓储和物流供应链运作情况进行展示，根据关键指标变化做出科学决策。

（3）交易透明化。应用于智慧供应链领域，借助区块链技术，可以形成商品信息追溯链条，向客户展现其购买产品的全流程追溯信息。对于京东而言，溯源信息可直接采集，效率高，节省人力成本，数据准确，供应链信息全程可追溯。

（4）管理数字化。通过物联网、大数据、人工智能等技术，获取用户需求、流程、质量、产品等相关数据，对数据进行清洗、处理和分析，可实现以精准的供需匹配为基础的计划、生产、物流与服务。

（5）协作生态化。2017年，京东提出了"无界零售"的概念，其实质就是以传统供应链向智慧供应链转型升级，促进自身业务发展的同时，将数据资产和技术能力全面对外开放并赋能合作伙伴，与其共同打造互惠互利的供应链生态圈，以此来实现生态体系的繁荣。

京东作为平台型电商企业，一方面，触达数以亿计的活跃用户可以让企业更准确地洞察和挖掘消费需求；另一方面，因为掌握着海量消费数据，有条件通过技术和数据帮助合作伙伴实现精准营销、供应链各环节的决策优化以及C2M反向定制，借助智慧供应链为合作伙伴提供赋能，打造供应链生态圈。

（三）京东智慧供应链预期效果初步评析

京东智慧供应链依托智能物流基础设施和设备的广泛应用，从某种程度上来讲，供应链基础设施是推动供应链向智慧化发展的关键。接下来将重点对京东智能仓储和物流基础设施投入运营情况进行综合评析。

1. 智能存储产品评价

应用"多层穿梭车立库""AGV货到人"并搭配机器人或人工拣选工作站，实现货物移动和搬运通过调度系统，可灵活改变运行路径。

南宁飞行数据中心（Facility Design Criteria，FDC）项目是全国第一个FDC地狼项目，为提高人效，解决人员紧缺以及存储拣货面不足的问题，率先通过地狼货到人系统探索FDC新模式，占地面积5 400米，投入地狼170台，项目投入后人效提升2倍，日常出库坪效提升2倍，大促出库坪效提升8倍，单均成本降低20%，车效创全国地狼项目第一（车效35件/小时），通过智能设备达到降本增效的目的，FDC地狼模式的成功应用，成为华南区地狼标杆项目，带动全国FDC大规模的批量投入应用，成为全国地狼标杆项目。

以国内某快消奶粉行业龙头企业FH为例，为解决生产工厂建立物流配送中心对订单集约化周转，提高自动化程度，降低人员成本。京东提供的智能仓解决方案，仓储一层规划面积24 000米，应用堆垛机28台，储位47 000个，机械臂10台，AGV25台，自动化率提升至90%，人效增加40%。

2. 智能分拣产品评价

应用"平台运作的分拣AGV"或者"交叉皮带分拣线"等自动化方案可大幅提升拣选坪效和作业人效。

3. 智能拣选产品评价

智能拣选产品是一套全智能化操作平台，通过搭载计算机视觉技术的六轴机械臂实现对整托盘货物自主拆码垛操作。

4. 智能搬运产品评价

在物流仓规划人机协同的搬运路线，通过搭载激光雷达、超声波雷达等传感器的无人叉车以及地狼搬运AGV等将实现货物的智能无人化搬运。

智能搬运产品可显著降低员工工作强度，改善员工工作体验；项目进场测试以来累计拣选下架1.7万件，拣选效率提升30%。

5. 智慧供应链效益评价

（1）C2M反向定制。C2M（即消费者到企业）反向定制是智慧供应链时代一种新的商业模式。C2M反向定制基于大数据和AI分析模型，深度洞察和预测用户需求，从而指导新产品设计研发和老产品升级换代，提高产品上市的成功率和企业市场竞争力。

以京东与宝洁实现C2M反向定制项目为例，该项目实现了京东与生产企业供销精准匹配和研产供销服深度协同。提升市场响应速度，新品开发周期缩短到9~12个月，同比降低50%，客户体验有了较大改善。此外，在成本效率方面，C2M反向定制带来约2%的交易额增长，销售额与利润额高于所在品类的平均水平；先订单后生产的零库存供应链模式，使库存周转天数减少了10天，仓储成本大幅降低：99.5%的订单实现自动对账，端到端的运营效率同比提升65%，为京东仓储成本节省2 800万，耗材成本节少1 500万元。

（2）供应链一体化。与沃尔玛、步步高、屈臣氏、好奇等品牌商或连锁商超，实现了线上线下、全渠道库存的一体化管理，带来线上线下用户消费体验升级，目前已成功完成近100万单，实现商品交易总额超过9 000万元，为京东节约仓储和履约成本超过260万元，为商家节约成本超过200万元。

智能库存开始全面应用，以消费品为例，自动补货率达到85%。智慧定价覆盖85.9%的京东自营长尾商品，助力业务完成既定的品类销售目标。

6.智慧供应链带来的运营效率提高

（1）流程改善：无序操作→建立作业标准。

（2）储区规划：记忆拣货→最优路线。

（3）库存管理：混合存储、账货不符→系统管理、仓容最大化。

（4）订单管理：手工匹配→多维度的系统分配。

（5）拣货、盘点：纸单作业→使用手持移动电脑终端设备进行拣选。

（6）作业跟踪：手工操作→操作有记录、过程可跟踪、结果可追溯。

（7）数据管理：无考核、无跟踪→核心KPI系统报表。

（8）多仓管理：多仓部署、权限控制、数据汇总。

实训二　基于大数据的物流企业成本控制

一、大数据技术对物流企业成本控制的影响

（一）提高资源利用效率

大数据技术具有传输快的特点，可以高效传输信息，实现数据和资源的共享。大数据技术能够优化物流系统、提升战略部署的合理性和科学性、提高内部物流资源的利用率。在物流行业由增量市场逐渐向存量市场转变的环境下，价格战成为各个企业抢占市场的重要手段，而完善物流体系能够减少其管理成本，进而获取其在市场内的价格优势。大数据技术还可以帮助企业合理分配航空、货车、铁路等运力资源，保障运力资源的高效利用。在仓储中转场，大数据技术提高了仓储管理的效率，提高了中转场的分拣效率。帮助企业在同等仓储资源条件下，提高仓储资源的利用效率。

（二）降低物流运输成本

大数据技术具有实时性的特点，可以实现信息的快速传递。因此，大数据技术可以实现物流数据的实时监控，达到动态监控交通状况的目的。物流企业可以根据实时传输的交通大数据，合理规划运输路线，帮助企业规避交通拥堵和恶劣的天气，降低运输事故，提高运输效率，帮助企业降低运输成本。同时，大数据等技术作为继互联网、通信技术的又一次技术变革，其具有很强的数据分析能力，可以从大量的数据中挖掘有价值的信息，从而帮助企业做出相应的优化策略，如大数据技术可以对历史运输数据、车辆油耗数据、交通通行费用等数据进行分析，通过大数据分析和算法模型优化包裹运输路线和配送路线，以达到节约运输成本的目的。

（三）提高物流服务水平

大数据技术可以帮助企业实现信息化。随着物流企业之间竞争的加剧，企业将会更关注物流服务质量，因此企业需要提供更加优质的信息化服务，而这就需要大数据技术的支撑。大数据等信息技术的合理使用，可以帮助物流企业优化物流管理，实现各环节的信息化升级，丰富物流服务的渠道。企业不仅提供线下服务，还提供线上物流服务，支持 App 和小程序一键下单等操作。线上＋线下的双渠道服务，可以帮助企业收集顾客评价信息，改进物流服务，提升自身产品质量和优化物流运输。这样既可以提高企业的运营效率，又提升了企业的品牌形象。另外，传统的物流面单登记过程大量依赖人工输入，不但耗费时间和人力，而且效率又低，借助大数据技术后，实现物流面单电子化，大大减少了人力成本。因此，大数据等信息技术的使用对企业物流业务的发展至关重要，物流企业需要对此加以重视。

二、大数据及物流成本控制的理论基础

（一）"二律背反"理论

"二律背反"是哲学家康德提出的哲学基本概念，描述的是规律中存在矛盾，即针对某个问题存在此消彼长、相互悖逆的特殊情况。这个理论常应用于企业方面，指企业经营的各个方面，存在着利益权衡关系。以物流企业为例，主要表现在以下两点：企业的总成本和提供的物流服务水平之间存在矛盾，主要表现在物流企业为了提高物流服务水平，引进先进的智能设备，研发智能物流系统，但这些投入无形中会增加企业的成本；而企业降低成本和投入，不升级物流设备，将影响物流服务水平。在物流

活动中，各个环节之间存在效益二律背反的情况，即在物流的各个环节中，当为了降低某个环节的成本，减少相关资金的投入和设备的更新，将会导致另一个环节的成本增加。比如，企业的终端网点减少，可以降低仓储等成本，但会影响物流覆盖的范围，导致最终配送环节的运输路线变长，运输成本增加。

另外，物流快递企业的各项业务环节相互衔接，表现出强烈的系统性。一般来说，无论是企业还是客户，都愿意以更低的成本换取更高质量的服务。但显然，以上两个要求要想同时满足存在一定困难。在快递企业的基础性活动中，每一个环节都对应着不同的职责，并且在一定程度上不同的职责存在对立性。这说明物流企业需要从业务全流程对成本进行控制，物流企业追求的是整体成本的下降。企业要把控物流成本的时间，具备大局观，要从总成本角度考虑，寻求各业务环节的平衡点，从而保障企业利益。物流企业可以加大科研投入力度，增强大数据等技术能力，提高物流服务能力，同时需要注重整体成本的控制，使技术升级的效益与成本增长相平衡。

（二）经济效益理论

经济效益是一种比例关系，是生产或再生产过程中，劳动消耗与劳动产出的比值。增加经济效益的前提是保证劳动产出不变，进而减少劳动消耗；或者提高同样劳动消耗的产出成果，从而提高经济效益。

顺丰控股为了增加市场份额，保证企业的可持续发展，应提升企业核心竞争力，提升企业的经济效益。为了提高经济效益，顺丰控股的经济发展方式要从粗放型向集约型转变，以提供更好的物流服务。同时，需要加强对企业的成本控制，不断提高企业管理水平。因此，企业需要引进先进的信息技术和管理经验，并制订成本控制计划。在实施成本控制的过程中，应重点关注影响成本的因素，并制定相应的措施，以达到成本控制的目的。此外，还要对企业在经营过程中发生的各项费用进行核实，通过效益指标分析企业的经济效益，找出企业存在的问题，最终制定相应的解决方案。

（三）核心竞争力理论

1990年，普拉哈拉德和哈默尔在《哈佛商业评论》中提出了核心竞争力的概念，并对该概念进行了具体的解释。他们指出核心竞争力是一种具体的能力，它能够为企业带来比较竞争优势的资源，以及资源的配置与整合方式。他们认为企业要提高核心竞争力，就要明确自身的核心业务和核心优势，而对于自身重要但非核心的业务，可以考虑外包给其他企业。企业的非核心业务外包给更专业的企业来做，这样企业可以将多余精力投入其核心业务上，打造企业的核心竞争力。

核心竞争力涵盖了多种竞争优势，是一种可持续发展的、难以模仿的、有价值的能力。企业拥有的资源是有限的，要保证资源创造的价值最大化，需要一定的战略规划，即将有限的资源集中在提高核心竞争力上。核心竞争力与非核心业务外包关系密切。当今，企业的竞争环境日益激烈，技术在不断发展，产品在不断增加，投资规模也在不断扩大，企业必须专注于核心竞争优势的优化和升级，不断增强核心竞争力，这样才能在激烈的市场竞争中生存和发展。

顺丰控股作为物流快递行业龙头企业，其核心竞争力为物流配送服务，该服务能否实现高效、便捷、优惠，将成为持续发展的关键。运用大数据等相关技术，顺丰控股可以将自身的核心业务——物流配送业务不断优化，实现物流全环节数字化，可以帮助企业提升物流运输能力，缩短运输时效，在不降低服务质量的同时，实现物流服务价格的优惠，这极大地提升了顺丰控股的核心竞争力。

三、顺丰控股运用大数据优化成本控制的案例介绍

（一）顺丰控股公司概况

1. 公司简介和组织架构

1993年，顺丰控股在广东顺德成立。公司成立初期，顺丰控股主要承接香港和深圳的快件运送，并借助中国内地与中国香港快速增长的贸易规模以及其加盟模式的成本优势，逐渐成长为港深地区的龙头企业。1997年，其业务开始拓展，并向全国覆盖。2002年，顺丰控股将总部设立在深圳，并转变了经营模式，由加盟制转变为直营制。同时，将产品定位提升，发展中高端物流服务。2003年"非典时期"，顺丰控股抓住线上购物的热潮，与多家航空公司签订合作协议，通过空运的方式运输快件，成为国内首家具备航空运输能力的快递物流企业。2014年，顺丰转型为综合物流服务商，开拓多种物流业务。截至2017年底，顺丰业务覆盖225个国家和地区，并于2017年2月24日，正式登陆A股。

经过多年的发展，顺丰控股在全国范围内建立了高渗透的物流网络，覆盖全国各地县市，以及世界主要国家和地区，并将业务迅速延伸至快递、冷运、同城、供应链等领域，成为国内首屈一指的综合物流服务商。顺丰控股不仅可以在配送端为客户提供优质的物流服务，还可以为客户提供供应链解决方案，帮助客户打造贯穿采购、生

产、流通、销售、售后的一体化物流服务方案。近年来，顺丰控股发展大数据等信息技术以及物流工程，构建了天网信息网三位一体的智能物流网络体系，成为专业的智能物流运营商。

目前，顺丰控股有六个区域业务总部，一个区域设立一个分公司。六大业务总部分别是华南、华北、东南、华东、华中和海外地区。每个业务总部包含多个地区分支机构，现有28个业务区域（含港澳台）。公司组织构架包含总裁办、开发办、审计监各委员会、总部、咨询技术总部、公共事务总部、财务总部、人力资源总部、运营总部等。

2. 业务范围和业务流程

"以客户为中心，以客户为导向，以体验为基础"一直是顺丰控股的服务理念，其产品设计也是围绕这一服务理念进行设计的。顺丰控股把握不同行业的特点，从不同维度思考，挖掘客户需求，不断完善业务和产品结构，设计适合客户的产品，为客户提供最佳物流服务体验。截至2021年底，顺丰控股业务已覆盖时限、经济、快递、冷运、医药、城市、国际、增值服务等方面。

目前，我国的快递物流企业主要有两种经营模式，分别为直营制和加盟制。采用直营制的企业为顺丰、EMS。采用加盟制的企业主要为中通、圆通、申通、韵达、百世。加盟模式的特点是末端服务网由加盟商完成，其他分拣和转运环节均以自营为主。直营模式则从网点揽收到枢纽分拨再到网点，所有环节均由企业自建，统一管理，其中所有的成本和费用均由企业承担。因此，与采用加盟模式的企业相比，采用直营模式的企业承担着更大的成本压力。但是，直营模式作为具有强有力管控的经营模式，其有明显的优点，能兼具稳定性和灵活性。

顺丰控股的直营模式，实现了企业业务流程的统一和规范，能高效推进业务的实施。在顺丰控股推行大数据优化业务时，"直营模式"的优点可以使成本控制措施更顺利地实施。

顺丰控股业务核心为物流配送服务，其业务的主要流程为客户下单、揽收集收、始发网点、到达中转场、中转分拣、始发中转场、发往网点、包裹配送。

3. 行业特征和趋势分析

20世纪70年代，物流业开始出现在人们的视线中，并通过数十年的发展，逐渐发展为国民经济的支柱行业之一。到目前为止，我国的物流业已逐步形成了自己的产业特色与竞争格局。

第一，整个行业迅速发展是显而易见的，在国家政策支持和电商企业崛起的双重影响下，物流业的业务量和营业收入逐年大幅增长。据国家邮政局统计，2010—2019年，物流业的业务量和收入保持快速增长态势。2020年，尽管新型冠状病毒感染对各行各业产生了较大影响，但中国物流业和快递业顶住了巨大压力，不但实现了业务量的大幅增长，超过800亿件，而且行业收入也超过8 000亿元。

第二，产业具有明显的地域性和季节性特征。对于物流快递行业而言，东南沿海地区经济发达，是典型的接收"高发"地区，而北部地区主要以配送业务为主，南北物流业务量差异明显。而且物流快递行业受电商影响颇深，节假日、"618节"、双十一等特殊时点，会造成物流企业业务量短期暴增，而在春节期间，企业的业务量处于低迷状态，这直接导致了企业收入的季节性差异。最后，物流行业是人力密集型行业。传统的物流行业许多业务都依赖人力完成，从收件到分拣，从运输到配送，各个环节都需要人力，这也导致物流行业的人力成本整体较高。

第三，在物流行业发展初期，企业主要通过人力不断扩大规模，然后通过筹集资金、并购重组以及上市扩大企业规模。现阶段，传统依靠人力扩大规模的方式，已经不能满足物流企业的快速发展需求，需要运用科技手段推动企业转型，帮助物流业向智能化和专业化方向发展。

第四，随着我国人口红利的逐渐消失，人力密集的物流业，将面临较大的人力成本压力，所以企业应利用信息技术优化人力结构。随着信息技术的发展，大数据技术的进步和应用，物流行业竞争将由业务竞争，转变为"科技+服务"竞争，企业能否利用大数据等信息技术升级物流服务，给客户带来更好的物流体验，将成为企业未来的关键。

（二）顺丰控股运用大数据优化成本控制的动因

通过上面对顺丰控股公司的介绍，发现其作为快递物流行业的龙头，近些年发展十分迅速，但同时面临着行业竞争加剧和人口红利丧失等问题的困扰。随着物流行业的转型升级，其逐渐朝着自动化、专业化方向发展，这也促使顺丰控股对大数据等技术展开研究。上面主要对顺丰控股运用大数据优化成本控制的动因进行展开分析。

1.各环节成本控制压力大

（1）营业成本构成。在顺丰控股的营业成本中，占比较大的是运输成本、人工成本、外包成本和仓储成本，其次是销售商品成本、理赔成本、关务成本、IT及信息平台成本，以及其他成本。

2016年之前，顺丰控股的人工成本占营业成本40%以上，运输成本占营业成本19%左右，外包成本和仓储成本分别占21.55%和16.51%。但从2016年开始，人工成本、运输成本，以及仓储成本的占比大幅降低，至2020年三项成本占比降为10.13%、11.07%、12.83%。与之形成鲜明对比，外包成本从2016年开始逐渐增长，从2015年占比21.55%，提升至2017年的49.14%，2020年62.76%。占比增长的主要原因是顺丰控股将非核心干线运输业务外包。

从2016年后，原本占比最大的人力成本逐年下降，而外包成本占比则逐年增长，并且增长的幅度异常快速。企业人工成本虽然整体呈下降趋势，但随着社会经济水平的提高，人力成本将会上升，届时企业的人力成本压力将会增大。所以，企业要提前布局，把握企业转型契机，由人力密集型向技术密集型转变，优化企业的人力结构。企业仓储成本整体呈上升趋势，总额不断增大，企业需要注意仓储成本过高带来的影响。此外，虽然目前商品销售成本和信息技术成本在营业成本中所占比例较小，但随着企业规模的扩大和智能物流系统的发展，在管理和信息技术方面的投入将会逐渐增大，这部分成本管控压力将会上升。

（2）期间费用分析。近五年，顺丰控股的营业收入和营业成本保持不断增长的趋势，同时费用也在逐年增加。从占收入比的情况来看，管理费用在期间费用中占比较高。另外，近几年顺丰控股加大研发投入，研发大数据技术以及自动化设备，研发费用逐渐增加，甚至超过了企业财务费用在收入中的占比。

在顺丰控股期间管理费用占比较高，同时从绝对数值看仍然较高，远高于同行业其他企业。顺丰在2017年开始投资建立物流大数据平台，因此以2016年数据为例，将顺丰控股与韵达公司的管理费用进行对比。结果显示，顺丰控股的管理费用占营收比重远高于韵达公司。由此，可以看出顺丰对管理费用控制薄弱，需要加强企业管理，优化管理费用。

（3）人工成本分析。顺丰的人工成本较高，但从2015年开始呈下降趋势，增速放缓。圆通、韵达等公司人工成本的变化趋势也相似，从2015年开始逐渐下降，而且降幅明显。虽然顺丰人工成本的变化趋势与同行业其他企业相同，但从绝对金额上看仍然很高，相较于同行业的企业竞争优势不明显，人力成本控制压力较大。因此，在人力成本环节，顺丰控股需要控制优化。

（4）运输成本分析。2016年顺丰控股的运输成本占总营业成本比重较高，高于行业平均水平。顺丰运输成本从2015年到2020年呈持续上涨趋势，但运输成本占营业成本比重逐渐下降，一部分原因是项目外包分担了运输成本，另一部分原因是企业扩张运输线路、加大运输投资、扩大规模所致。总体来看，顺丰运输成本保持较快增长趋势，运输成本压力较大。

（5）仓储成本分析。顺丰控股的仓储成本整体呈上升趋势，2016年仓储成本较高，且高于行业平均水平，仓储成本占营业成本比重近些年有所下降，但仍高于行业平均水平。由此可见，顺丰控股仓储成本压力较大，所以应加强仓储成本的管控，降低仓储成本。

（6）外包成本分析。2020年外包成本8 084 015万元，占总成本62.76%，成为总成本中比例较大的成本。外包成本从2016年的2 133 211万元，涨到2020年8 084 015万元，涨幅279%，增长幅度远超其他成本。主要原因是，2016年顺丰控股改变经营策略，将非核心业务外大量业务外包，这帮助企业转移了大部分的人工成本和运输成本，并由外包企业承担，而顺丰承担外包成本。该措施帮助顺丰大幅降低了人工成本和运输成本的增长速度，但是也造成了外包成本的快速增长，企业存在外包成本方面的隐患。因此，需要加强外包成本控制。

顺丰控股面临的成本压力主要为运输成本、外包成本、仓储成本以及人工成本这四项成本，这四项成本占营业成本80%以上比重，是企业优化成本控制的首要任务。而且，顺丰控股的期间费用中，管理费用占比较高，远超其他费用，因此需要优化企业管理，降低管理费用。

2.成本核算方法存在限制

（1）成本归集尚待完善。物流企业的成本归集存在不全面、不系统的问题。按照我国现行的会计制度，顺丰控股没有对物流成本设置单独的会计科目，所以企业计算物流发生的成本，需要按照物流的各个环节，将成本分散到不同的会计科目中，这导致企业很难从这些会计科目中提取物流服务总成本，无法精确核算各项物流服务的成本。在一定程度上，会影响企业成本数据的核算，导致企业管理层对成本数据的误判，从而影响企业的管理决策。

（2）物流成本核算标准需要完善。我国物流业起步较晚，相关研究时间短，相关问题的研究还需要深入，比如适合中国国情的物流业成本核算标准尚未建立。目前，我国快递物流企业常用的物流成本核算方法多种多样，比较分散，没有统一的体系。通常情况下，企业可以根据自身的不同情况采用不同的会计核算标准，顺丰控股也不例外。它的核算标准较大程度上依赖管理人员的多年经验。除此之外，顺丰与其他快递企业的会计标准也存在一定差异，相关的规范和标准也未统一，企业对成本划分依据和归类方式也存在差异。

（3）间接费用分配标准单一。经过多年的发展，顺丰的产品服务种类众多，服务客户的数量也越来越多。物流行业竞争不断加剧，企业为了提升市场竞争优势，需要不断升级设备和提升服务水平。同时，市场环境的不断变化，客户需求存在差异化，使得企业需要加强与客户的沟通和交流，这样才能满足客户的需求。在这样的背景下，间接费用逐渐增长，而顺丰在间接费用分配中，直接采用与直接费用相同的标准进行核算，将会造成分配的标准过于单一，使间接成本核算结果与实际消耗存在差异。

（4）成本核算耗费大量人力。现有的成本核算方法主要依靠人工核算，核算的效率与速度都较低，消耗的人工费用也较高；而且，通过人工核算的方法不能主动分析成本耗费的路径，在进行企业成本控制时存在弊端。在企业成本管理中，如果仅看到最终的成本数据，而不清楚具体的费用耗费路径，那么管理层将不清楚企业的经营状况，不能针对具体的成本问题开展优化措施。因此，企业需要优化成本核算方法，实现成本核算方法的创新，发展信息技术，使成本核算变得智能化、数字化、可视化。

3. 物流快递行业竞争激烈

物流快递行业经过20多年的发展，形成了以顺丰、通达系为领头羊的行业格局，2020年顺丰与通达系总营业收入为3 266.73亿元，占物流营业收入八成以上。营业收入方面，顺丰2020年营业收入最高，为1 540亿元，中通252.14亿元、圆通349.07亿元、申通215.66亿元、韵达335.01亿元、百世快递仅194亿元。净利润方面，顺丰2020年以净利润73.26亿元排名第一，中通以净利润45.9亿元排名第二，随后是圆通净利润17.67亿元，韵达净利润14.04亿元。而2020年申通净利润仅3632.73万元，相较于去年下降90%以上，主要原因是受疫情影响，以及市场竞争加剧，企业牺牲利润换取市场份额。

从以上数据可以看出，物流行业市场竞争激烈，顺丰营业收入保持绝对领先，但是在整体盈利能力上，中通表现最好。而顺丰控股作为行业龙头，整体营收和净利润远高于其他快递企业，但是在成本控制能力和盈利上，其相较于行业优秀水平的中通还存在差距。

2020年，尽管我国的经济发展受到一定的影响，但我国物流行业展现出巨大的韧性和发展潜力，不仅业务量没有下降，反而呈现上涨趋势。业务量突破800亿件，达到833.6亿件。企业方面，2020年各家快递物流企业业绩均有所上涨。其中，中通业务量超170亿件，市场占有率最高，顺丰业务量仅为88.18亿件。在业务增速方面，2020年顺丰同比增长68.5%，远超行业增速31.2%，中通同比增速40.3%，圆通同比增速38.8%。从业务量与同比增速上，可以看出顺丰2020年的业绩十分出色。但是，从业务总量上，可以发现顺丰作为行业龙头，业务总量排名第五，市场占有率远不及中通。

在市场份额方面，2020年中通占据了23.4%的市场份额，位列第一；韵达、圆通、申通、顺丰、德邦物流的市场份额分别为17%、15.1%、10.6%、9.8%和0.67%。从市场份额看，市场竞争激烈，并未出现行业寡头。顺丰作为行业龙头，其市场份额与其行业地位不符，由此也体现出，顺丰只有提升品牌竞争力，优化物流配送服务的同时控制成本，一定程度上降低物流配送服务的价格，才能获取更多的市场份额。

顺丰与"通达系"企业相比，除了营业收入远高于这几家企业，在业务总量以及市场份额方面，与"通达系"企业相比没有较为明显的优势，甚至在盈利能力与成本控制方面，顺丰控股都不及中通和韵达。中通近些年成本控制能力以及运营效率的提高，与加大研发投入大数据平台，升级自动化设备有很大关联性。因此，顺丰控股需要加大信息技术的研发与投入，并升级自动化设备，提高物流效率，并从企业成本控制入手，提升企业管理能力，增强企业盈利能力。

4. 政策推动智慧物流发展

2015年，国务院发布《促进大数据发展行动纲要》，指出要重视大数据技术应用，并将其纳入战略部署。2015年以来，全国各级政府机构出台相关政策，大力推动互联网物流行业发展，鼓励物流行业向智能化、智能化方向发展。2016年，国务院常务会议强调在国家层面推进智慧物流建设。于是，各级政府部门和各大互联网企业纷纷响应，加快发展"智慧物流"。

2020年以来，随着智慧物流的推进，社会物流成本水平稳步下降。但在一些地区，物流成本高、物流效率低的问题仍十分突出，社会物流成本阶段性上升，国家和企业面临更大的物流成本压力。为进一步降低物流成本，提高物流效率，国家发展改革委和交通运输部联合发布《关于进一步降低物流成本的实施意见》，指出物流行业应转型升级，发展智慧物流，物流企业应重视大数据的价值，加大信息技术的研发力度，并建设智慧物流，从而实现降本增效。由此可见，国家对物流行业的政策支持力度不断加大。在政策和市场环境的影响下，物流行业需要做出变革，企业要加大信息技术的研发，将大数据技术应用到企业经营的各个环节中，实现传统物流向智能物流的转型。

5. 物流行业转型升级需求

在行业发展初期，我国人工成本较低，物流行业借助人口红利，迅速扩大行业规模。同时，出现了大量的物流企业。随着物流行业的发展，行业格局逐渐呈现多极化的发展态势。以顺丰和"四通一达"为主的快递物流企业，占据90%以上的市场份额。

2020年，我国的线上购物增加，对物流服务的需求量也在增加，多家快递物流企业业绩创下了历史新高。但是与业务量的增长形成鲜明对比，快递企业净利润增长幅度远不及业务量增长幅度。深入研究发现，快递物流行业市场竞争激烈，价格战持续多年，并进入了白热化阶段，多家快递企业加入"战场"，通过降价方式拉拢客户，从而导致了多家快递公司收入增加但整体盈利能力下降的局面。

据国家邮政局2020年数据显示，全行业的单票快递收入为10.55元，比2019年下降1.25元，降幅达到10.61%，较上一年降幅有所扩大。顺丰控股的单票价格也从22元/单，下降为17元/单，降幅巨大。

可见，愈演愈烈的价格战让很多快递企业陷入了"内卷"的窘境。在当前的竞争中，如何降低企业成本，实现降本增效，成为激烈的市场竞争下快递物流企业突围的关键。随着近些年大数据等信息技术的快速发展，为物流企业从市场竞争中突围带来了希望。包括顺丰、中通、圆通在内的各大快递物流企业，都在加大科技研发资金投入，研发信息技术和智能设备。这些企业都希望通过发展智慧物流系统，帮助企业降本增效，提高企业的竞争优势。同时，期望技术升级会带来新的经济增长，抵消科研投入的成本。这也是二律背反理论和经济效益理论在实践中的应用。

对于物流行业的企业来说，有效控制企业成本和提高盈利能力是可持续发展与提升市场竞争力的前提。因此，投入资金研发科技，对企业而言十分重要。

顺丰在研发投入方面，加大科研投入力度。2020年，顺丰研发投入30亿元，数值最高，较去年涨幅16.97%，申通1.46亿元、圆通1.07亿元、韵达2.96亿元。由此，可以看出各大快递上市企业加大研发投入，期望通过科技提高运营效率，实现降本增效。

近年来，大数据、人工智能、云计算等技术成为物流业转型的强大科技动力，帮助物流业向技术密集型行业转型。企业不断投资于前瞻性的科技布局，加快技术创新的步伐，深入挖掘业务场景，加大研发投入，缩短应用落地时间，并不断聚焦研发和应用，做到研发为业务服务。技术研发实力雄厚的企业，掌握沉淀技术的优势，申请相关专利，通过不断累积技术专利，帮助企业在未来劳动力紧缺的时代，获得继续领先的强大动力。因此，在这场激烈的行业竞争热潮和转型升级趋势下，驱动顺丰控股研发科技，将大数据相关技术应用于物流实景中，帮助企业实现降本增效。

（三）顺丰控股大数据平台建设概述

1. 顺丰控股大数据平台建设过程

为了能更好地完成业务统一规划和管理，更好地解决企业物流各个环节遇到的问题，为物流业务提供快速的响应速度，提高各个环节的效率。顺丰大力研发大数据、人工智能等技术。2017年，顺丰控股开始建设大数据平台，并于2018年4月宣布，与"怡亚通"等八家企业合作，成立大数据企业——"顺丰科技公司"。2019年，顺丰科技公司通过自主研发，构建了基于开源框架的大数据平台。该平台拥有种类齐全的功能组件和完善的平台功能，可以提供数据访问、数据分析、数据管理等种类繁多的数据服务。

目前，顺丰控股构建的一体化物流信息网络，已经成功接入"顺丰大数据平台"，可以实现顺丰物流每个环节的监控，以及顺丰物流数据全面数字化管理。通过该平台，可以追踪每一件快件的实时信息，查询每个环节的操作过程。顺丰的大数据平台，不仅能实现数据的高效管理，还能辅助企业决策，为顾客提供业绩预测服务、仓储智能化管理方案、运输路线私人化定制服务等智慧物流决策服务。同时，顺丰控股还推出一系列的大数据产品，如智能监控系统、智慧地图（物流管理系统）、顺陆（货运大数据管理平台）以及顺丰云（大数据处理中心）。

2. 顺丰控股大数据平台功能介绍

顺丰控股大数据平台采用了数据采集层、数据分析层、数据应用层这三个分层架构，能够根据实际的业务需求实现功能扩展，能帮助客户增强数据管理能力，还能将产业链上下游企业链接，提升企业竞争力。该平台提供丰富而全面的组件，不仅可以打通业务底层数据，还能帮助企业摆脱各环节数据孤岛问题，提升企业数据管理能力。

（1）慧眼神瞳——智能监控系统。慧眼神瞳是顺丰大数据平台中的一个重要组件，它具有十分强悍的功能，其通过视觉计算，智能化地监控物流的各个场景。其24小时监测各个场地的分拣操作，规避分拣过程中的暴力违规操作，可以降低破损件和丢失件的概率；其可视化功能可以为物流管理人员，提供全网的车辆装载率、车辆调度情况、运力检测和场地人员效能等基础数据，可以做到持续反馈各项物流数据，起到优化运输成本的作用。其全网标准化业务管理，可以提升管理效能，优化企业管理。

（2）智慧地图——智慧物流系统。智慧地图是顺丰大数据平台里较为重要的组件，可以提供地址智能标识、快递订单智能调度、中转信息传输、运输决策等功能。企业在客户线上下单、智能调度包裹、包裹中转分拣、运输路线规划以及末端包裹配送等环节积累大量数据，通过对这些数据的处理、挖掘、分析，智慧地图形成了多套物流解决方案，可以为道路运输和骑行配送提供高效路径规划服务，为企业业务赋能。顺丰物流大数据应用如下。

①智能地址标识系统。提供智能定位功能，可以实现高精度定位。地址数据识别度高达99%，数据准确性99%，覆盖中国城市361个，减少异常问题57%，提供高定位精度、精准地址匹配和路径规划等专业服务，提升了用户体验，优化了业务流程，并且为物流决策提供基础支撑。

②智能快递订单调度。智能排班提高收派员效率，以及人力资源效率。通过顺丰地图的智能调度系统，可以将自动匹配度达到96%，准确率提高到99%，减少客服人工量46%，降低人工成本效果显著。

③智能运输系统。顺丰通过大数据分析26万+骑行经验轨迹数据，构建行程轨迹图，通过数据分析规划最优路线，骑行导航精确到单元楼。

（3）顺陆——货运互联网平台。顺陆是顺丰旗下的大数据服务平台之一，其通过大数据、软件编程等科技手段，搭建了货运互联网平台。该平台主要面向顺丰自营车队、供应商及企业司机，通过合理的算法调度，帮助企业实现货运资源的合理利用。其依托顺丰覆盖全国的基层网点、中转场和仓库、运输路线等物流资源，为企业提供全产业链的物流服务。同时，该平台整合了顺丰的自营车队、外部供应商车队以及社会零散车辆资源，提高了货运资源的利用效率，并为这些车队及个体车辆提供丰富的货源资源。

（4）顺丰云——大数据处理中心。顺丰云是云计算中心，提供云服务器、云数据库、云存储和负载均衡等云计算服务，支撑着大数据、人工智能、智慧地图等新科技的应用，提前布局资源，掌握核心技术，是业务科技化发展的基石。

顺丰云为顺丰新一代云计算数据中心提供高效率、高效益、高质量的一站式的云计算解决方案，旨在解决IT基础设施的复杂度、稳定性、可伸缩性和灵活性等问题。使用户能够根据业务需要，自主配置云计算资源，帮加速新业务孵化速度。目前已经支撑700套业务系统，拥有3万多个计算单元，PB级日均处理数据量。

四、顺丰控股运用大数据优化成本控制路径分析

顺丰控股在行业竞争、政策驱动以及自身成本压力等因素的影响下，加大研发投入，成立顺丰科技公司，建立大数据平台，期望利用大数据等技术，帮助企业优化业务流程，提高经营效率，同时降低各个环节的成本，提高企业盈利能力。顺丰控股的主要业务环节包含揽收、分拣、运输、派件、售后等五大业务环节，以下内容主要分析大数据在顺丰控股业务环节中的应用路径，并基于二律背反理论，在各个环节成本的发生额之间找到平衡点，在升级技术的同时，注重经济效益的提升；同时，基于核心竞争力理论，探讨顺丰控股运用大数据提高运营效率，提升自身核心竞争力，将成本控制效用最大化。

（一）库存仓储成本控制优化

在仓储环节，主要成本包含仓库租金、折旧费用、装卸费用、货物包装材料费用和仓储管理费。仓储租金在仓储成本中较高，其与仓库的面积和所在地段相关。折旧费用包含仓库折旧和设备折旧，设备包含仓库存储设备、分拣设备等。装卸费用主要为卸货、搬运、分拣等活动的人工费用。包装材料费用主要为货物包装使用的纸箱、塑料袋等包装物的费用。管理费用为仓库管理人员薪酬。

在优化仓储成本方面，顺丰控股利用大数据选址技术，优化仓储网点布局，帮助企业合理规划仓储（中转场、网点、接驳点）的数量和位置，从而降低企业仓储成本。研发智能分拣设备，升级中转场硬件设备，提高中转环节中装卸、搬运、分拣环节的效率，降低中转环节的人工成本。利用大数据技术，升级中转场软件设备，提升仓储管理能力、仓储运营能力，降低仓储管理成本。

1. 优化仓储网点选址，降低仓储运营成本

仓储环节中的仓储网点对于快递物流行业来说十分重要，是货物流转运输的基础保障，其建设和管理的水平，影响着快递物流企业的服务水平和运营效率。网点地理位置的布局则影响着运输效率和营运的成本。因此，为了提高企业整体的运作效率，减少不必要的运输和仓储成本，需要合理布局仓储网点。

传统的仓储网点选址依靠管理者的自主判断，未考虑到周边经营环境、基础设施状况等因素，因此存在一定的缺陷。而顺丰控股运用大数据、运筹优化算法、机器学习技术，结合实际业务场景约束，综合考虑经济效益、配送距离、配送时间、政策红利、业务量等因素，通过大数据建模分析，选出合理的仓储网点位置，帮助顺丰解决

仓储网点选址的难题。

顺丰控股借助智慧地图平台，收集区域的相关信息，再运用大数据分析等技术，实现了仓储网点选址、仓储网点数量精简，帮助顺丰优化仓储网点选址，为企业带来了包裹投递的便捷、货物中转运输路径的缩短，以及仓储成本的优化。

2. 升级仓储和中转场硬件设备，降低中转环节人工成本

在顺丰仓储环节中，货物中转是快递物流企业业务流程中必不可少的一个环节，也是业务流程中较为烦琐的环节。这个环节中的搬运、信息识别、分拣、分类、装运等均有较大的人员需求，所以会产生大量的人力成本。因此，为了提高人员效能，降低人员投入及人工成本，顺丰控股升级了中转分拣场的硬件设备，提高仓储和中转场的运营效率。

（1）自动化搬运和装卸设备。在货物中转分拣环节，需要搬运和装卸货物，其中就要用到多种搬运设备。这些设备根据功能和用途，可以划分为不同的种类。以顺丰控股为例，可以分为人工装卸、叉车装卸、自动装卸。目前，顺丰控股的装卸主要以自动化装卸和叉车装卸为主，人工装卸为辅。自动化装卸和叉车装卸，具有安全性高、机动性强、效率高等特点，在装卸和搬运环节大量使用自动化装卸，可以大幅提升搬运和装卸的效率，减少装卸和搬运的人员需求，从而降低人力成本。

（2）自动化分拣设备。在包裹分拣环节，需要将各种各样的包裹，按照收货地址进行分拣。在传统物流中，这个环节需要大量的人力协助，同时耗费大量的时间，时效性较低，成本也高。为了加快分拣速度，提高企业效能，顺丰控股将大量依赖人工的分拣设备升级为利用了射频识别技术、电子标签技术的全自动智能分拣机。这些设备通过自主研发的地址识别算法及数据分发逻辑，识别货物的品类、重量、收货地址等信息，并通过自动传输带，将货物传输到不同的通道实现分拣；同时，通信设备将包裹实时信息上传至网络，实现"信息网"传输；最后，将包裹装车发往目的地。

顺丰控股通过该套自动化分拣系统，极大地提高了分拣速度。以往人工分拣仅500件1小时，但是运用了自动分拣系统后，分拣速度和效率大幅提升，分拣速度可以达到50 000件/小时，峰值最大可达到15万件/小时。顺丰控股大面积推行自动分拣系统，实现自动分拣系统覆盖率达22.8%，极大地提升了顺丰中转分拣效能和网点出仓时效，缩短了货物停留在分拣中心的时间。同时，该自动分拣系统降低了操作的人力需求，降低的人员技能的要求，节约了人工成本。此外，该自动分拣系统运用射频识别技术，精准识别"电子面单"的物流信息，实现精准分拣，降低丢包的概率和分拣

差错率，提升物流运输服务的质量。

3.升级仓储和中转场软件设备，提升仓储管理能力

在仓储和中转场的软件设备方面，顺丰控股通过对仓储系统等升级换代，实现仓储运营核心环节数字化管理，推动仓储运营规范化、标准化。顺丰控股的数字化仓储系统，通过升级软件设备，实现人力、产能、作业的可视化。通过动态算法、自动化引擎搭建资源模型，实现任务优先级动态优化调度与分配，提升仓储管理能力。

（1）数据可视化。顺丰控股利用可视化技术，实时监控仓储运营和作业进度，对包裹从入库到分拣，从分拣到出库，实现全流程监控，保障包裹安全，降低包裹丢失率。同时，顺丰的"丰暴大屏"为客户提供仓储数据可视化，满足客户业务运营监控、实时业绩展示等多种业务场景数据可视化需求。顺丰控股利用大数据技术实现数据可视化，提高了决策效率，保障包裹及时、准确、快速发货，缩短包裹在库时间，提高运营效率，降低了企业仓库管理成本。

（2）管理智能化。顺丰的智能化仓库，利用大数据技术、数据库工具以及机器学习算法，实现仓储管理智能化。顺丰构建了基于大数据技术的智慧大脑——智能云仓。智能云仓将相关性较高的商品存放在一起，可以提高分拣效率，降低人工搬运成本；同时，通过分析历史仓储数据与算法模型计算，合理规划商品摆放位置，提高仓储资源利用率，提高仓储管理的敏捷性和精确度，降低仓储管理成本。

（二）物流运输控制优化

对顺丰控股来说，其运输成本占总成本比重很高，而运输成本中较大部分是燃油成本。因此，对于顺丰而言，节约燃油成本对降低运输成本十分重要。顺丰运用大数据优化企业运输成本，主要通过三方面：一是利用物流大数据实现运输路线的优化，提高物流运输效率；二是优化运输作业，提高资源利用效率；三是大数据提升物流管理能力，提高资源利用率。

1.优化运输工具和方式，提高资源利用率

在顺丰控股的物流运输过程中，常面临货物种类、大小、价值、包装、运输方式、时效性不同，以及货物装车时间的问题，这使得物流企业在运输过程中难以提高运输环节的装载率。顺丰作为物流行业巨头，同样也面临难提高运输装载率的问题。为了解决货物运输装载率低、运输资源浪费等问题，顺丰控股通过分析物流供给与需求匹配，分析特定时期、特定区域的物流供给与需求情况，设置最低装载率和提高运输工

具装载量，以及合理选择运输工具和方式，从而制定合理的运输管理策略。具体包括以下措施：

（1）设置最低装载率。顺丰控股根据运输距离的长短，设置不同的最低装载率，充分利用运输工具的装载容积。例如，长途运输必须保障最低装载率在80%以上。在保障最低装载率的基础上，提高物流运输效率，实现运输成本的优化。

（2）提高运输工具装载量。顺丰控股构建了可持续包装解决方案服务中心，改进商品包装，改善车辆的装载技术，对不同货物进行搭配运输或组装运输。通过包装解决方案和装载技术，提高每趟货运、空运的装载量，最大限度地利用运输工具的装载吨位和装载容积，实现载重、空间的双满载，从而提高运输工具的使用效率。

（3）合理选择运输工具与方式。顺丰控股收集以往快件运输数据，对其进行分析、挖掘，提炼出了货物分类标签，再根据货物对时效性的要求，划分了"快"和"慢"线路，实现快慢分离，高效利用运力资源。并基于货物的特点以及对物流时效的不同要求，选择不同的运输工具。例如，追求时效性的包裹，选择成本较高的货运飞机运输，而贵重的包裹、易碎的物品，选择较为平稳的飞机运输等。通过合理利用各种运输方式，以及根据运输货物的特点选择不同的运输工具，可以实现运力资源的高效利用。

2.合理规划运输路线，提高物流运输效率

顺丰在降低燃油成本上，主要采用优化运输路线的方式，将大数据分析技术和人工智能算法，与传统的运筹学、线性优化算法相结合，构建出路线优化系统，实现物流运输路径的优化。通过缩短路径和运输时间，大大降低油耗量，从而降低企业运输成本。

顺丰优化运输路线的步骤主要包含以下两方面：

（1）路线设计需要根据以往的历史数据，通过运筹学、数学建模、线性规划等手段，计算出最优路径。其主要内容就是根据线路上货量的变化做出路线的调整。快递企业需要满足的是客户物流服务的需求，因此在路线规划过程中，对时效的控制显得尤为重要。合理的运输路线设计，可以保证每条运输路线时效的合理性、可控性。因此，物流企业制定物流规划时，普遍遵循"时效优先＋成本兼顾"的原则。

（2）路线规划即为新线路的开发，而每一条新线路的选择，都是对成本与时效的冲击，如何开线和如何养线，这些都是线路规划的重中之重。路线规划需要结合大数据分析以及各项影响参数，按照企业产品及运营的特定要求，通过复杂的算法模拟和演练,规划出科学且合理的物流运输线路。路线优化模型主要基于基础的蚁群算法和遗传算法的改进优化,通过模型计算,得出包含各枢纽发车时间点、用车需求、中转次数的最优方案,再结合实际可运行情况确定最终线路。

顺丰控股通过快递干线优化的方式,既保证每条运输路线时效的合理性和可控性,又使快递企业在保证服务质量的同时,实现运输过程费用少、中转少、时效高,实现了降低运输环节成本的目的。

3.提升物流管理能力,提高资源利用率

针对物流运输管理能力的提升,顺丰控股利用智慧地图优化物流管理,帮助顺丰控股提升物流管理能力。因为运输过程中会涉及终端网点、运输车辆、中转场等环节,所以会涉及前几个小节的内容,降低快递运输成本的步骤如下:

(1)加强运输系统的机械自动化及管理水平。例如,对装卸及搬运环节实现自动化运作,同样在运输环节上的管控,很大程度上也依赖于企业的科技信息化水平。顺丰控股可以构建以 GS 技术为基础,融合大数据和人工智能等技术,面向 AI 的未来智慧物流地图,对货运车辆的关键数据做出即时的反应,提升车辆的运送效能,从而减少因车辆长期闲置造成的资源浪费。

(2)合理分配运力资源,提高资源利用率。从运力资源方面,顺丰控股通过对运力池进行大数据分析,将公共运力的标准化和专业运力的个性化需求进行合理匹配,并结合企业的信息系统进行全面整合,充分调动闲置运力。车联网系统可以根据司机的个人情况、空闲时间、服务质量等信息,为司机自动匹配运输任务,提高运力资源利用率。

(3)车联网实现智能化管理。顺丰的车联网系统凭借自主规划,以及为货车安装智能车载设备,实现了司机、货车(飞机)、货物包裹的全程管理,也为企业物流安全管理提供数据支持。顺丰在货车上安装智能车载设备,可以实时收集车辆静态和动态数据,包括车辆的燃油消耗数据、行驶速度、车辆违章数据,还可以实时监控驾驶员的驾驶行为。通过对这些数据的分析,构建了多维度的评分机制,从而帮助驾驶员改善不良的驾驶行为,提高运输安全。此外,车联网还可以为企业带来货运信息,实现运输全过程入网,为企业打造地网提供支持。

(三)配送人工成本控制优化

顺丰控股的业务环节中,主要依靠众多网点实现对客户的服务,因此需要大量的快递员完成揽货和配送工作,因此需要大量的人力,而从前面的分析可知,随着未来我国人口红利的消失,人力成本上涨,势必会造成顺丰控股成本压力上涨。因此,顺丰控股需要优化人力成本控制,运用大数据优化策略。

1. 优化包裹配送路线,提高人工配送效率

顺丰控股的物流"最后一公里"配送所花费的费用占比很高,高昂的成本给顺丰控股的盈利能力造成了较大的影响;同时,车辆路径规划不合理将影响配送的速度、成本和效益。普通的路径规划方法没有考虑货车的限行要求,不符合实际情况,影响了配送的效率。因此,需要对配送环节进行优化,提高配送效率,降低配送成本。

顺丰控股在完全算法、近似算法、启发式算法等算法的多场景应用积累了丰富的经验,自主研发了充分考虑货车限行规定的顺丰地图,确保配送线路切实可行,并缩短了总配送距离和时间,有效减少了货车行驶的违规风险。

2. 配送方式多样化,降低人力成本

顺丰控股通过优化配送路线,降低人工成本。另外,顺丰还通过提供多元化的配送方案,降低配送中的人力成本。首先,顺丰控股通过服务网点的扩展,实现物流网络覆盖面的拓展,帮助企业降低人力成本。在服务网点扩展上,顺丰控股通过大数据分析,结合区域网点的快递包裹量,得出某个区域的网点数量。再通过城市驿站网点、城镇乡村代理点以及其他快递合作伙伴等多元合作方式,实现县域下沉市场的服务网点布局和城镇乡村网点建设,扩大顺丰的服务网点覆盖面。其次,顺丰通过投资"丰巢科技公司",依靠科技驱动和数据引擎,构建了多元化物流配送模式,可以根据不同的场景进行个性化配送,建立了智能快递柜、政务智能柜、智能快递驿站等配送设施。最后,顺丰控股还深入探索无人机配送方案,提前布局无人机领域,并研发了多种型号的无人配送机器人。

3. 优化人力资源配置结构,有效控制人力成本

顺丰控股的"直营模式"保证了各个物流网点与总公司在战略上的统一,这对企业规范自身的运营流程起到了很大的作用。但是,企业的"直营模式"也带来了较大的人力成本压力,而随着我国人力资源的匮乏,人力成本势必会上涨。顺丰的人力结构中,低层次的技术和体力劳动力很多,而高层次的专业型和管理型人才比例不高。低层次的技术和体力劳动力相对而言,人员流动性较大,同时人力效率较低,而高层次的专业型和管理型人才,可以提高企业的物流业务管理和运营效率。因此,从人力

结构层面，顺丰控股需要优化人力资源配置结构。

在优化人力结构方面，顺丰可从以下几个方面进行优化。首先，为不同的专业型和管理型岗位设置能力标签，并建立不同的维度指标，再结合大数据分析技术，从人力市场挑选合适的人才，并建立人才库。其次，制订专业型人才、管理型人才可持续发展计划，鼓励一、二线的员工参加学历教育和技能认证，并给予进修员工学费补贴，帮助企业提升员工技能和学历。最后，分析企业各个环节的人员配比情况，优化人力结构，合理分配人力资源。

（四）外包成本控制优化

顺丰的外包成本主要包含外包人力成本和外包运输成本。但是通过第三章的分析，随着快递物流行业市场竞争加剧，未来头部企业竞争激烈，行业整合加速，而顺丰控股由于外包成本的大幅增长，使得外包成本占总成本比重超过五成，其面临较大的外包成本压力。因此，需要通过大数据技术加强外包供应商的管理。具体外部成本控制优化路径如下。

1. 建立信息共享平台，整合外包服务资源

随着顺丰控股外包项目的增多，外包成本也逐渐增加，同时外包供应商数量也在不断增长，面对如此多的外包供应商，顺丰控股为了提升供应商的管理能力，有效整合外部服务资源，帮助企业降低外部成本。顺丰控股利用大数据分析、深度学习等技术，构建了货运互联网平台——顺陆。该平台整合货运资源、线路资源、运力资源，为顺丰自营车队、供应商车队及社会个体车辆，提供海量内外部货运资源，从而实现了业务信息共享、运力精准、高效匹配，提高了车辆货物匹配效率，降低了企业的货物运输成本和人工成本，同时为客户提供了更好的服务与体验。

"顺陆"货运互联网平台，把大量散乱的线下物流资源集中起来，在此基础上构建起货运物流信息平台。这个平台拥有海量的资源、丰富的运力，基于用户画像及需求，实现供需精准匹配。发货商发布需要运输的货物，平台通过大数据为发货商精准匹配合适的司机，实现货、车、人的快速匹配。通过这种基于大数据的货运匹配模式，实现快递与货运物流共赢，既可以使货运司机、公司得到全面、稳定、大量的货运资源，又可以使快递企业获得快捷、便利和性价比高的货物运输渠道，帮助企业降低外包成本，增强企业运输能力，同时通过该平台可以增强企业品牌影响力。

2. 建立信誉共享机制，提升外包服务质量

顺丰控股依靠大数据货运平台，收集外包服务商的服务数据，根据各方面的指标对外包商进行考察后，建立信誉共享机制，帮助服务商和顺丰控股建立双向选择机制。企业可以通过平台查询外包商信誉，选择外包供应商提供服务；外包服务商也可以借助该平台，查询货运任务，利用高信誉获取更多外包订单。

对于信誉评分，顺丰控股往往通过运输单评价、运输时长、交通违规、司机驾龄等信息进行数据分析，形成司机或者外包企业信誉评价分数，顺丰通常也依据该信誉分数筛选外包供应商。信誉共享机制将顺丰控股企业与外包商的信誉捆绑，在这种环境下，外包商就会加强与企业间的联系，尽力提供更好的服务，有利于企业间的合作共赢；同时，可以帮助企业加强外包商管理，降低企业外包管理费用。

（五）管理费用控制优化

1. 量化企业作业链效率指标

顺丰控股的"直营"模式加强了企业的管理能力，实现了战略的高度统一，但也形成了管控乏力的问题。顺丰控股的组织架构比较复杂，从总裁到各个职能部门，现在到各个运输分公司以及基层网点。这种组织结构给企业管理带来了很大的困难和较高的管理成本。顺丰控股的管理费用占营业收入的比重，远高于其他快递物流企业。较大的成本压力也影响了企业的盈利能力和市场份额。因此，顺丰控股作为快递行业的龙头企业，需要加强企业管理，降低管理成本。

顺丰控股有比较完善的运营体系，可以量化每个作业环节的效率。因此，顺丰采用量化企业作业链效率的措施，发现并缩减无效的作业环节，帮助企业提高管理效率。首先，划分活动链环节。顺丰为了计算单位时间内的作业链效率，将自身业务按照作业链的各个环节进行划分，一共分为七个环节，主要为网点揽收、支线运输、中转分拣、干线运输、中转分拣、支线运输、网点配送。其次，以时间为标准分析了作业链效率。顺丰设定每个环节的时间，并计算作业链的完成时间。再次，区分操作过程中的有效环节和无效环节。从活动价值链的角度分析顺丰的活动环节，区分有价值的活动和无价值的活动，把增加快递价值的环节的运输时间算作有效时间，否则算作无效时间。比如，快递运输的等待时间，中转分拣时的车辆衔接时间。最后，计算活动链中各环节的效率。作业价值链的效率等于有效时间除以作业周期，作业价值链的效率也可以衡量作业环节的效率。低效环节的效率可以通过优化管理来提高。综上所述，

顺丰控股量化了企业价值链的运行效率,将提高各个环节的管理效率,优化企业管理费用。

2.运用绩效激励方法提升管理

随着顺丰的规模不断扩大,人员也越来越大,总员工更是突破20万人。面对如此庞大的企业规模,如何提升企业管理,完善人力资源建设,是需要重点关注和思考的内容。为了提升企业管理效能,降低管理费用。顺丰控股通过绩效管理的方法激励员工,构建全面的薪酬体系。员工的薪酬建立在两个基础上,一个是直接薪酬,如工资和奖金,另一个是福利待遇,经济性福利包含高温高寒补助,夜班人员提供夜班补助,非经济性福利包括充分尊重员工,提供弹性工作制、提供更多的内部晋升机会等。

另外,顺丰的绩效激励制度不仅关注员工的物质收入,还注重员工的精神健康。如上文提到的鼓励员工参加各种培训、学历考试和技能认证,在精神上重视每个员工,包括其价值观、成就导向和职业发展。通过物质和精神的双重关照,形成内部的良性循环,提升企业整体管理。

五、效果分析

在信息技术高速发展的今天,大数据等技术对物流企业十分重要,它能够帮助物流企业保持竞争优势,强化核心竞争力。在企业的管理过程中,企业成本是制约企业发展的重要因素,如何使用大数据技术对企业进行成本规划,进而帮助企业合理地管理和控制企业成本显得十分重要。下面将阐述大数据对企业成本控制的影响,大数据对成本控制影响的具体路径,以及实际案例体现运用大数据优化成本控制的效果。

(一)顺丰控股运用大数据降低了企业成本

大数据技术对物流企业成本控制的应用,帮助企业降低了成本,提高了成本控制能力,优化了业务流程,提高了资源配置效率。

在运输环节,大数据技术的运用,提高了货车、飞机的装载率,降低了燃油成本,提高了资源配置效率;还通过路线规划,寻找最优行驶路线,缩短了运输时间,降低了运输成本;同时,通过物流大数据分析,提供最优决策,实现物流运输决策智能化。在仓储环节,利用可视化手段,实现仓储管理智能化,包裹入库出库全视野监控,保障包裹安全;同时,利用大数据分析,合理选址,降低仓储租金;中转方面,利用全自动分拣设备、智能识别算法,提高分拣效率,降低人力成本。在配送环节,利用算法优化配送路线，降低配送成本；同时，利用智能快递柜、无人机等多样化配送方式，释放人力，降低人力成本。在外包管理方面，顺丰构建了货运互联网平台，实现信息高效共享，此举不仅降低了内部运输成本和人工成本，还实现了外部空闲运力的有效利用。

（二）顺丰控股利用大数据提升核心竞争力

顺丰的核心业务为物流运输服务，其核心竞争力是企业能提供高时效性、高安全性的高端物流服务。顺丰控股利用大数据等技术，不断优化企业经营的各个环节，提升物流服务体验，提高物流配送的效率，实现传统物流向智慧物流的转型，从而增强了企业的核心竞争力。另外，利用多年积累的海量数据以及专业技术沉淀，实现了物流的数字化和智能化创新，建立了大数据科技公司，并提前在人工智能、大数据、智能机器人等科技前沿领域进行了布局，并在多个领域处于行业领先地位，提升了企业的核心竞争力。

（三）顺丰控股利用大数据提升品牌形象

顺丰控股通过大数据等技术，构建了大数据平台，优化了企业物流各个环节的运营效率，缩短了运输时间，提高了物流运输的安全性，从而为客户带来了更好的服务体验，提升了企业的品牌形象。经过20多年的发展，顺丰在快递物流行业形成了"快""准时"、"安全"等独特的品牌形象，并享有较高的知名度。2021年，国家邮政局发布快递服务满意度调查报告，该报告显示：在品牌满意度排行榜上，顺丰排名第一；同时，在"全程时限和72小时准时率"榜单上，顺丰排名也是第一，并连续8年蝉联第一。顺丰控股利用大数据，不断优化物流服务，提升物流服务的质量，最终帮助顺丰提升了品牌形象和品牌价值，其品牌也得到了客户、行业及社会的广泛认可。

综上所述，在大数据背景之下，快递物流企业需要对大数据及相关技术的作用和影响有正确的认知，积极顺应时代发展潮流，并根据企业自身的情况做出调整，这样才能在激烈的市场竞争中保持长久的竞争力。对于快递物流企业来说，其公司内部的成本控制模式，对公司的日常经营和管理工作有着较大的影响，加强企业的成本控制具有重要的意义。物流企业应抓住大数据提供的机遇，积极应对企业面临的挑战与机遇，既要提升自己的核心竞争力，又要强化财务成本管理，积极面对成本控制模式创新，利用新兴技术提高企业又管理效率，推动成本控制方法和制度的优化，帮助企业建立新的竞争优势。

实训三　基于大数据的车货匹配推荐系统的设计与实现

一、基于大数据技术的车货匹配推荐系统总体设计

（一）需求分析

本部分所提出的基于大数据技术的车货匹配推荐系统，主要分为两个模块：车货匹配模块和用户信誉评价模块，其中车货匹配模块根据用户信誉评价模块结果进行车货匹配，即用户信誉评价模块是车货匹配模块的一个子模块。车货匹配模块根据司机的基本信息，包括司机的位置、车型、车长、承运吨位/体积、信誉评价等，结合货源的基本信息，包括货源的起始位置、货源种类、重量/体积、货源状态、信誉评价等进行车货匹配，解决"车找货，货找车"问题。车货匹配模块分为两个客户端：司机端、货主端。向司机推荐优质的货源，向货主推荐优质的车源。

1. 系统总体功能需求

（1）用户功能需求。根据用户的类型和系统的功能，本系统将用户划分为货主端和司机端。货主端使用到的功能分析包括九个方面。①货主注册功能：账号注册，密码设置，注册成功；②提交审核资料：货主需要提交身份证、个体/公司运营牌照等信息进行身份审核；③货主登录功能：用户通过账号、密码可以登录系统；④搜索货车功能：搜索所需要的车型；⑤订单评价功能：对发布的订单进行评价；⑥发货功能：发布货源任务，填写货源信息，包括装货地详细地址、卸货地详细地址、需要的车长车型（必填，用车类型、车长、车型）、货物重量/体积（必填）、货物类型（必填，选择货物类型）、装货时间（必填）、货物运费（选填）、备注（选填）、指派司机（选填）等；⑦支付功能：司机接单后支付定金，配送完成后支付剩余部分；⑧查看运单状态：待接单，已接单，待支付定金，运输中，待支付，待评价，已取消，已完成；⑨查看推荐功能：查看系统为货主推荐的优质司机。

司机端使用到的功能分析包括八个方面。①注册功能：注册账号，设置密码，注册成功；②登录功能：用户通过账号、密码可以登录系统；③提交用户资料功能：司机提交头像照片、驾驶证图片资料，同时填写姓名和身份证号。上传行驶证照片，输

入车牌号、车型、车长、载重、车辆品牌、出厂年份等信息后提交申请；④查看推荐功能：查看系统根据司机所注册的车辆信息进行推荐的货源；⑤搜索货源功能：搜索自己需要的货源订单，可以根据货源起始地、目的地、货源种类、体积/重量等货源基本信息进行搜索；⑥运单评价功能：对货主进行评价；⑦接单功能：接受货主发布的货源订单；⑧支付功能：主要用于支付定金以及其他费用。

（2）数据采集模块功能需求。数据采集模块功能：要完成推荐匹配，先要解决大数据的采集问题，不仅需要获取用户的基本信息数据，还要收集系统日志以及车辆、货源信息等数据。

（3）数据处理模块功能需求。数据处理模块功能：对系统采集的多类型数据进行清洗、过滤等操作，筛选出对系统有效的数据，以便后续推荐模块的使用。

（4）数据存储模块功能需求。数据存储模块功能：通过分布式文件系统 HDFS 以及 MySQL 数据库存储用户的基本信息、车辆、货源信息以及信用评价指标等数据。将大规模需要进行批处理的数据存储在 HDFS 中，将结构化数据存储在 MySQL 数据库中，而实时性数据存储在缓存中。

（5）推荐算法模块功能需求。推荐算法模块功能：推荐算法是整个物流服务推荐系统的核心。为了保证推荐系统的实时性、稳定性和高效性，该系统利用用户的基本信息以及行为信息自动为用户生成匹配的物流服务列表。

（6）推荐结果展示模块功能需求。推荐结果展示模块功能：将推荐结果展示给用户。

2. 系统总体性能需求

（1）系统的稳定性。本系统使用的是目前主流技术，各个功能模块间符合高内聚、低耦合的需求，具备大数据分布式架构的优势，系统长时间不间断运行，能应对某些突发状况，比如服务器不稳定等问题。

（2）系统的扩展性。随着系统的不断使用，用户和货源、车辆的数据量越来越大，这对存储系统的扩展性以及计算效率提出了较高的要求。

（3）系统的容错性。高容错性也是系统需要具备的能力，采用冗余数据存储方式，自动保存数据的多个副本，并能够自动将失败的任务进行重新分配。

（二）系统总体设计

1. 系统流程

该系统主要分为两个用户端，即司机端和货主端。

为新用户提供注册功能，并给每一个用户提供一个 UserId 作为用户的唯一标识符：用户通过账号、密码可以登录系统，其中司机登录的是司机端系统，货主登陆的是货主端系统；用户登录系统后进入系统首页，在首页可以看到系统为用户推荐的最优结果，本系统主要分为两种推荐功能，即向司机推荐优质货源，向货主推荐优质司机。因此，在司机端可以看到系统为司机推荐的优质货源订单列表，这个推荐列表是根据司机注册的车辆信息以及其基本信息进行匹配计算得出的；而货主可以通过首页的发布货源订单功能进行发货操作，系统根据货主发布的货物以及货主的基本信息向货主推荐优质司机列表；司机可以在推荐结果中选择货源订单进行接单，并且可以在订单详情页查看订单的详细信息，以及和货主进行沟通。货主可以在推荐结果中选择司机进行交易。

2. 总体架构

根据系统的功能需求和性能需求，结合系统的实用性和扩展性，考虑各模块之间的低耦合、高内聚设计理念，下面所提及的基于大数据技术的车货匹配推荐系统的总体架构主要分为以下六个部分。

（1）数据源层是系统的最初数据源，主要用于收集离线数据和在线数据，包括用户基本信息数据和用户行为数据。同时，该层还会对收集到的数据进行必要的结构化处理。因为收集到的数据有些是无效数据，而这些数据不能被系统直接使用，所以需要对收集到的数据进行必要的清洗和过滤等操作，以便系统后续使用。

（2）数据存储层存储整个系统运行所需要的数据，为系统提供数据支撑。该层通过 Hadoop 框架中的组件分布式文件系统和 MySQL 数据库等存储结构存储数据，包括车货匹配系统中用户的基本信息、行为数据信息、货源/车辆信息以及车货匹配计算过程中的算法模型和推荐模型。HDFS 中存储的是需要进行处理的数据，可直接被系统使用的结构化数据存储在 MySQL 等数据库中，对一些需要实时操作以及请求频繁的数据存储在缓存中。

（3）平台层主要是推荐算法集成，实现了推荐算法模型。

（4）策略层主要包含平台层中算法所实现的具体功能，具体表现为实现了产品层，主要包括推荐排序、货源详情、地图展示、货源状态等功能。

（5）接口层主要负责策略层和用户可视化层之间的数据连接功能，统一管理各个模块之间的接口，使系统接口规范化，降低后续系统维护难度，简化后续系统扩展。

（6）用户可视化层主要向用户展示系统功能，是用户和系统交互的前端页面，系统为用户所提供的功能均在该页面上展示，用户可以选择所需功能模块。系统为用户推荐的结果也展示在该层，用户可以查看所需要的货源/车辆，并进行接单/叫车等操作。该层采用主流 Web 前端技术，为用户提供良好交互界面。

3. 系统功能设计

根据上述系统需求分析以及系统总体架构设计，本部分所述系统包括物流信息管理模块、数据预处理模块、业务功能模块、交易功能模块、用户信誉管理模块。

（1）物流信息管理模块是本系统的基本功能，主要负责收集管理物流系统相关的基本信息，包括用户的基本信息和相关物流信息。具体包括货主资料审核认证；司机资料审核认证；货源详情、状态等信息；车辆详情、状态等信息。为物流决策分析提供必不可少的数据基础。

（2）数据预处理模块每天更新大量的物流数据信息，这些数据需要存储和分析。所以，在进行实际计算之前，需要通过数据预处理模块对这些数据信息进行数据预处理。该模块的主要功能是将数据采集模块收集到的数据进行预处理，包括数据清洗、数据规范处理、数据整合与过滤，数据处理的结果主要围绕司机和货主的相关信息，为后期推荐计算提供数据基础。

（3）业务功能模块主要包括货主发货功能、司机接单功能以及推荐功能。货主发货时需要填写货物的详细信息，包括货物类型、长度、体积、重量、所需车型等车货匹配中所必需的信息；司机可以通过系统的货源界面搜索合适的货源或者通过本系统的推荐功能查看系统根据司机信息推荐的优质货源，然后通过接单功能选择自己感兴趣的货源订单；本系统所述推荐功能是指系统向货主推荐优质司机，向司机推荐优质货源订单。具体来说，系统根据货主所发布的货源信息对空闲车辆进行匹配，然后综合车货匹配度以及本系统所述的信誉评价模型指标挑选出优质的司机，将优质司机推荐给货主。对于司机而言，系统根据司机注册车辆信息对尚未被匹配到的货源订单进行匹配，然后综合车货匹配度、货源紧急程度、本系统所述的信誉评价模型指标挑选出优质的货源，将这些优质货源推荐给司机，完成双向匹配过程。

货主的发货功能模块流程是货主注册并登录系统后进入系统首页，选择发货功能，如果是发布新货源,根据运输主体提供的运输服务分为两种方式:发布所需车源信息找车源和发布货源信息等待司机接单。发布所需车源信息找车源的方式是货主根据自己所需寻找合适的车辆,而发布货源信息等待司机接单的方式需要通过系统来对车辆和发布的货源信息进行匹配,这个方式也是本书所主要研究的。本书会对司机和货主的信誉进行评价,信誉评分值的高低会直接影响到司机和货主的匹配结果,后面会着重对此进行分析。如果货主发布的货源订单有司机接单,经过双方沟通无异议,则双方缴纳订金签订合同,然后司机开始运输,当运输到指定目的地,订单结束,货主支付剩余费用,司机收取货主订金以及其他运输费用和退回的订金,双方进行互评操作。

司机接单功能是司机通过注册并登录系统进入系统首页,司机两种接单方式:系统派单和自主接单。系统派单是指系统根据司机注册的车辆信息和信誉评估等信息与货源订单进行匹配,将匹配度较高的派给司机。自主接单是指系统根据司机注册的车辆和信誉评估等信息与货源进行匹配,系统先筛选出车辆可以装载的货源订单,然后根据司机的信誉等信息给其推荐匹配度从高到低的货源,司机接受系统所派发的货源订单后,双方缴纳订金签订合同,然后司机进行运输。如果司机在运输过程中遇到突发问题,比如交通事故等,可以向系统提出终止运输订单申请,系统审核通过后可以结束此次运单,否则继续运输,直至运单完成。运单完成后,货主支付剩余费用,司机收取货主订金以及其他运输费用和退回的订金,双方进行互评操作。或者司机通过货源搜索功能,输入搜索条件查询合适的订单,然后进行接单。

(4)交易功能模块是指司机和货主进行交易时所需要的功能模块,主要包含支付功能、查看交易明细和签订合同功能。其中,支付功能主要用于司机和货主双方缴纳定金,货主支付运输费用等功能;签订合同功能主要目的是净化平台交易环境,确保司机和货主双方信息的真实性。

(5)用户信誉管理模块是指系统用户的信誉评价信息管理功能,可根据用户历史行为信息对用户信誉进行评估。通过对相关文献和相关车货匹配平台的调查,本系统从用户基本资料、服务质量、投诉情况以及履约守信度四个方面建立了货运平台用户信誉评估模型,为每一个用户建立细致精准的用户信用画像。关于用户信誉模型的详细设计将在第四章进行阐述。

4. 数据库设计

本系统涉及的关系型数据库表有十个,包括司机基本信息表(driver_info)、货主基本信息表(slipper_info)、货源信息表(cargo_info)、货运订单表(freight_ order)、货源地址表(cargo_address)、车辆信息表(car_info)、货品分类表(cargo_category)、城市信息表(city_info)、热门货物表(popular_cargo_name)、用户信用评价表(credit_evaluation)。

司机基本信息表，包括主键ID、姓名、账号、密码、车辆信息表的truck_id、司机状态、创建时间。

货主基本信息表，包括主键ID、姓名、性别、账号、密码、货源信息表的cargo_id、货主状态、创建时间。

货源信息表记录货源的基本信息。

货运订单表记录运输订单的基本信息，包括承运人的基本信息、货源的起始地、目的地的详细地址以及货源的送达时间等信息。

货源地址表记录货源的详细地址。

车辆信息表记录车辆的详细信息，包括车型、车长、体积、载重等基本信息。

货品分类表记录货物的种类。

城市信息表记录我国城市的基本信息，对地址的进一步划分，用于查询货源所在地的详细位置信息。

热门货物表记录当前时间比较受欢迎的货物列表。

用户信用评价表记录用户的信用评价以及信誉值，包括司机和货主的评分。

二、基于大数据技术的车货匹配推荐模型

（一）模型描述

基于大数据技术的车货匹配推荐系统模型的建立，基于以下假设：

（1）模型建立的背景是每辆车只承担一项运输任务，每次配送都是独立的。

（2）由于车辆类型的不同，不同类型的车辆每公里的运输成本也不同，大型车辆可以运输小型车运输的货物。

（3）假设运输成本仅和运输距离、货车载重量相关，和过路费等因素无关。

（4）在目标函数的计算中，未考虑车主的工作时间、货运罚款和道路异常等情况。

（5）假设每件货物的体积不会太小，这将导致整车运输的资源浪费，也不会出现体积太大的情况，这会导致整车无法运输。

（6）货主资料和司机资料均为审核认证通过状态。

整个匹配过程分为三个阶段。第一阶段为状态信息匹配，根据货运平台发布的车

辆和货物的当前状态信息，分别对车辆和货源集合进行初步筛选，获取有效的且可进行匹配的车辆和货源集合，并将这两个集合作为第二阶段的输入信息。第二阶段为服务信息匹配，获取上一阶段的输出结果，即货运平台中发布的当前有效的且可进行匹配的车辆和货物的属性信息，其中车辆属性包括车型、车长、容积、位置信息等，货物属性包括货物所在地的起始地、目的地、最小需求车型、货物重量、长度、运输距离、是否特殊等信息。根据这些信息，可以计算匹配车辆和货物的利润和成本以及车辆与货物的匹配度，得到双方相应的匹配结果列表，作为下一阶段的输入信息。第三阶段为综合信息匹配，根据上一阶段获得的匹配结果列表，本阶段根据司机以及货主的信誉评分对车辆集合与货源集合进行排序，将最优结果分别推荐给司机和货主。

以上所提及的车货匹配推荐系统的整个匹配过程主要分为三个方面：基本状态信息、服务信息和综合信息，这三个方面分别对应整个匹配过程的三个阶段。

（二）参数介绍

该模型的参数描述如表 3-1 所示。

表 3-1 模型的参数描述

参数	描述
G	车辆类型的总数
$V(j)$	车主集合
$S(i)$	货主集合
j	车辆的编号，$j \in \{1, 2, 3, ..., m\}$
i	货源的编号，$i \in \{1, 2, 3, ..., n\}$
g_i^G	货物 i 的最低需求车辆类型
g_i^V	车辆 j 的类型
L_i^S	货物 i 的长度
L_j^V	车辆 j 的长度
W_i^S	货物 i 的重量
W_j^V	车辆 j 的额定载重
B_i^S	货物 i 的体积
B_j^V	车辆 j 的容积
T_i^V	货物要求司机将货物送达目的地的时间

续表

G	车辆类型的总数
T_i^j	司机将货物送达目的地的实际时间
c_1^g	g 型车特殊货物的额外运输费
c_2^g	g 型车空车的运输成本
c_3^g	g 型车辆每吨每公里的运输成本
c^g	g 型车辆每吨每公里的运输价格
d_i	货物 i 的运输距离
d_{ij}	车辆 j 起点与货物 i 之间的距离
e_i	如果货物 i 特殊，则为 1，否则为 0
c_{ij}	与车辆 j 匹配时的货物 i 成本
p_{ij}	车辆 j 与货物 i 匹配时的利润
R_j^V	司机信用值
R_i^S	货主信用值
α	匹配成功后平台的提取比例
x_{ij}	当货物 i 和车辆 j 匹配时，变量为 1
f_1	车辆和货物的信息发布费

（三）状态信息匹配

将司机注册的车辆当前状态信息和货主发布的货源当前状态信息进行匹配。其中，车辆状态信息（VS）主要包括空闲、运输中、已完成和无效。当车辆状态为空闲时，$VS=0$；当车辆状态为运输中时，$VS=1$；当车辆状态为已完成时，$VS=2$；当车辆状态为无效时，$VS=-1$。货源状态信息（CS）主要包括已下单、找车中、匹配到车、已完成和已取消。当货源状态信息为已下单时，$CS=0$；当货源状态信息为找车中时，$CS=1$；当货源状态信息为匹配到车时，$CS=2$；当货源状态信息为已完成时，$CS=3$；当货源状态信息为已取消时，$CS=-1$。

上述车辆和货主无效状态的判定是根据司机和货主的信誉水平判定的，判定方式如下：

$$VS/CS = \begin{cases} 其他, & 司机或货主的信用等级与指定信用等级的比值大于 1 \\ -1, & 司机或货主的信用等级与指定信用等级的比值在 0 和 1 之间 \end{cases}$$

具体匹配过程如下：

（1）确认输入。候选车辆集合：$V=\{v_1, v_2, v_3, \cdots, v_m\}$；候选货源集合：$S=\{S_1, S_2, S_3, \cdots, S_n\}$。

（2）确定输出。司机和货主之间的状态信息匹配集合 D_s，D_v。

（3）确定初始状态。D_s，$D_v=0$，$x=1$，其中 k 是候选车辆或货源的序列号。

（4）对候选车辆集合进行迭代操作，当车辆状态为 $VS=0$ 时，将车辆添加到集合 D_v；对候选货源集合进行迭代操作，当货源状态为 $CS \leqslant 1$ 且 $CS \neq -1$ 时，将货源添加到集合 D_s。

（5）当迭代完成后，算法结束，输出集合 D_s，D_v。

（四）服务信息匹配

通过分析车货匹配指标体系，可以将指标分成两个模块：显性匹配指标和隐性匹配指标。显性匹配指标包括车型匹配、载重匹配、车长匹配、位置匹配、体积匹配、路线匹配和时间符合度。隐性匹配指标包括时间符合度、体积符合度、运输成本以及运输利润。

1.下面对显性匹配指标进行展开讨论

（1）车型匹配：货物的最小需求车型必须小于车辆类型，如果车辆类型不符合要求，则无法匹配。

$$g_i^S \leqslant g_j^v \tag{3-1}$$

对于货主而言，有

$$M_1 = \begin{cases} 1, & 货物所需车型 = 车主类型 \\ 0, & 货物所需车型 \neq 车主类型 \end{cases} \tag{3-2}$$

对于司机而言：

$$M_1 = \begin{cases} 1, & 车辆可运载的货物类型 = 货主所发布的货物类型 \\ 0, & 车辆可运载的货物类型 \neq 货主所发布的货物类型 \end{cases} \tag{3-3}$$

（2）车长匹配：货物的长度必须小于车辆的长度，如果长度不符合要求，则无法匹配。

$$ML = \frac{L_i^S}{L_j^V} \leq 1 \tag{3-4}$$

$$M_2 = \begin{cases} 1, & \text{货物所需的车辆长度和车辆长度的比例介于0与1之间} \\ 0, & \text{货物所需的车辆长度和车辆长度的比例大于1} \end{cases} \tag{3-5}$$

M_2 代表车长匹配度,如果 M_2 大于 0 且小于等于 1,则说明车辆和货物可以匹配,否则,匹配失败。

(3)载重匹配指标:货物的重量必须小于车辆的载重,如果重量不符合要求,则无法匹配。

$$M_W = \frac{W_i^S}{W_J^V} \leq 1 \tag{3-6}$$

$$M_3 = \begin{cases} 1, & 0 \leq M_W \leq 1 \\ 0, & M_W > 1 \end{cases} \tag{3-7}$$

M_3 代表载重匹配度,如果 M_3 大于 0 且小于等于 1,则说明车辆和货物可以匹配,否则,匹配失败。

(4)体积匹配:货物的体积必须小于车辆的容积,如果体积不符合要求,则无法匹配。

$$M_B = \frac{B_i^S}{B_J^V} \leq 1 \tag{3-8}$$

$$M_4 = \begin{cases} 1, & 0 \leq M_W \leq 1 \\ 0, & M_W > 1 \end{cases} \tag{3-9}$$

M_4 代表体积匹配度,如果 M_4 大于 0 且小于等于 1,则说明车辆和货物可以匹配,否则,匹配失败。

(5)位置匹配:货物所在地与车辆当前所在位置之间的距离 d_{ij} 不超过规定阈值 d,如果位置不符合要求,则无法进行主动推荐。关于位置匹配涉及的成本和利润问题,将在后续展开讨论。

$$M_5 = \begin{cases} 1, & 0 \leq \frac{d_{ij}}{d} \leq 1 \\ 0, & \frac{d_{ij}}{d} > 1 \end{cases} \tag{3-10}$$

(6)路线匹配:货物所要求的起始地和目的地必须与司机所设置的路线相符,因为很多司机都有熟悉的路线，在一定程度上，可以保证运输的安全性和稳定性。

$$M_6 = \begin{cases} 1, & \text{货物运输路线和司机的常跑路线相同} \\ 0, & \text{货物运输路线和司机的常跑路线不同} \end{cases} \quad (3-11)$$

（7）时间符合度：当前时间加上司机从当前所在位置到货物所在位置所需要的时间小于订单规定的接货时间，方可进行匹配。公式如下：

$$T + T' \leq T_i \quad (3-12)$$

其中，T 为当前时间，T' 为司机从当前所在位置到取货点的位置所需要的时间；T_i 为货主规定的接货时间。

$$M_5 = \begin{cases} 1, & 0 \leq \dfrac{T+T'}{T_i} \leq 1 \\ 0, & \dfrac{T+T'}{T_i} > 1 \end{cases} \quad (3-13)$$

2. 下面对隐性匹配指标进行展开讨论

（1）载重率：载重率越高优先级越高。公式（3-15）保证初始车辆的负载。

$$W_{ij} = \dfrac{W_i^S}{W_j^V} \quad (3-14)$$

$$W_{ij} = 0 \quad (3-15)$$

其中，W_i^S 为货物的重量；W_j^V 为车辆的额定载重量。

（2）体积符合度：体积符合度越高，优先级越高。

$$B_{ij} = \dfrac{B_i^S}{B_j^V} \quad (3-16)$$

其中，B_i^S 为货物的体积；B_j^V 为车辆的额定容积。

（3）运输价格：基于上述假设，运输成本仅与车型相关，与同一车型匹配时成本相同。费用包括货物的基本运输费和特殊货物的额外运输费以及货主发布货源信息需要支付的信息发布费。

$$C_{ij} = c^g d_i W_i^S + e_i c_1^g d_i W_i^S + f, \quad g_i^V \leq g_j^V \quad (3-17)$$

其中，C_{ij} 为货主的运输成本；c^g 表示 g 车型货车每吨每公里的运输价格；d_i 表示货物 i 需要运输的距离；W_i^S 表示货物 i 的重量；e_i 表示货物 i 是否特殊；c_1^g 表示 g 型车特殊货物的额外运输费用；f 为车辆和货物的信息发布费。

（4）运输利润：公式用来计算车辆 j 与货物 i 匹配时车辆的利润。如果车辆类型不符合要求，则无法匹配。利润包括交易费减去货运平台的抽取，然后减去车辆的运输成本。交易费用是货物支付的费用，即货物成本。利润越高，优先级越高。

$$p_{ij} = (1-\alpha) c_{ij} - (c_2^g d_{ij} + c_3^g d_i W_i^S), \quad g_i^V \leq g_j^V \tag{3-18}$$

其中，p_{ij} 为司机的运输利润；c 为车和货匹配成功后平台的提取比例；C_{ij} 为与车辆 j 匹配时的货物 i 成本；c_2^g 为 g 车型货车每公里的空车运输成本；d_i 为货物 i 需要运输的距离；d_{ij} 为车辆 j 起点与货物 i 之间的距离；c_2^g 为 g 型车辆每吨每公里的运输成本；W_i^S 为货物 i 的重量。

3. 具体匹配过程

（1）确认输入。由上一阶段的输出作为该阶段的输入，即由基本状态信息 $D_s = \{d_{s1}, d_{s2}, d_{s3}, \cdots, d_{sk}, \cdots, d_{sn}\}$ 匹配的货源集合，由基本状态信息 $D_v = \{d_{v1}, d_{v2}, d_{v3}, \cdots, d_{vk}, \cdots, d_{vm}\}$ 匹配的车辆集合。

（2）确认输出。建立与 D_{Sf}、D_{Vf} 相匹配的服务信息集合。

（3）确定初始状态。对基本状态信息集合进行迭代操作，将满足上述条件的车辆 d_{vfj}（$j \in \{1, 2, \cdots, m\}$）添加到集合 D_{Vf}，将满足上述条件的货源 d_{sfj}（$i \in \{1, 2, \cdots, n\}$）添加到集合 D_{Sf}。

（4）算法结束，并输出服务信息集合 D_{Sf}、D_{Vf} 作为下一阶段的输入。

（五）综合信息匹配

在车货匹配推荐系统中，司机和货主双方的需求是不一致的。司机对货主的需求包括运费利润率（R_{c1}）、载重率（R_{c2}）、体积符合度（R_{c3}）、长度匹配度（R_{c4}）和信誉等级（R_{c5}）。而货主对司机的需求包括运输成本匹配度（R_{s1}）、载重率（R_{s2}）、体积符合度（R_{s3}）、长度匹配度（R_{s4}）和信誉等级（R_{s5}）。

其中，运费利润率计算公式如下：

$$R_{c1} = \frac{p_{ij}}{c_{ij}} \tag{3-19}$$

本阶段将根据司机和货主双方的需求结合车货匹配度和货源紧急程度计算综合匹配度，构建以综合匹配度最大为目标的目标函数。然后根据双方匹配度对货源和车辆进行排序，将货源排序列表的前 k 名（$k<n$）推荐给司机，将车辆排序列表的前 k 名（$k<m$）推荐给货主。面向司机的车货匹配度函数公式如下：

$$M_{ij} = \sum_{k=1}^{5} w_k R_{ck} \qquad (3\text{-}20)$$

其中,$1 \leqslant i \leqslant n, 1 \leqslant j \leqslant m$,$w_2$,$w_5$ 分别为司机对运费匹配度(R_{c1})、载重率(R_{c2})、体积符合度(R_{c3})、长度匹配度(R_{c4})和信誉等级(R_{c5})。

由于司机和货主的需求属性类似,因此不妨假设双方各项指标的偏好相同,并且权重值不会随着用户的不同而改变。

项目四 未来智能物流系统的展望

任务一 未来智能物流系统的目标

工业 4.0 和智能制造驱动新一轮工业革命,其核心特征是万物互联。互联网技术降低产销之间的信息不对称,加速两者之间的相互联系和反馈。

工业发展的宏观目标是建立一个高度灵活的个性化和数字化产品与服务的生产模式。而对于未来物流系统来说,需要满足数字化、高度柔性化和智能化的需求。

一、数字化的物流系统

未来工业的核心特征是互联,这种互联包括设备到设备端的互联、企业与企业间的信息互联、厂内不同工艺组间的互联、上下游产业链的信息互联、终端消费者与厂内的互联,制造设备与物料之间的互联、人与各种系统的互联等。

这一连接的最终目的是将所有连接终端的数据信息进行交互,通过大数据和智能算法,提炼出对各环节有益的信息,从而再反过来指导生产、协助产品设计迭代,促进上下游产业链的物料供应和采购等。

工业 4.0 下的物流系统里的数据不仅包含每小时的吞吐量、当前执行的任务编号、搬运的速度,还包括底层硬件的实时数据,如电动机的电流、输出力矩等,以及与上位机或其他系统的对接信息数据等。

有了这些海量的实时数据,未来可以衍生出很多数据应用场景。

物流系统与外界其他系统的互联能形成一张更大的网络。物流系统与其他系统的数据互通,能促进物流系统内部优化、预警、迭代、自我适应;同时,外部系统利用物流系统产生的数据深度分析后,为供应链上下游管理提供帮助,为设备服务商研发新的物流技术和产品提供数据支撑等。

二、高度柔性化的物流系统

随着互联网与制造业的不断融合,未来的客户不仅能参与产品的选购,还能参与到生产厂家的制造环节中。

未来制造企业不仅进行硬件的规模化生产和销售,还能通过提供售后服务和其他后续服务,来获取更多的附加价值。未来的制造是柔性制造,个性化需求、小批量定制将成为潮流。制造业厂商要在制造产品过程中,增加产品的附加值,拓展更多、更丰富的服务,提出更好、更完善的解决方案,满足消费者的个性化需求。

可以设想一下未来的购物场景。人们不仅可以在手机 App 上随时随地选购物品,还可以根据自己的喜好在 App 上提出定制的要求。下单后,系统自动将这个订单的需求发送到制造云平台上,云平台根据定制要求智能分析出需要采购哪些特殊的原料,并将订单自动下发到最终的生产厂家。生产厂家根据订单自动调度厂内的各个自动化设备进行定制化生产。

由于是定制化的产品,工厂每天生产的产品是有差异的。这种差异可能体现在尺寸大小、重量、外观形状、数量、性能或者包装等方面。

而对于厂内的智能物流系统,未来要能尽量满足这些定制化的产品。在生产过程中各物流环节的需求,比如各工位之间的搬运、仓库的存储、出货前的包装等。这种能同时满足各种定制化产品的物流系统就具有了高度柔性化特征。

除了产品的差异化造成的对物流系统的柔性化设计的要求外,工厂的生产排期也存在柔性化的需求。比如,有些月份的生产订单比较多,每天的物流吞吐量比较大;有些月份的生产量又很少,又或者随着潮流的变化,当月与上个月生产的产品不同等。这些生产计划的变化也对物流系统的柔性化设计提出了新要求。

目前的厂内物流系统,多数是刚性设计,主要体现在物料单元标准固定、系统流程动线固定、物流系统性能指标固定三个方面。

(1)物料单元标准固定。物流系统的设计通常基于标准化的物料单元,也就是说物流自动化系统多数是处理具有同样尺寸、同样重量、同样包装方式的物料单元。如果物料无法统一，需要将物料按照一定的规则放到统一的容器中，比如料箱、托盘等。

各种自动化物流设备往往只能处理同一类标准的物料单元，比如自动化立体仓库存储同一类规格的托盘货物单元、输送机输送同一类规格的料箱。系统建成运行后，当物料单元发生变化时，则原物流系统和设备很难适用。

比如，输送料箱的皮带线是无法搬运托盘的。而托盘类的自动化立体仓库也无法直接存储周转箱到货架上。

（2）物流系统流程动线固定。工厂的生产工艺在一定时间内基本是固定的，尤其在建厂初期。那就意味着厂内的物流搬运流程也基本上固定下来了。因此，采用自动化物流系统时，系统的动线设计往往也是依据固定下来的生产工艺流程设计出来的。比如，在工位 1 与工位 2 之间安装用来输送托盘的链条输送机，在线边工位到仓库之间采用 3 台 AGV 在划定好的工业车辆行走通道来搬运物料完成出入库作业。

随着外部商业环境的快速变化，如果某段时间工厂的生产规模要扩大，需要增加工位或者要置换新的加工机器，那之前已经安装的物流系统则不能直接使用，而需要重新安装调试物流设备来适配新的工艺动线流程和与新的加工机器对接。

（3）物流系统性能指标固定。任何系统和设备都有一定的性能指标，物流系统也不例外。一个仓库有多少个货位、一条输送机每小时能输送多少个包裹、机械手每次能抓几个包裹，物流系统在设计时，这些基本上就已经定型。

由于未来的生产是柔性化的生产模式，本月的物流量可能就比去年同期的物流量翻一倍，如果自动化物流系统初期就按照较大生产吞吐量来引进设备的话，那在生产规模较小的情况下，多出来的这部分设备就是资源配置不合理。而如果自动化物流系统初期按照较小的生产吞吐量来设计的话，又会由于当前物流吞吐量增加而造成物流系统能力不足的情况。而系统一旦安装后，再增加设备和升级系统，往往会由于空间、时间进度等原因无法实施。

以上三种刚性设计的物流系统在未来会被颠覆，未来的智能物流系统可以处理各类物料单元，可以随着生产流程与生产工艺的变化而轻松调整成新的动线，可以自适应调整，组合成系统需要的性能。

三、智能化的物流系统

未来的智能物流系统从系统框架上就会与目前的结构不同。目前的智能物流系统是基于金字塔结构的，而未来的智能物流系统是基于分布式结构的。

智能物流系统通常由企业上层 ERP 到 WMS 再到 WCS 最后到底层电控元件和机械设备，而分布于现场固定安装的各类输送机、机械手、自动仓库等都需要依赖上位系统的调度和多个设备配合来实现基本的物流或存储功能，单个设备无法完成一个完整的作业流程。

而未来工业 4.0 下的智能物流系统，每个单独的设备甚至是模块都有一定的"智商"，它们可自我感知、自适应、自预警，设备与设备之间可以进行信息交换和任务接力，一个个的智能单元构成了整个系统的智能化。

任务二　未来智能物流系统的特点

在未来的智能工厂里，不管是物料还是生产线都是智能的，并且彼此的信息是互联互通的。对应到智能物流系统里，被搬运的物料每个都是智能的，比如输送过程中的每个物料是自带身份信息和存放信息的介质，同时自带物料的来源、参数、去向等特征信息。物料能与物流搬运系统实时通信并智能地告知当前的搬运系统应该将其搬运到何处。

未来的物流设备也是智能的，设计单元与各单元之间互联互通，协同工作，完成所有物料的搬运和输送任务。物流系统要能满足物流生产的需要，因此未来的智能物流系统要足够柔性化。

柔性的物流系统对运营方来说，可以满足随时变化的生产节奏和工艺调整，对于系统提供方来说，可以快速地将柔性物流产品部署到不同行业中。

在工业 4.0 的大背景下，包括中国、德国、英国在内的全球各个国家的研究机构都在积极地研究未来智能物流系统。为实现未来智能物流系统全面数字化、高度柔性化、智能化的目标，在设计物流系统时应该赋予什么特点呢？可以从如下几个方面入手。

一、新系统搭建时所见即所得

所见即所得是从英文"What you see is what you get"翻译而来的，是一种程序软件设计思路，即用户在编辑文档时看到的样子和最终得到的成品是一样的。人们常用的 Office 软件和 CAD 等就是一种"所见即所得"的软件，用 Word 来编辑一个文档，在计算机的 Word 里看到的和最后打印出来的是一样的。

可以将这种思路移植到智能物流系统的设计中来。一方面，从设计到实现的角度来讲，比如物流系统里的设备单元有标准的库，在一个智能物流系统设计阶段，通过专业软件对基本设备单元进行选择和整体布局后，可以做到与后期实施后的现场设备单元搭建是一致的。实施过程中无须对设备单元进行专门的外形定制，也无须进行有针对性的软件定制，设备安装时的每个单元和设计时保持一致。另一方面，从现实到可视化的角度来讲，设备单元在现场完成安装后，无须进行专门的软硬件调试和编程，在可视化界面上就可以看到当前现场设备的布局和运行状态。现场安装的设备布置完成时，可视化的人机界面也自我完成搭建。

以上两种情形都属于未来智能物流系统里"所见即所得"的设计思路。

二、设备单元可热插拔

Plug and Play 简称 PnP，是一种计算机硬件术语，是指在计算机加一个新的外部设备时，能自动监测与配置系统的资源，而不需要重新配置或手动安装驱动程序，如即插即用 U 盘。

即插即用的设计思路可以用在未来智能物流系统中。在实际项目现场，不管是连续式搬运系统还是离散式搬运系统，都可以将物流设备单机硬件投放到整个物流系统中或者将硬件模块直接拼接到现在系统中即可投入使用，不需要进行专门的控制系统配置、软件调试等工作。整个过程就像 U 盘插到计算机上，设备和模块可以实现自我配置，系统可随意快速地加入和移除一个模块或者设备，而不会影响系统的运行。

连续式搬运系统的实施中，比如输送机系统，在现场安装时，将各个输送机的单机硬件设备根据方案布局安装在正确的位置，并与上下游的输送机单元进行简易的电气接头拼插后，系统即可自主完成配置，无须在上位机或者单独的控制终端进行设置，输送机就可以根据刚刚搭建的硬件完成物料的自主搬运。

在离散式搬运系统的搭建中，比如搬运机器人，在当前已经有 50 台机器人正常运行的情况下，此时需要提高搬运吞吐率，需要增加 10 台搬运机器人，只要将这 10 台机器人放置场地内即可，新的机器人会自主与已有的机器人通信、组队、融合，共同完成当前的搬运任务。

三、系统柔性可扩展

工业 4.0 背景下的未来制造业生产模式是柔性化的，这就意味着工厂的产能是随着市场的变化而动态变化的。而对应的厂内物流系统也要应对这种变化，也就是说未来的智能物流系统可以随着输送订单的变化进行扩大和缩小。未来的智能物流系统预留可方便扩展的硬件物理接口和虚拟数字接口，可以快速实现系统性能的放大和缩小。

四、系统可快速重构

生产的柔性化也体现在未来工厂生产工艺的调整和物流系统的调整上，比如连续输送系统的路线改变、局部输送功能的变化等。这就使现有的物流模块经过简单的移动或者调整后，就可以匹配新的生产工艺产生的物流工艺的调整需求。

简而言之，利用现有的类似于积木的模块，可以快速简易地搭建一个新的模型出来。这样可以针对不同的应用场景，用设备单元组合成一个满足新的搬运工艺需求的物流系统。

五、系统具有冗余稳定性

不管是现代物流系统还是未来更加智能化的物流系统，稳定性都是必须保证的。要使系统更加稳定，可以通过增加系统的冗余能力来实现。比如，某条输送路线出了故障，物料可以走另外一条路线；一个搬运机器人出故障了，可以由其他机器人来代替它继续完成运输任务。

未来的智能化物流系统要有一定的故障预测能力，能够及时提醒相关维护人员进行预判性检查和维护；同时，未来的物理系统也具有一定的故障自主排除和修复能力。

六、系统工作模式自适应

当外部生产订单有变化时，在系统不需要重新搭建也不需要扩展的情况下，未来智能物流系统可以在一定程度内自动适应调整的某些功能和性能，从而满足相应变化的物流需求。比如，系统根据当前输送搬运的需求变化，自主将输送模式调整到缓存模式，搬运机器人自主从每次搬运1包物料调整为每次搬运多包物料等。

任务三　未来智能物流系统的实现路径

一、设备单元模块化设计

未来智能物流系统具有强柔性和能热插拔的特点，那就需要将搬运单元从模块化的角度来进行设计。就像外接键盘或者外接鼠标这类 IT 硬件设备，在系统需要字符输入的时候，只需要将这样的可插拔设施直接接入到系统即可完成输入的功能。这就像软件产品，客户可以根据自己的需要，选择需要的模块并导入整个系统中即可。

做模块化设计，既可以将模块做成功能齐全的通用性模块，也可以做成不同用途和功能的差异性模块库。在未来工业 4.0 的应用场景下，系统被规划好之后，可以直接从模块库里选择功能合适的模块。根据系统整体要求，快速地拼接出具有一定布局结构、特定组合功能的智能搬运输送系统。

二、设备单元间可组合集成

自动化物流系统基本由 5 大功能组成，即输送、分流、合流、缓存、处理。

通常不论多复杂的自动化物流系统，都是由以上这 5 个基本功能组成的。每个模块被设计成具有某一个或者多个功能，而多个模块组合在一起，就可以完成更加复杂的物流流程和动作。其中，每个模块都配有一定的传感器和执行器，并且每个模块都可以独立完成一定功能的物流动作。

比如，分拣线中滚筒输送机和十字移栽机模块互相配合，就可以完成物料的分拣。

三、设备群与分布式控制

目前的自动化物流仓储系统都是按照金字塔结构来设计的。常见的设计结构是最上层是企业的 ERP 系统，往下是 WMS 系统，然后是 WCS 系统，最底层是执行动作的设备层。

在这种结构中，底层的设备是非智能的，需要通过信息采集后将数据上报到控制层服务器，经过 WCS 或 WMS 分析后再反馈给设备，告知设备层去做动作或者不做动作。因此，底层的设备是非智能的，底层设备的大脑都在上层，多个设备将数据汇总到上层的 WCS 或者更高层后，再来统一调度这些设备去执行任务。因此，每个设备或者模块是无法独立运行的。

而未来工业 4.0 下的智能物流系统是分散控制的，这就意味着每个模块都是独立的个体，可以自主完成单独的功能。具有复杂的功能集合就需要几个不同的模块合作集成，并互相配合完成系统总体功能。

多个模块在一起组成复杂的系统时，需要一定的高级算法来使多个模块互相协作配合，最后完成系统的复杂功能。

四、模块接口交互与接口标准化

各模块可以单独运作，一旦组成系统后，互相协调配合完成复杂功能，这就需要相邻的模块之间进行交互，这种交互包括以下几方面：

（1）物理上的交互，比如物料传递。

（2）信息上的传递，比如物料的编号。

（3）执行任务的传递，比如某个物料的输送作业被拆解成所有参与模块要具体执行的分解指令集，该指令集随着物料的移动传递给上下游搬运过程中参与的每个模块。

在系统较为复杂的情况下，非相邻的模块之间也需要及时交互，这样就需要两个模块之间中间的模块可以间接地传递信息。比如，在分支口要判断前边的缓存模块是否满了。

各个模块之间要想互相通信、互相协调，必须有统一的标准接口，包括统一的物理接口和信息接口。由于分布式的控制系统要求各单独的模块之间可以灵活地组成具有各种复杂功能的系统，这就要求信息接口的交互内容要有较高的逻辑水平。模块之间的交互信息不是简单的输入、输出指令，而是具有高级语言特性的任务指令集。比如，当前任务的起始点、终点、任务编号、优先级、物料序号等。

参考文献

[1] 殷延海. 新零售系列教材 智慧物流管理 [M]. 上海：复旦大学出版社，2023.

[2] 韩东亚，余玉刚. 智慧物流 [M]. 北京：中国财富出版社，2018.

[3] 王喜富，刘全明. 城市绿色智慧物流 [M]. 北京：电子工业出版社，2018.

[4] 林庆. 物流 3.0："互联网+"开启智能物流新时代 [M]. 北京：人民邮电出版社，2017.

[5] 蔡源，陈锦华. 智能物流系统设计与应用发展研究 [M]. 长春：吉林大学出版社，2018.

[6] 姚佳琪. 大数据时代"智能物流"新模式研究 [M]. 西安：西北工业大学出版社，2020.

[7] 王喆，黄娟，杨晗，等. 基于认知科学的虚拟现实系统应用与教学实践：以 VR 智慧仓储实务实训系统为例 [J]. 物流科技，2023，46（5）：168-172，181.

[8] 魏道道，王亮，冯天宇，等. 智能物流仿真系统分析与应用 [J]. 科技与创新，2023（5）：49-52.

[9] 吴伟杰. 智能物流背景下物流快递 [J]. 中国储运，2023（3）：59-60.

[10] 崔荥珈. 基于"人工智能"的电子商务大物流模式研究 [J]. 中国储运，2023（3）：164-166.

[11] 汤函，刘彦廷，白可，等. 基于对 AGV 智能巡迹避障物流车巡线方式的研究 [J]. 电脑编程技巧与维护，2023（2）：124-127.

[12] 郭博，叶洪涛，余屹. 基于无人机配送的末端智慧物流的优化分析 [J]. 物流工程与管理，2023，45（2）：23-25.

[13] 廖毅，叶艳，冷杰武. 车载可补货无人配送小车配送路径研究 [J]. 工业工程，2023，26（1）：108-114.

[14] 汪洋，孙剑. 菜鸟驿站无人配送车物流路径规划算法实证研究[J]. 物流科技，2022，45（16）：24-26，30.

[15] 江宏，王玉. 物流系统集成市场：挑战中进取，智能化提速[J]. 物流技术与应用，2023，28（2）：48-62.

[16] 刘立，苏丽芳，楼旭明，等. 智能物流技术跨领域融合的模式及趋势研究[J]. 科技管理研究，2023，43（3）：122-131.

[17] 王姣阳. 基于SWOT分析无人配送问题研究[J]. 中国储运，2023（2）：102.

[18] 马春浩，崔辰. 人工智能赋能供应链物流领域探析[J]. 铁路采购与物流，2023，18（1）：36-38.

[19] 蒋珒松，张桂新，吴晓涛. 现代信息技术在工厂智能物流运营中的应用研究[J]. 现代信息科技，2023，7（1）：169-172.

[20] 陈添博，谢宝玲. 市区内卡车与无人机协同配送路径优化研究[J]. 物流科技，2023，46（1）：19-22.

[21] 何双燕，彭珑文. 无人配送闭环系统设计与实现[J]. 电脑编程技巧与维护，2022（12）：72-74，90.

[22] 傅亚宁. 智能时代的智慧物流人才队伍建设[J]. 物流工程与管理，2022，44（12）：174-176.

[23] 吴建锋，刘畅，丁宏琳，等. 基于物联网技术的智慧物流管理探究[J]. 物流工程与管理，2022，44（12）：29-31，38.

[24] 杨双幸，高原. 智慧物流与智能制造两业融合背景下物流人才培养策略[J]. 物流工程与管理，2022，44（12）：167-168，143.

[25] 赵丽菊. 智能仓储在电商物流中的应用探究[J]. 中国航务周刊，2022（49）：61-63.

[26] 杜灿舟，杨京帅，马晓悦. 智慧仓储设施选址及评价研究[J]. 物流科技，2022，45（19）：166-169.

[27] 赵佳鹏，任新平. 大数据背景下智慧社区与物流配送的深度融合：智能快递柜行业创新发展路径的研究[J]. 中国储运，2022（12）：179-180.

[28] 刘政鑫. 仓储机器人让智慧物流迎接新速度[J]. 机器人产业，2022（6）：36-40.

[29] 刘大江. 基于"配送车+无人机"配送模式的应急物流配送路径研究[J]. 科技创业月刊，2022，35（11）：95-99.

[30] 蔡永石. 物联网技术在智慧物流中的应用[J]. 无线互联科技，2022，19（17）：33-35.

[31] 常兰，田帅辉，李书阁. 基于智能物流设备的无人值守菜鸟驿站运作流程设计[J]. 科

技视界，2022（31）：78-81.

[32] 吴岳峰，张海若，白雪松，等.智能物流搬运小车[J].电子测试，2022，36（21）：105-107.

[33] 刘佳.大数据时代下智慧物流的发展优化研究[J].中国储运，2022（11）：201-202.

[34] 黄龄萱，李美璇，赵俊艳，等.智能物流技术发展与应用前景研究：一骑红尘妃子笑一路京东到我家[J].统计与咨询，2022（5）：10-13.

[35] 方璟，徐明，万家乐，等.基于融合模型的无人仓自动补货策略[J].武汉理工大学学报（交通科学与工程版），2022，46（5）：812-815，820.

[36] 杨玮，张子涵，张晓楠，等.新型无人仓AutoStore的货物合箱方法研究[J].包装工程，2022，43（17）：174-183.

[37] 吴孟霖，刘钦.物流配送无人化创新发展的影响因素分析[J].三门峡职业技术学院学报，2021，20（4）：118-122.

[38] 杨海玉，卢增民，赵子瑜，等.基于智慧冷链的智能仓储系统发展现状与前景分析[J].物流科技，2022，45（18）：155-158.

[39] 顾鸿儒.无人配送车打通"最后一公里"[N].国际商报，2022-12-14（5）.

[40] 刘乐艺.智慧物流加速拓宽发展"快车道"[N].人民日报海外版，2022-12-13（5）.

[41] 唐红梅.智慧仓储最快120秒完成门店配货[N].乌鲁木齐晚报（汉），2023-02-01（5）.

[42] 唐小未.建设"智慧物流＋云仓储＋新零售"物流产业园[N].成都日报，2023-02-13（2）.

[43] 李升先.肿瘤细胞膜仿生纳米粒子作为肿瘤疫苗在肿瘤免疫治疗中应用的研究[D].长春：吉林大学，2022.

[44] 秦益华.无人仓订单拣选效率影响因素挖掘与分析[D].大连：东北财经大学，2021.